RENAUD GUILLARD

Golfen ohne Frust

Besser spielen durch schnelle Fehlerkorrektur

COPRESS

Danke
an meine Lebensgefährtin Alex und meine Söhne Sacha
und Tom, die an diesem Buchprojekt beteiligt waren,
und an das wunderbare Team vom Golfclub Lyon und dessen
Leiter Frédéric Barba, der es uns ermöglichte,
die Bilder für dieses Buch unter besten
Bedingungen fotografieren zu können.

Die französischsprachige Ausgabe dieses Buchs erschien 2015 unter dem Titel „Golf – corrigez rapidement vos défauts“ bei Éditions Amphora.

Aus dem Französischen von der MCS Schabert GmbH, München, – www.mcs-schabert.de – unter Mitarbeit von Karola Koller (Übersetzung).

Druck: Central Dabas Printing House, Ungarn

Bibliografische Information der Deutschen Nationalbibliothek
Die Deutsche Nationalbibliothek verzeichnet diese Publikation in der Deutschen Nationalbibliografie; detaillierte bibliografische Daten sind im Internet über http://dnb.dnb.de abrufbar.

2. durchgesehene Auflage

www.copress.de

ISBN-13: 978-3-7679-1257-1

Wir produzieren unsere Bücher mit großer Sorgfalt und Genauigkeit. Trotzdem lässt es sich nicht ausschließen, dass uns in Einzelfällen Fehler passieren. Unter www.stiebner.com/errata/1257-1.html finden Sie eventuelle Hinweise und Korrekturen zu diesem Titel. Möglicherweise sind die Korrekturen in Ihrer Ausgabe bereits ausgeführt, da wir vor jeder neuen Auflage bekannte Fehler korrigieren. Sollten Sie in diesem Buch einen Fehler finden, so bitten wir um einen Hinweis an verlag@stiebner.com. Für solche Hinweise sind wir sehr dankbar, denn sie helfen uns, unsere Bücher zu verbessern.

Das ist ein ganz besonderes Buch.

Dreizehn Jahre lang war ich Golfprofi und habe auf vielen Golfplätzen weltweit gespielt. Da ich mein Spiel immer weiter verbessern wollte, kam ich in Kontakt mit verschiedenen Golflehrern, beobachtete andere Spieler und trainierte auf unterschiedlichste Art und Weise. Seit 2009 bin ich nun selbst Golflehrer und gebe meine Erfahrungen gerne weiter.

Der Golfschwung ist eine sehr komplexe Bewegung, die Geschicklichkeit, Koordination und Gleichgewicht erfordert.

Die in diesem Buch beschriebenen und gezeigten Übungen ermöglichen es Ihnen, diese Grundfertigkeiten zu entwickeln. Sie werden Alternativen für bestimmte Bereiche des Spiels entdecken und feststellen, dass man oft auch mit einer nicht ganz klassischen Technik Erfolg haben kann.

Jeder Golfer ist anders und muss seine eigene Herangehensweise an den Sport finden. Versuchen Sie es doch einmal mit einem anderen Ansatz und verbessern Sie so Ihren Golfschwung.

Für mich sind Bilder der optimale Weg, Ihnen die Übungen nahezubringen.

Werfen Sie doch einen Blick darauf und gehen Sie danach auf die Runde!

Um Ihnen die Auswahl der Übungen zu erleichtern, habe ich sie nach folgenden Schwierigkeitsgraden sortiert:

LEVEL **1** EINFACH

LEVEL **2** MITTEL

LEVEL **3** SCHWIERIG

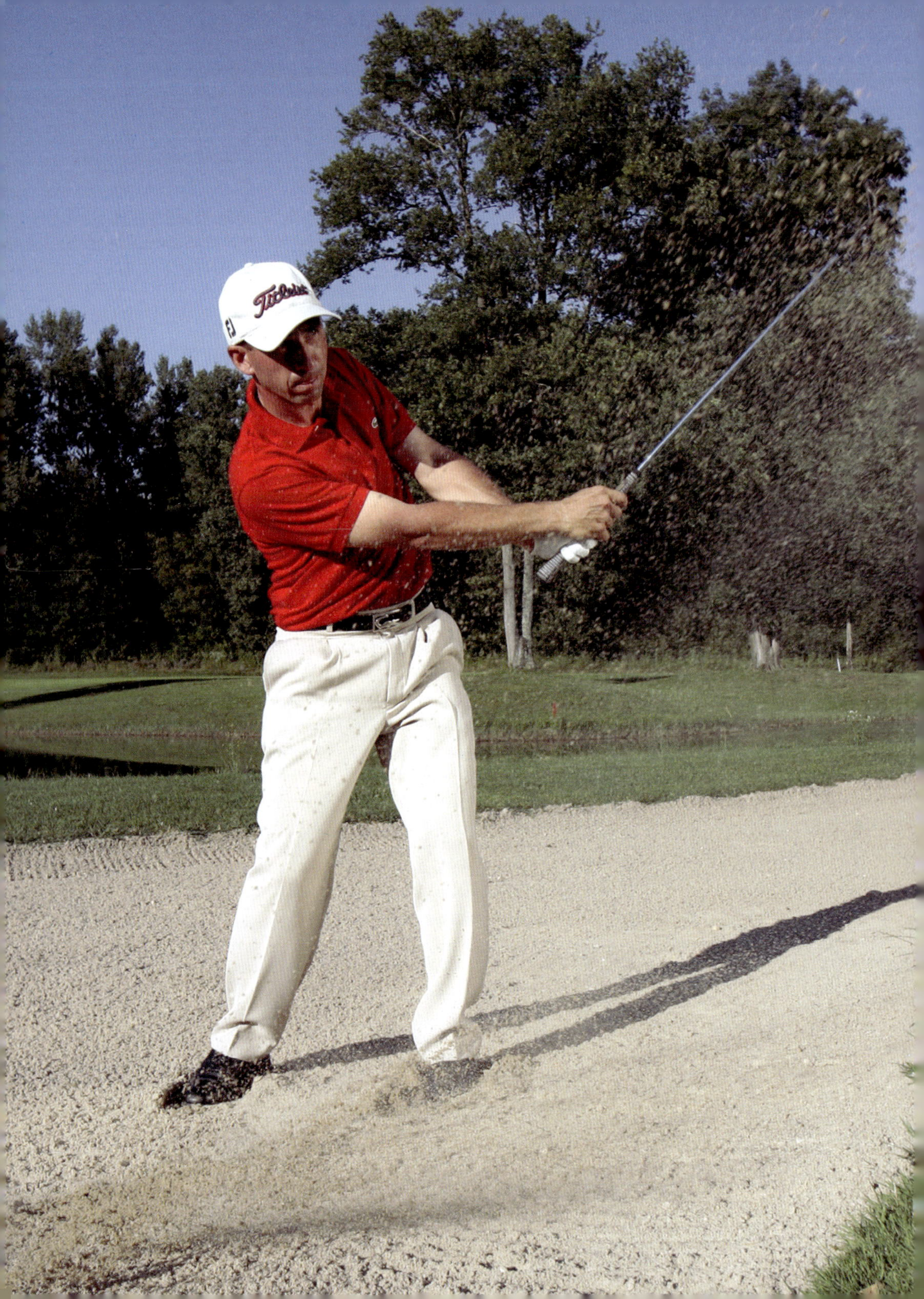

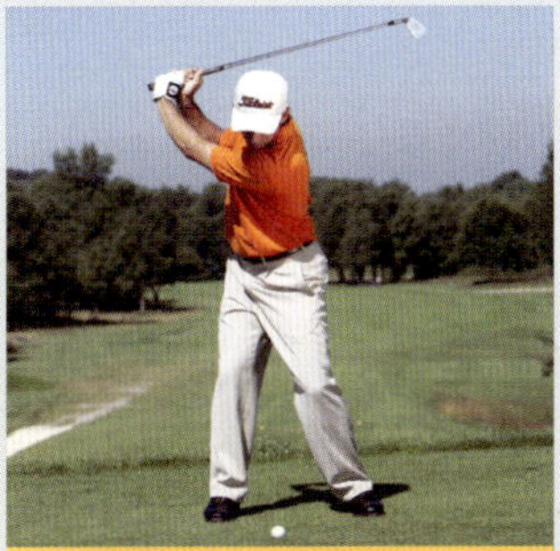

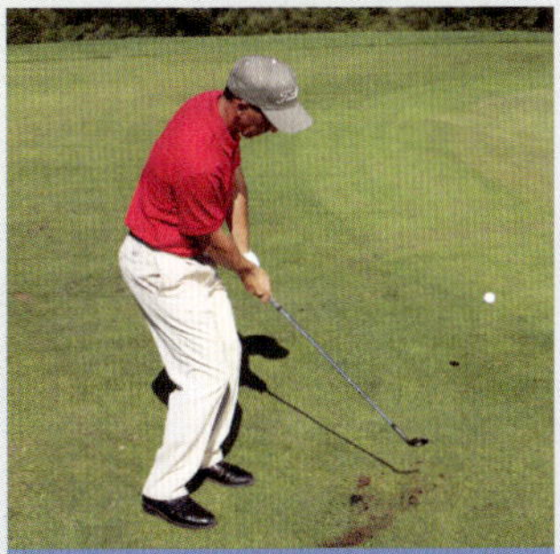

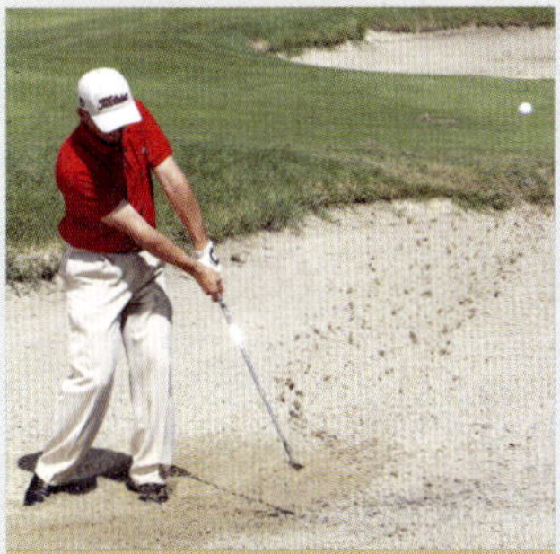

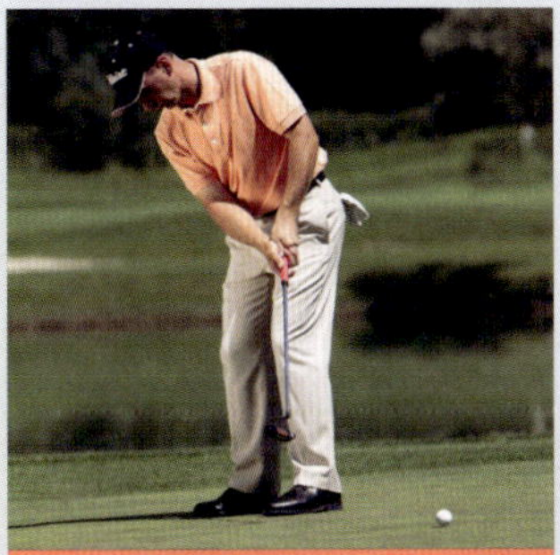

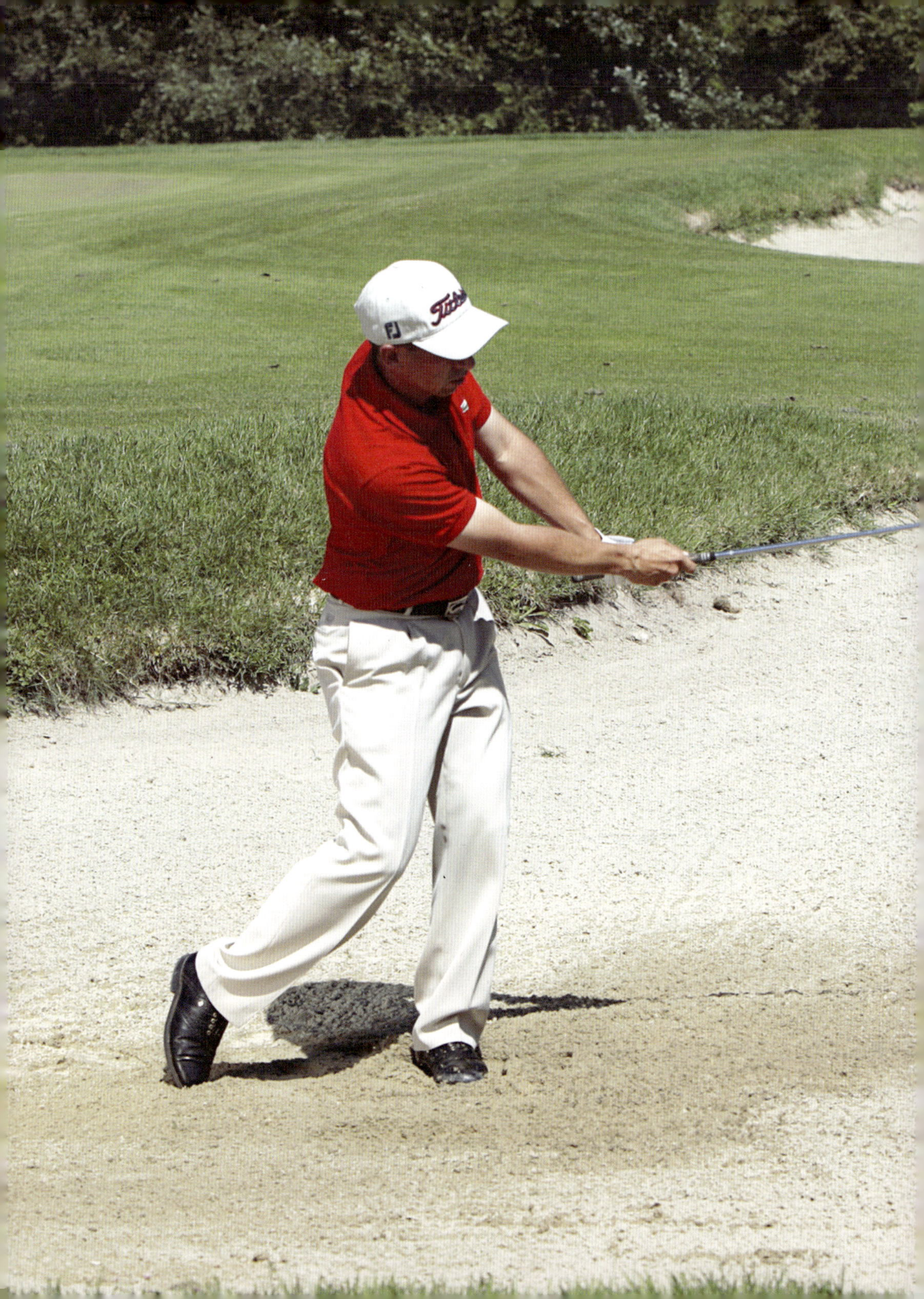

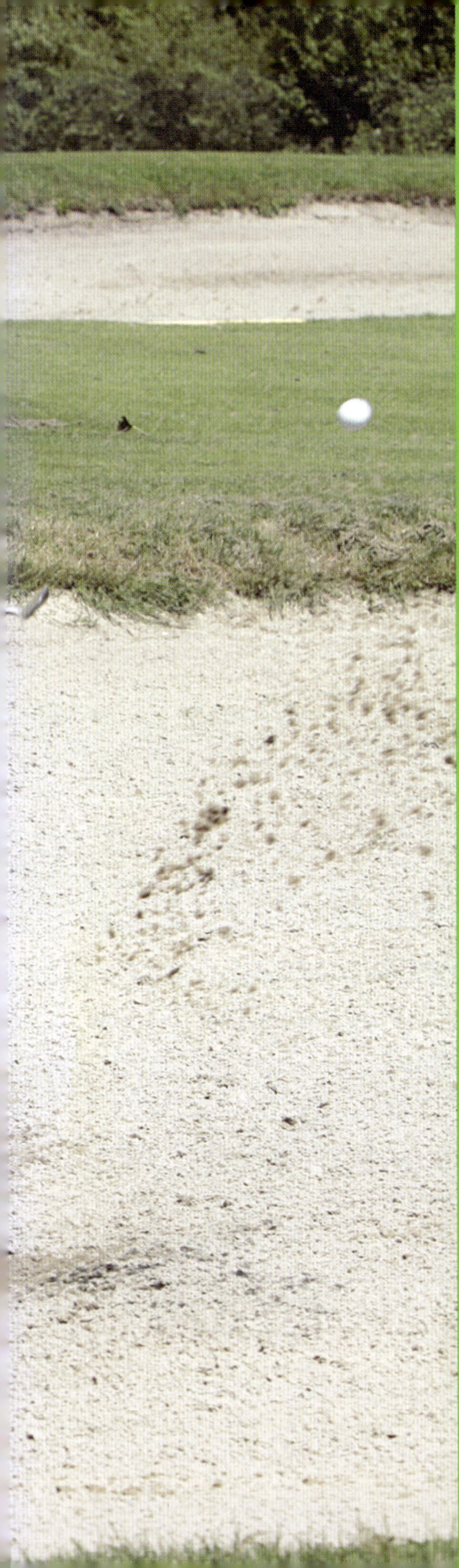

INHALT

ÜBUNGEN
TIPPS
TRAININGSEINHEITEN

zur Korrektur der häufigsten Fehler

SCHWUNG 13

ÜBUNGEN

PRÄZISES SPIEL

MEHR WEITE

BESSERER RHYTHMUS

BESSERE BEWEGLICHKEIT

SLICE VERMEIDEN

HOOK VERMEIDEN

GETOPPTEN BALL VERMEIDEN

ZU HOHEN BALL VERMEIDEN

SHANK VERMEIDEN

TIPPS

TRAININGS-EINHEITEN

ANNÄHERUNG 121

ÜBUNGEN

AUSRICHTUNG

BALLKONTAKT

DOSIERUNG

GETOPPTEN BALL VERMEIDEN

ZU HOHEN BALL VERMEIDEN

SHANK VERMEIDEN

TRAININGS-EINHEITEN

BUNKERSPIEL 171

ÜBUNGEN

SCHLAG AUS DEM BUNKER

TRAININGS-EINHEITEN

PUTTEN 187

ÜBUNGEN

AUSRICHTUNG

DOSIERUNG

TREFFMOMENT

SELBSTVERTRAUEN

TIPPS

TRAININGS-EINHEITEN

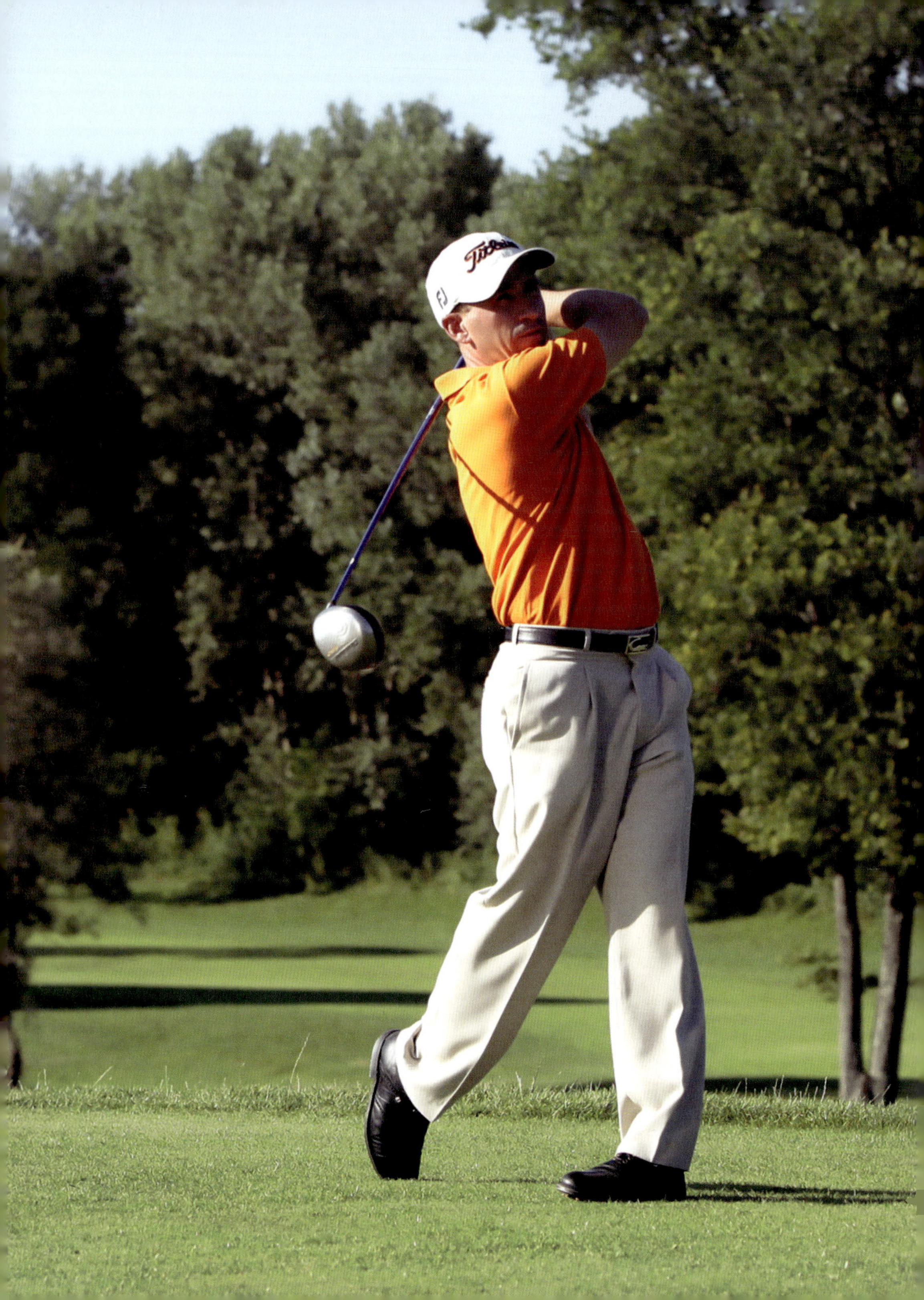

SCHWUNG

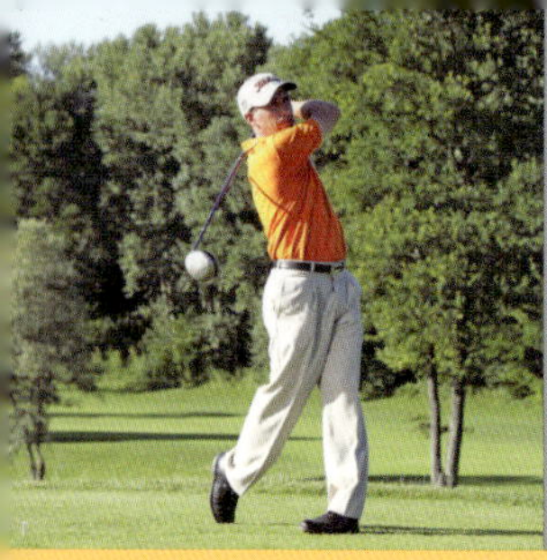

Übung Level 1

FEHLER

- Seitwärtsbewegung.
- Schlechter Ballkontakt.
- Forcierter Schwung.

ZIEL

- Besseres Gleichgewicht.
- Bessere Koordination.
- Gleichmäßiger Ballkontakt.

ÜBUNG

- ***Machen Sie einen möglichst rhythmischen Schwung im geschlossenen Stand und halten Sie dabei das Gleichgewicht.***

SCHWUNG IM GESCHLOSSENEN STAND

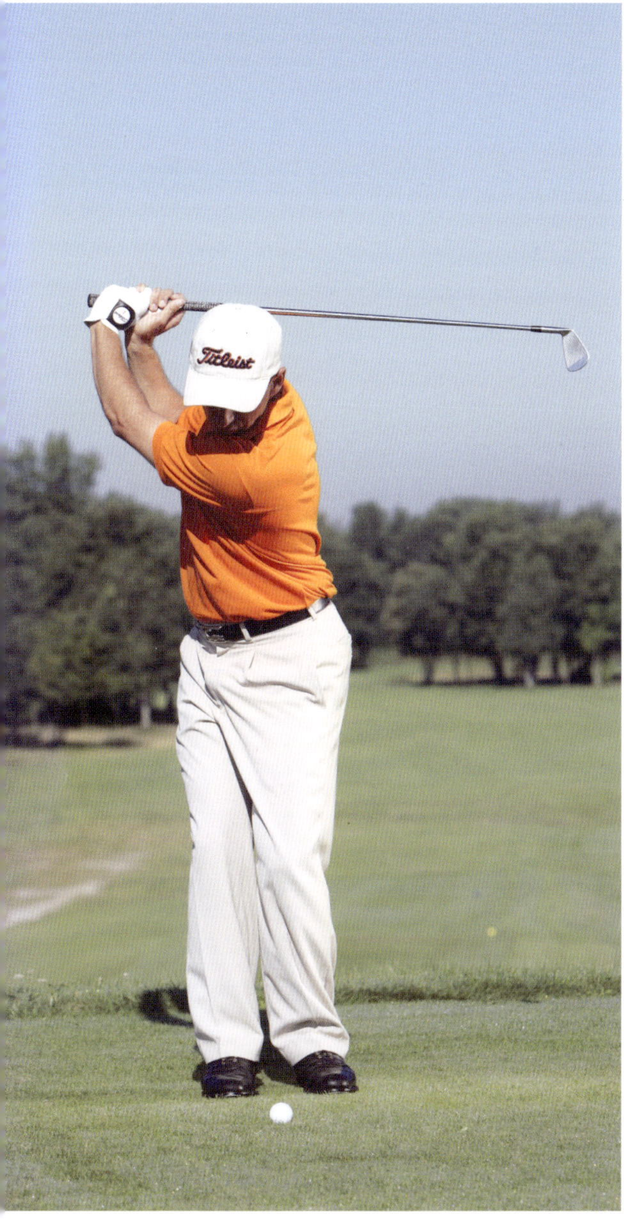

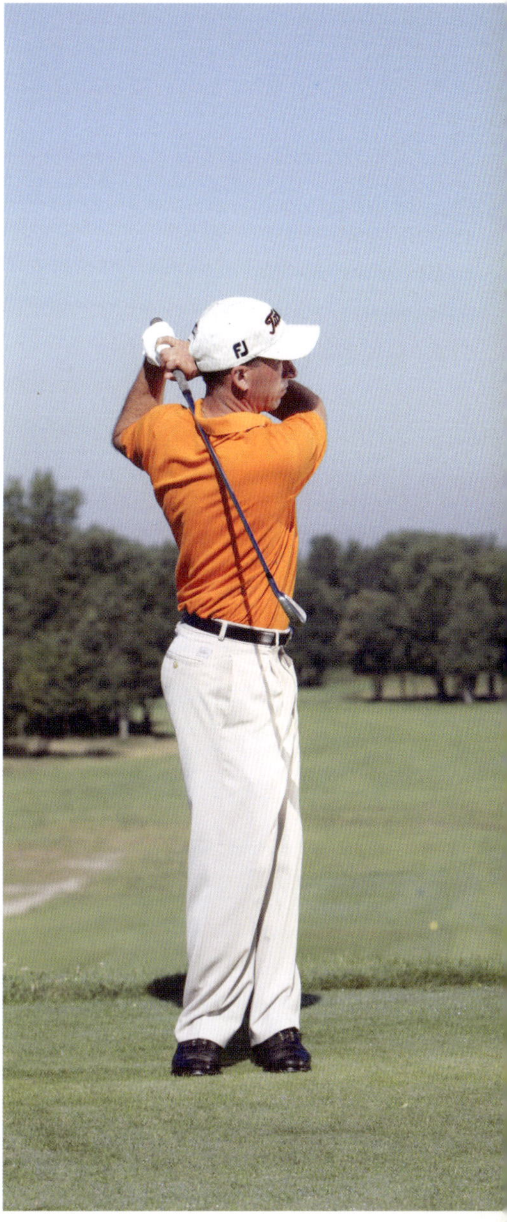

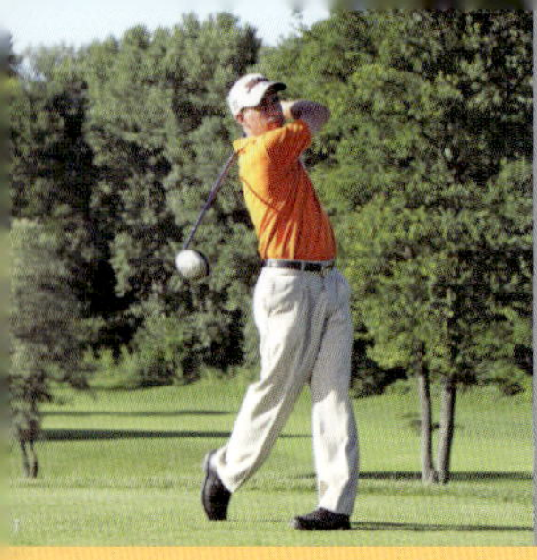

ÜBUNG LEVEL 2

FEHLER

- Falsche Schlägerhaltung im Rückschwung.
- Falsche Ausrichtung der Schlagfläche.
- Mangelnde Koordination.

ZIEL

- Gute Rotation.
- Richtige Haltung der Handgelenke.
- Sauberer Rückschwung.

ÜBUNG

- *In der ersten Phase des Rückschwungs liegt der Schlägerschaft waagrecht über dem Boden und parallel zur gedachten Ziellinie.*
- *Siehe linkes Foto.*
- *Machen Sie einen kompletten Rückschwung.*

KORREKTE SCHLÄGERPOSITION

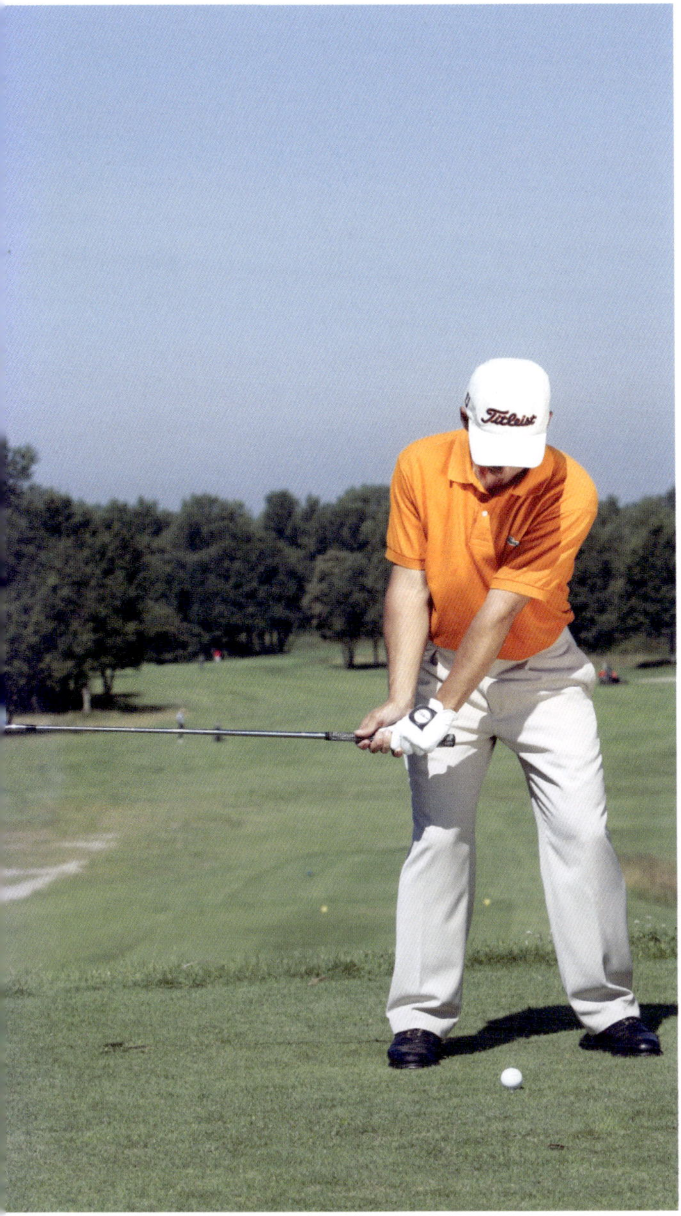

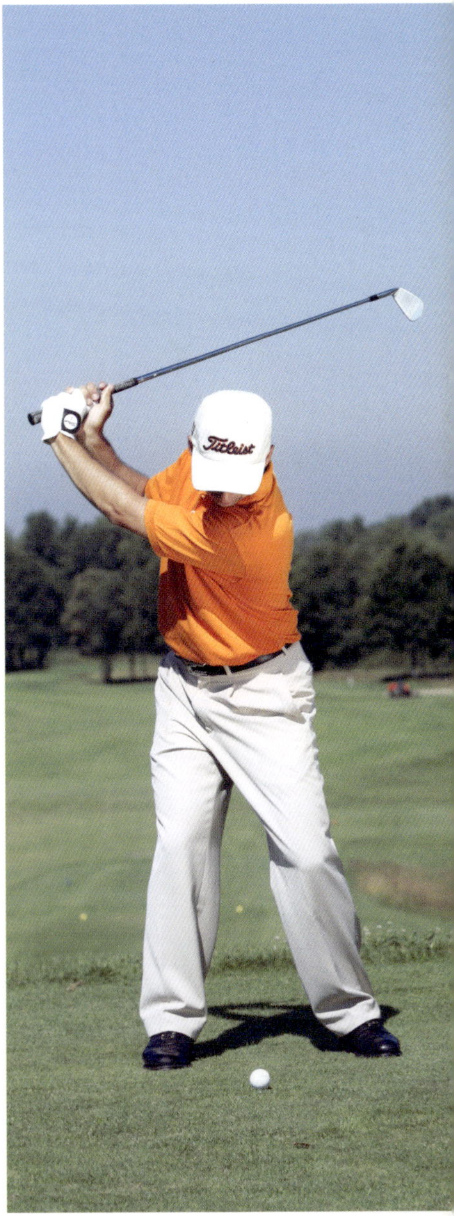

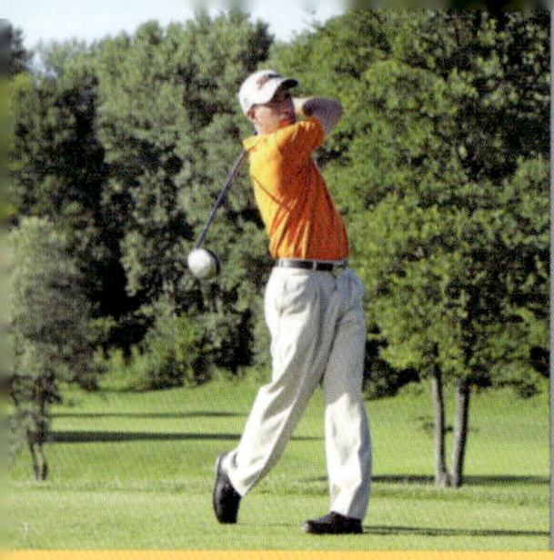

ÜBUNG LEVEL 3

FEHLER

- Zu schneller Schwung.
- Zu weites Ausholen.
- Mangelnde Koordination im Abschwung.

ZIEL

- Korrekte Endposition im Rückschwung.
- Koordination von Schlägerhaltung und Körperrotation im Abschwung.
- Beschleunigung des Schlägers im Durchschwung.

ÜBUNG

- ***Halten Sie in der Endposition des Rückschwungs kurz inne.***
- ***Je häufiger Sie diese Übung machen, desto länger können Sie in der Endposition innehalten.***

PAUSE VOR DEM DURCHSCHWUNG

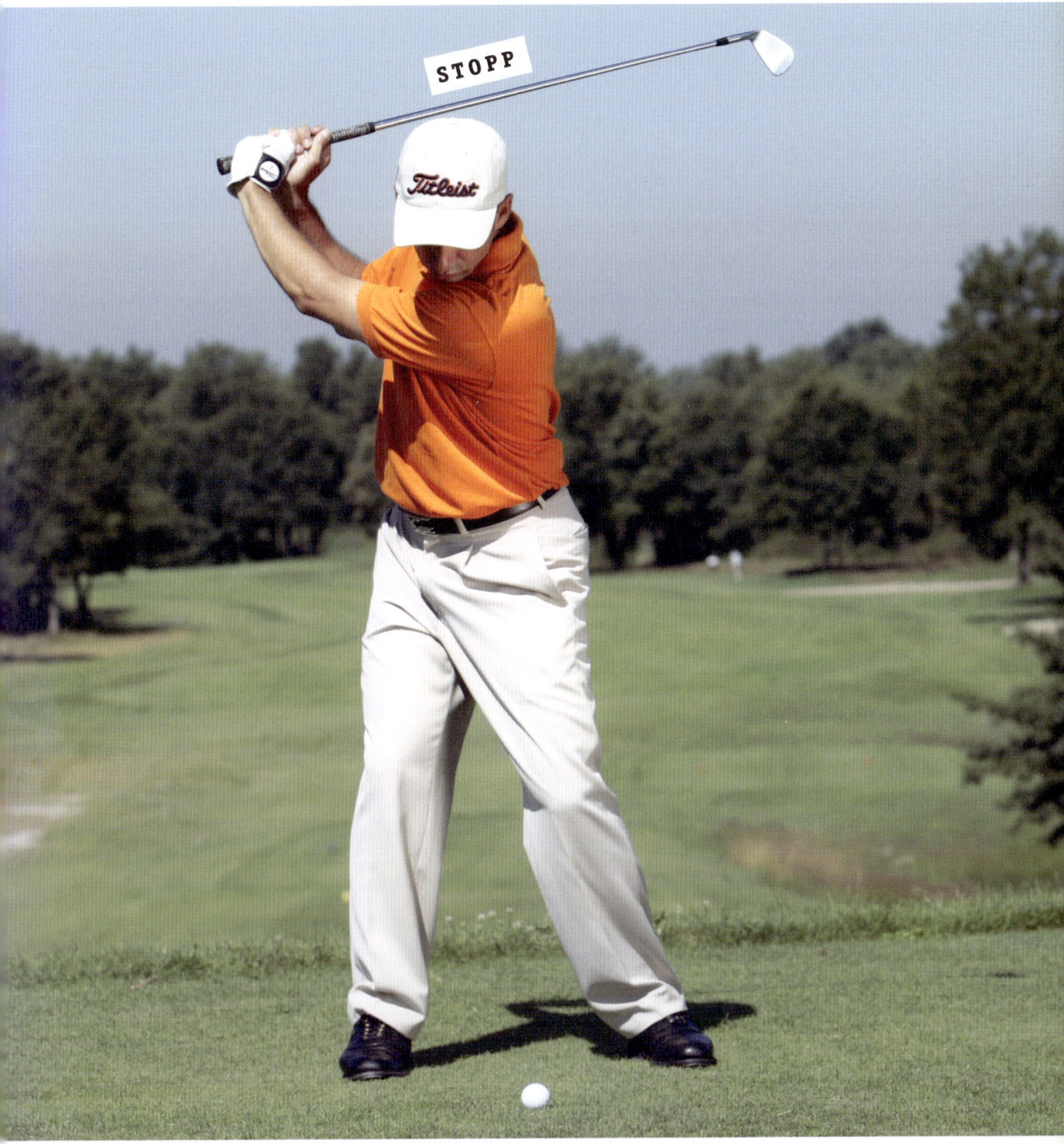

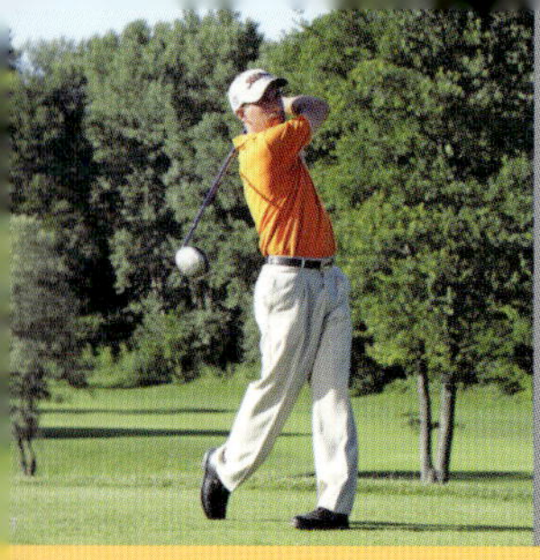

ÜBUNG LEVEL 2

FEHLER

- Passiver Körper beim Schwungauftakt.
- Falsche Ausrichtung beim Schwung.
- Mangelnde Beweglichkeit.

ZIEL

- Dynamischer Rückschwung.
- Gute Schwungebene.
- Ausreichend langer Rückschwung.

ÜBUNG

- ***Setzen Sie den Schwung 20 bis 40 Zentimeter vor dem Ball an, drehen Sie den Oberkörper und schlagen Sie den Ball.***
- ***Viele Profis machen solche Probeschwünge ohne Ball.***

VORGEZOGENER SCHWUNGANSATZ

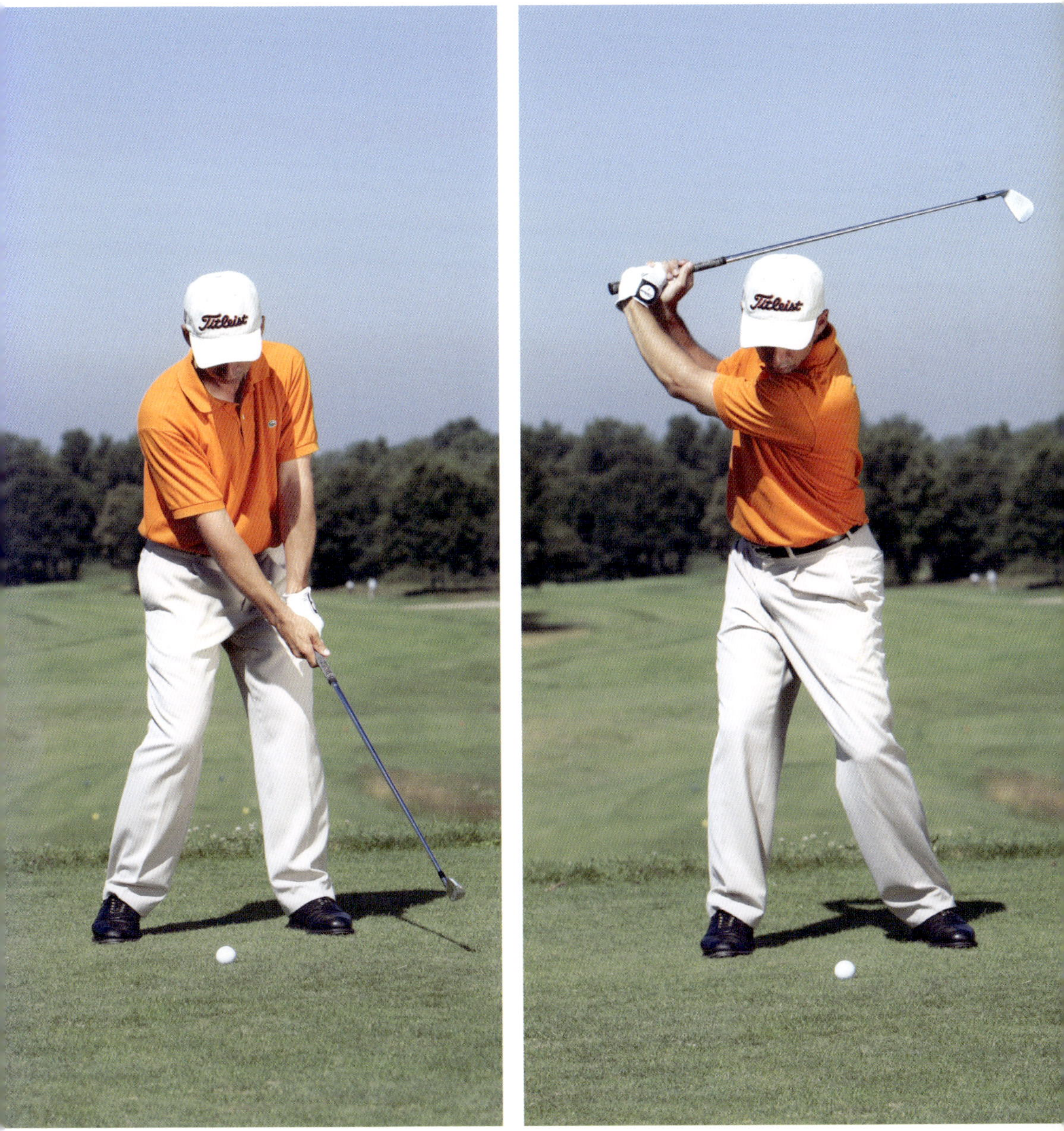

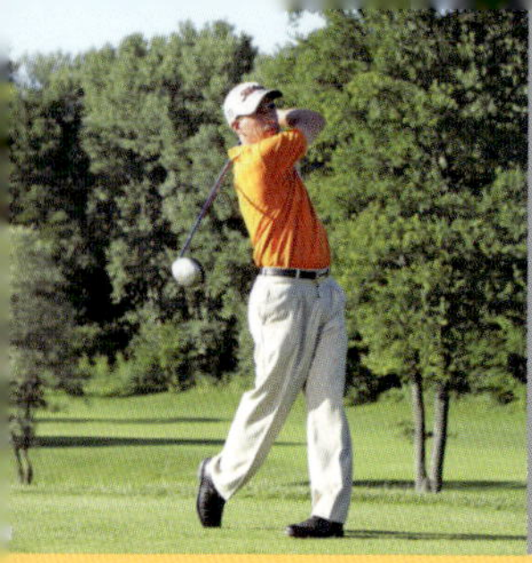

Übung Level 3

FEHLER

- Zu aktive Hände während des Schwungs.
- Zu passiver Körper.
- Schlechte Balance.

ZIEL

- Einfacher Schwung.
- Weniger aktive Hände.
- Weniger Effet des Balls.

ÜBUNG

- *Achten Sie bewusst auf die einzelnen Phasen des Schwungs.*
- *Diese Übung verlangt eine gute Körperbeherrschung.*

SCHWUNG MIT „WENIGER HÄNDEN" UND „MEHR KÖRPER"

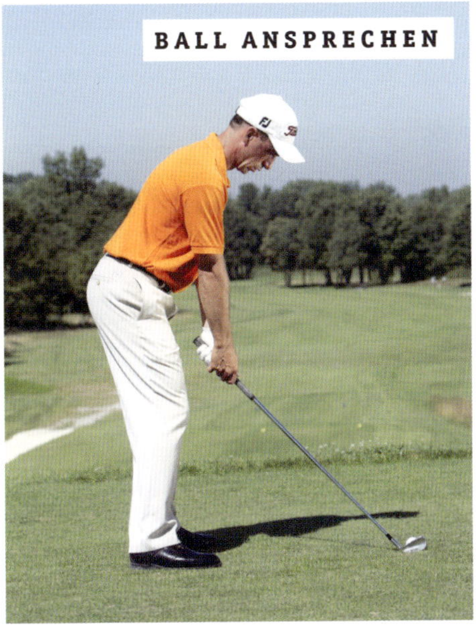

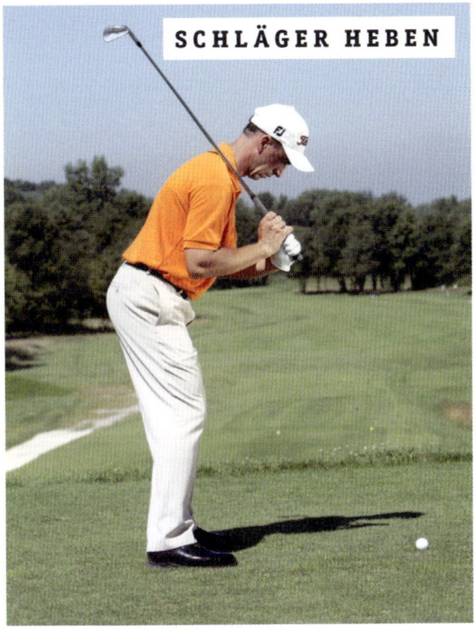

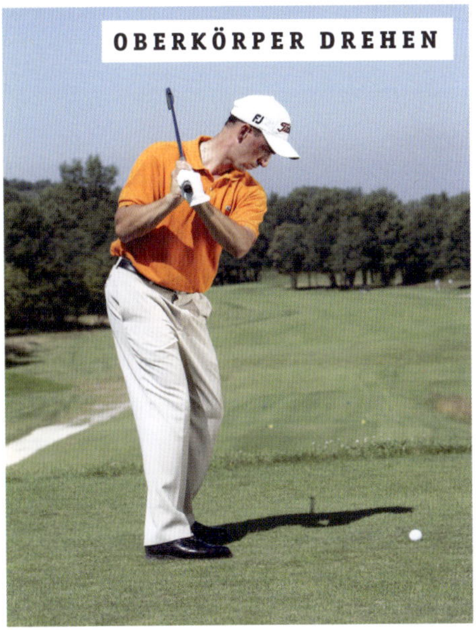

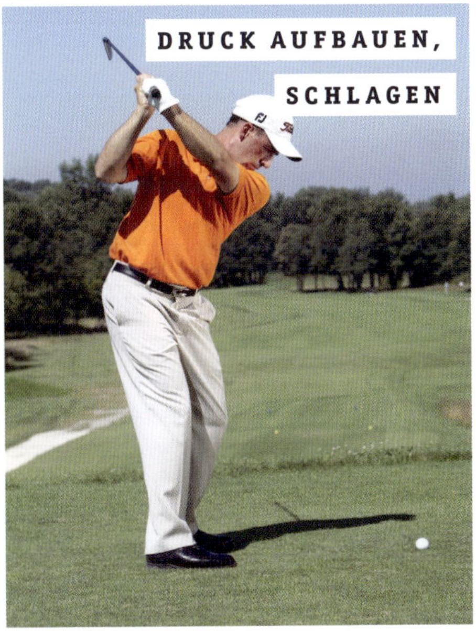

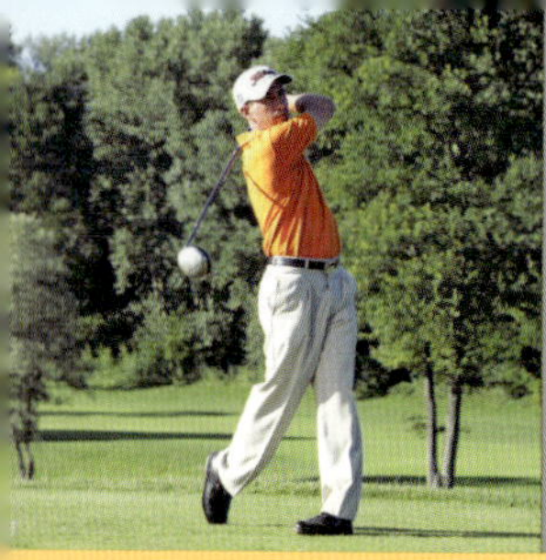

ÜBUNG LEVEL 2

FEHLER

- Gewicht liegt im Treffmoment auf dem hinteren Bein.
- Zu hoher Ball.
- Zu dünn getroffener Ball.

ZIEL

- Gewichtsverlagerung auf das vordere Bein.
- Sauberer Schwung durch den Ball.
- Treffmoment in der Abwärtsbewegung.

ÜBUNG

- ***Machen Sie einen normalen Schwung und bewegen Sie nach dem Treffmoment das hintere Bein nach vorn.***
- ***Für diese Übung ist eine gute Koordination nötig.***

SCHWUNG MIT SCHRITT NACH VORN

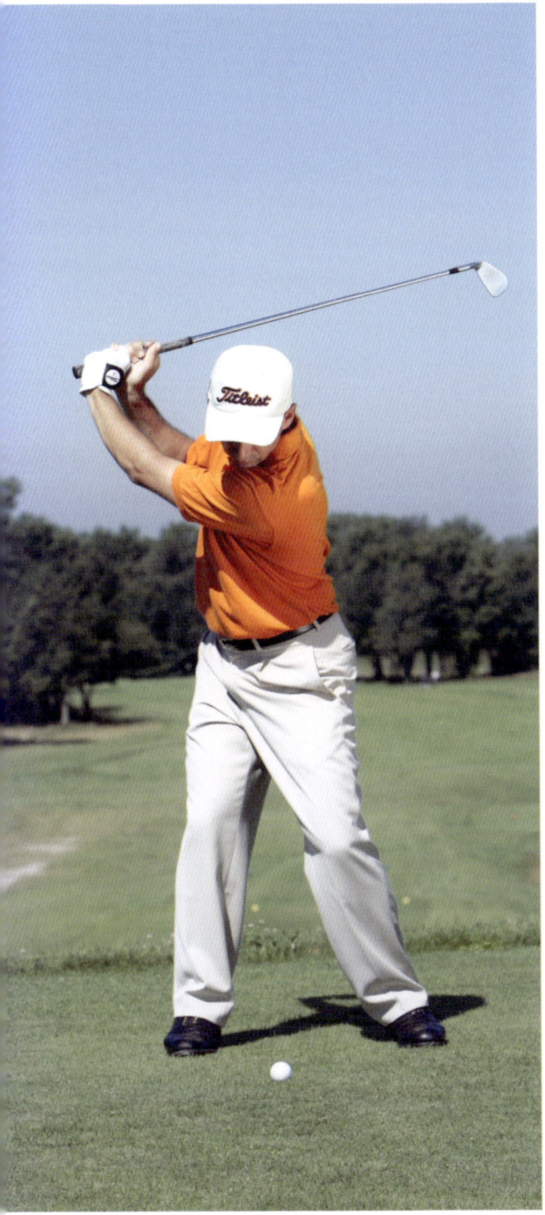

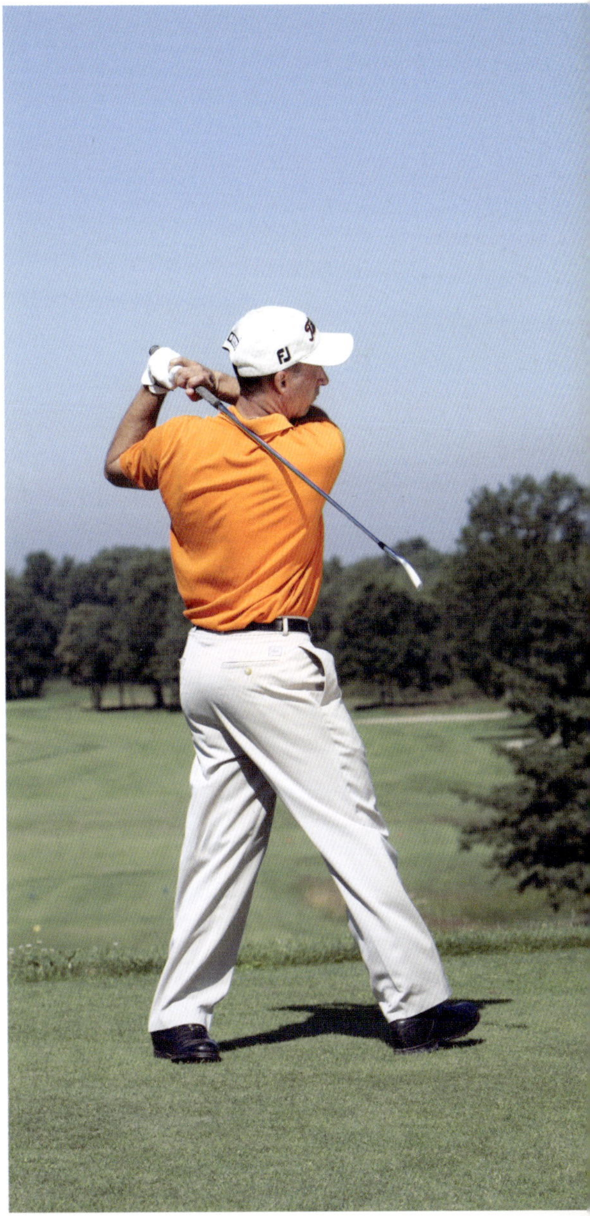

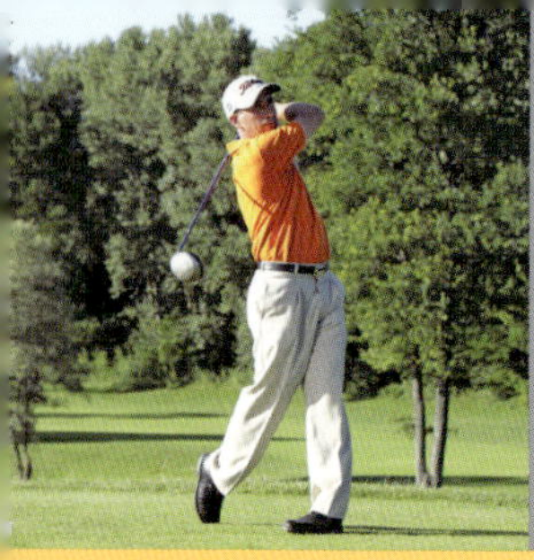

Übung Level 3

FEHLER

- Der Oberkörper ist zu passiv.
- Falsche Schwungebene.
- Der linke Arm zieht zu sehr am Schläger.

ZIEL

- Korrekter Einsatz der linken Körperseite.
- Schwungentwicklung aus den großen Körpermuskeln heraus.

ÜBUNG

- *Machen Sie einen Schwung nur mit dem linken Arm.*
- *Wenn Sie das Gefühl haben, die korrekte Endposition im Rückschwung erreicht zu haben, können Sie versuchen, den Ball mit einem kurzen Eisen von einem Tee zu schlagen.*

EINARMIGER SCHWUNG

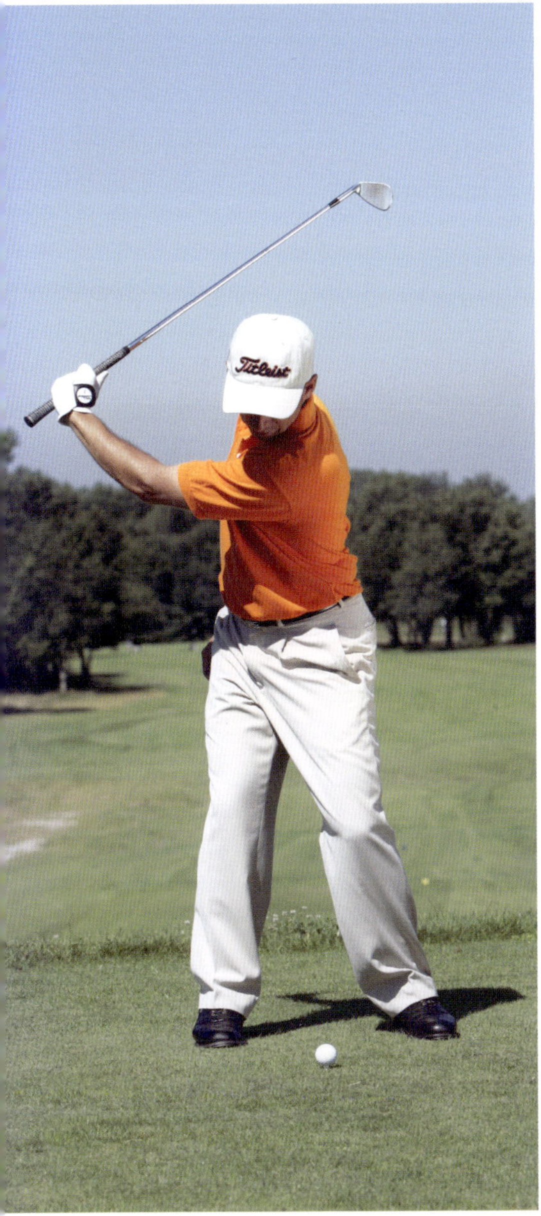

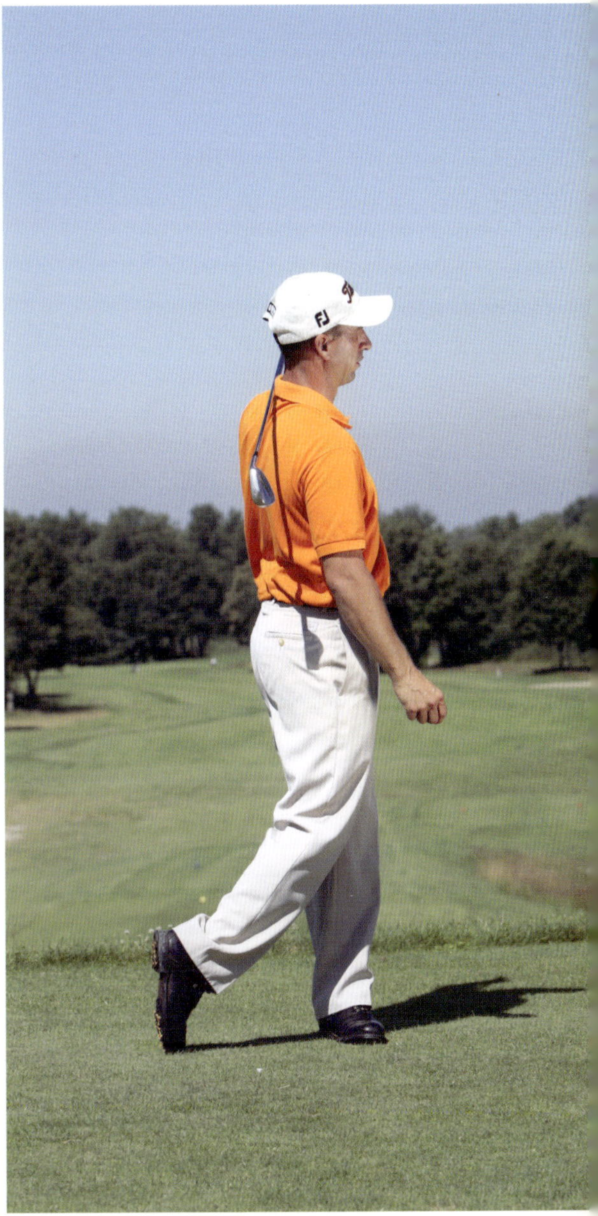

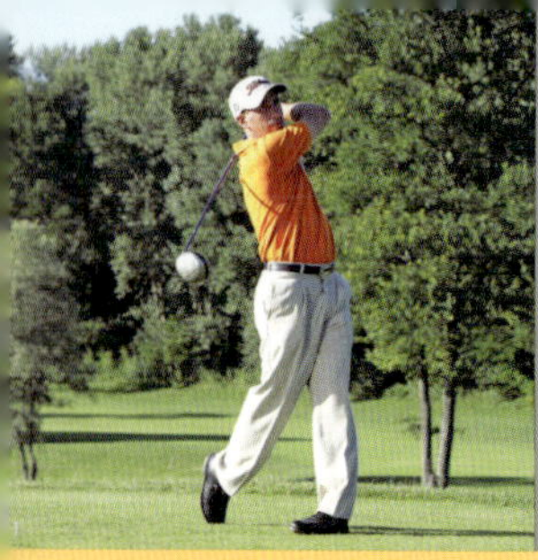

Übung Level 2

FEHLER

- Falsche Schwungebene und mangelnde Koordination von Armen und Körper.

ZIEL

- Bessere Koordination der Arm- und Körperbewegung.
- Bessere Beherrschung des Schlägers.

ÜBUNG

- ***Fassen Sie mit jeder Hand ein mittleres Eisen.***
- ***Die beiden Schläger dürfen sich im Schwung nicht berühren.***
- ***Üben Sie ohne Ball.***

SCHWINGEN MIT ZWEI SCHLÄGERN

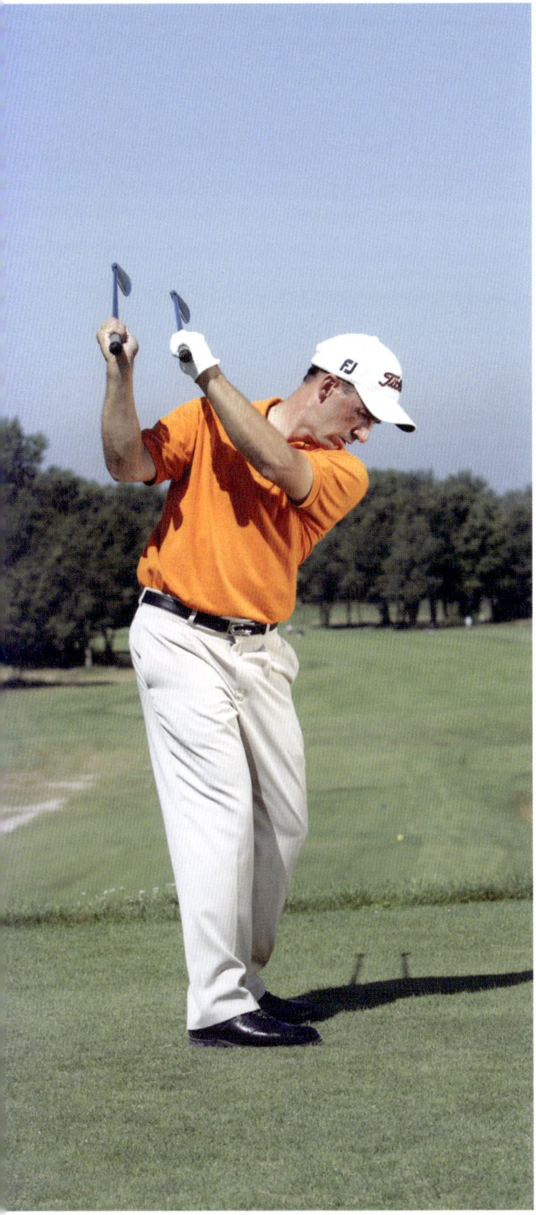

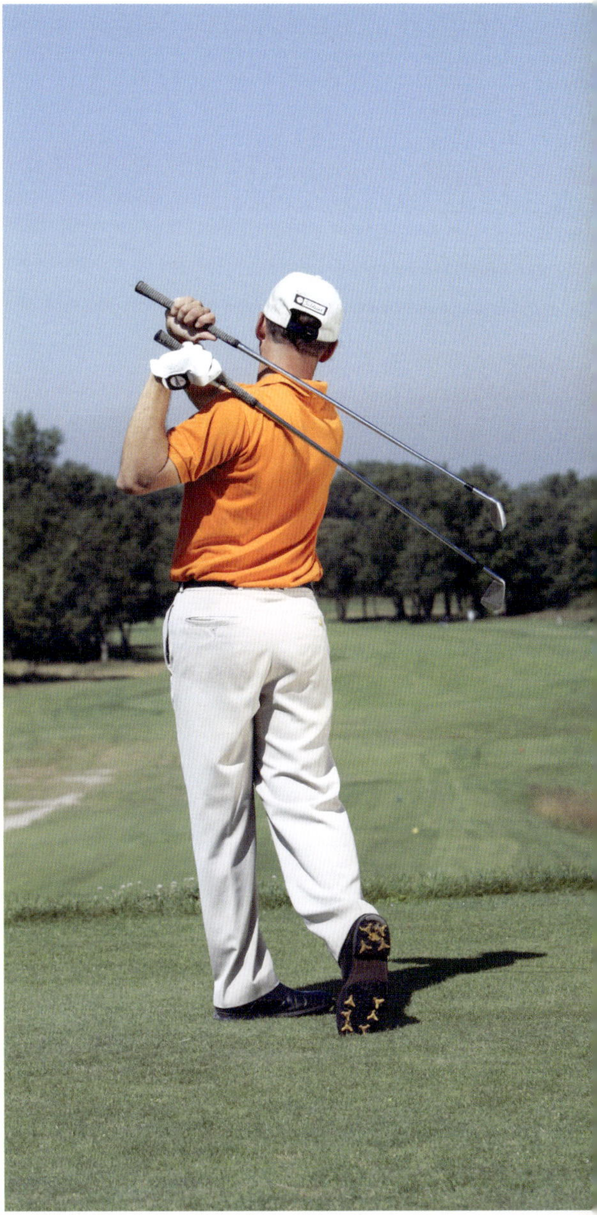

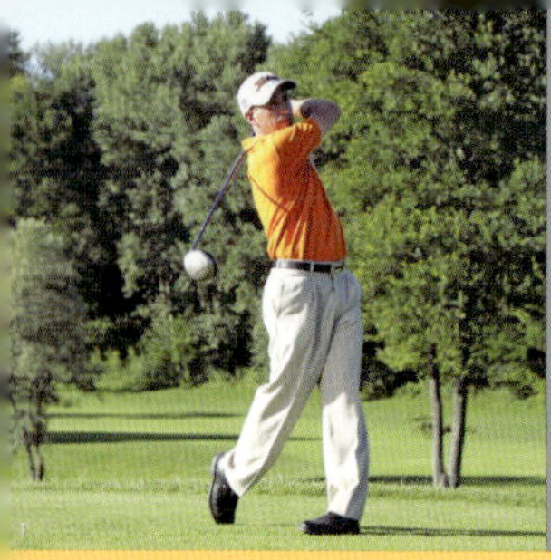

ÜBUNG LEVEL 1

FEHLER

- Der Ball fliegt bei Rechtshändern direkt nach rechts.
- Push oder Hook.
- Ungleichmäßiger Schlag.

ZIEL

- Die Körperspannung im Abschwung richtig einsetzen.
- Ein kompakter Schwung.
- Ein guter und solider Ballkontakt.

ÜBUNG

- ***Klemmen Sie eine Schlägerhaube unter den linken Arm und halten Sie sie bis zum Ende des Schwungs dort fest.***

SCHLÄGERHAUBE UNTER DEM LINKEN ARM

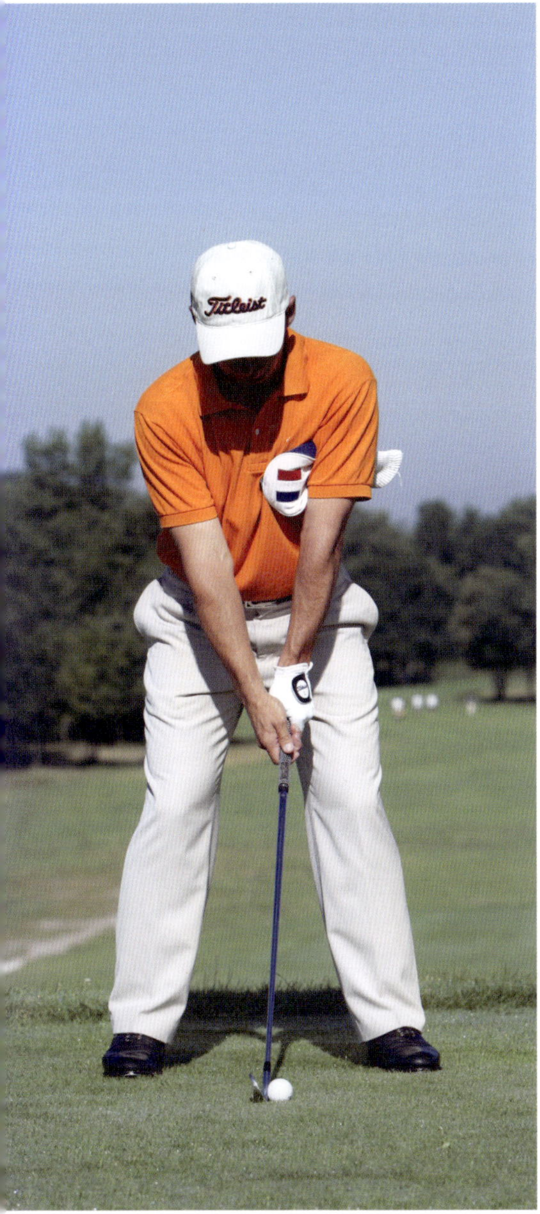

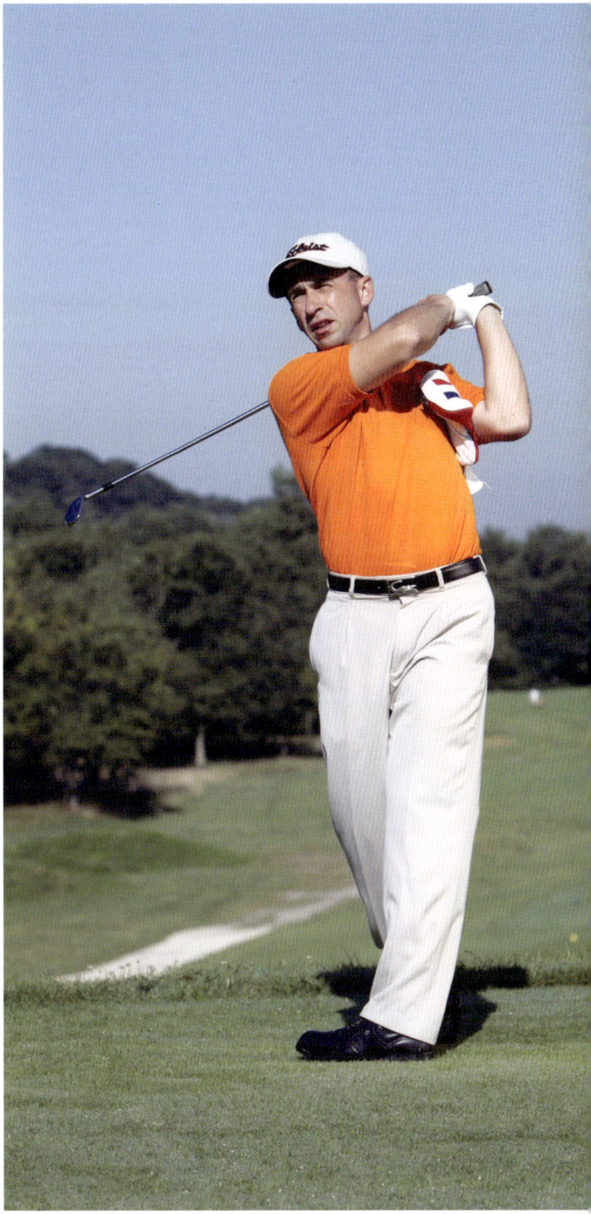

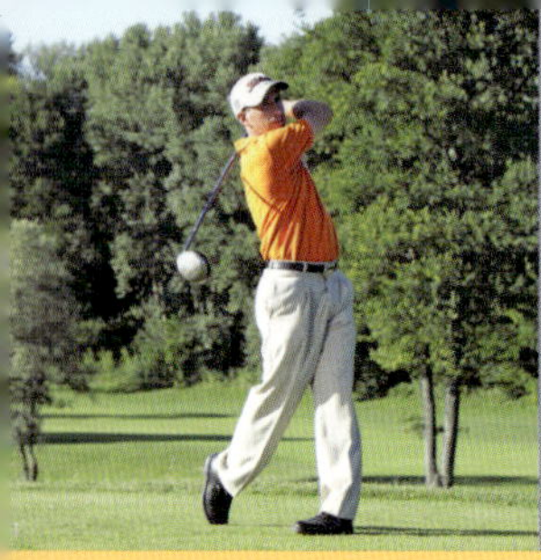

Übung Level 1

FEHLER

- Overswing (zu langer Rückschwung).
- Kraftverlust.
- Ungleichmäßiger Schlag.

ZIEL

- Korrekter Rückschwung.
- Gleichmäßiger und solider Ballkontakt.
- Bessere Koordination von Armen und Oberkörper.

ÜBUNG

- ***Klemmen Sie eine Schlägerhaube unter den rechten Arm und halten Sie sie bis zum Ende des Schwungs dort fest.***

SCHLÄGERHAUBE UNTER DEM RECHTEN ARM

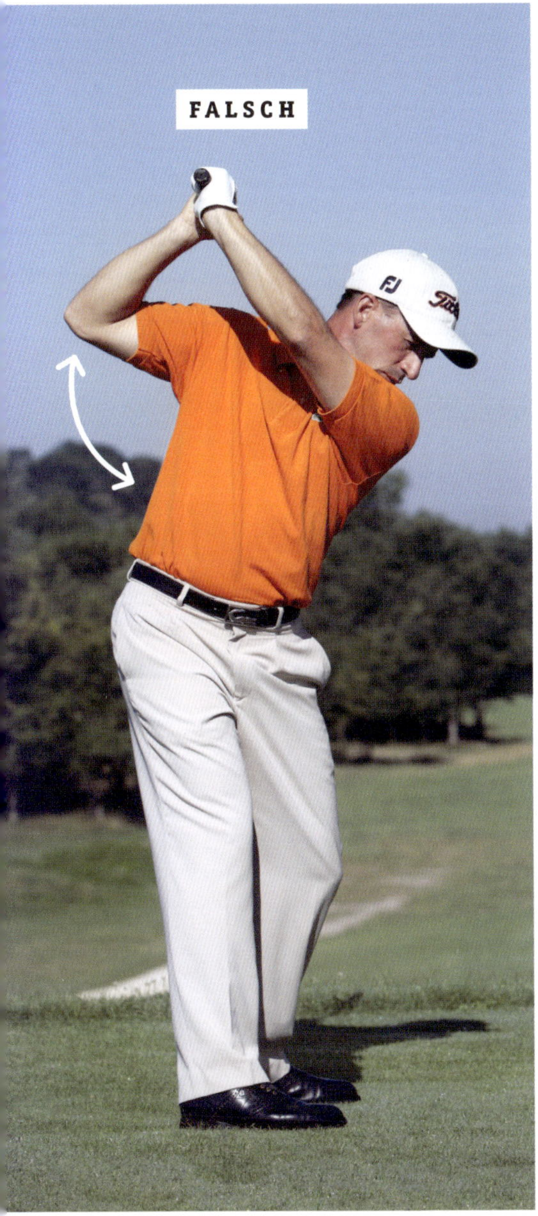

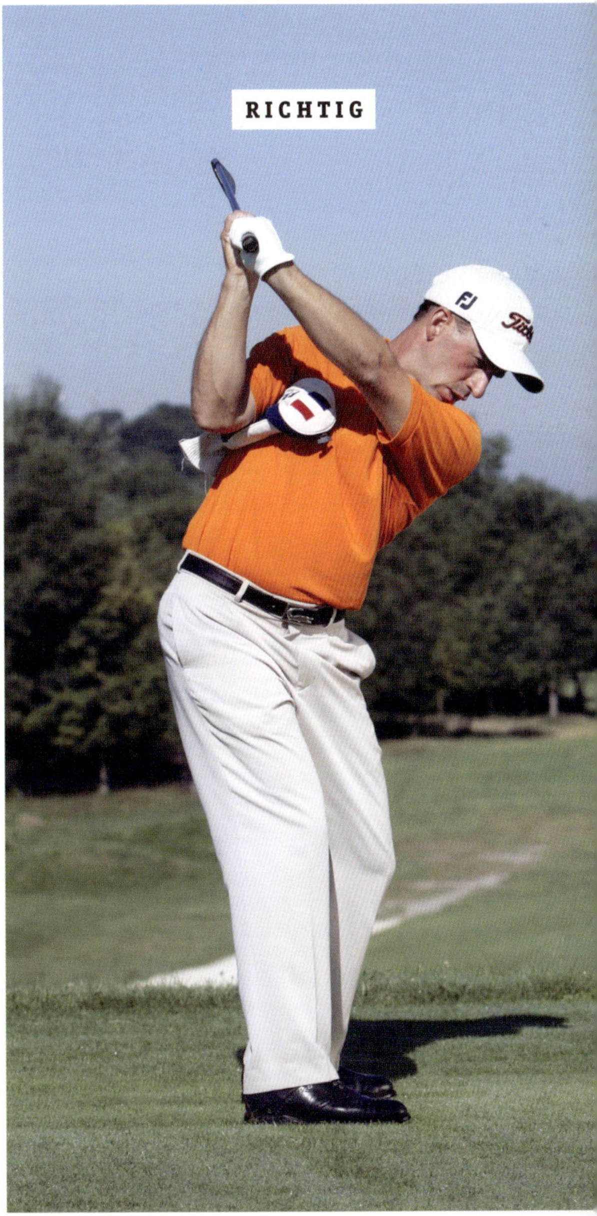

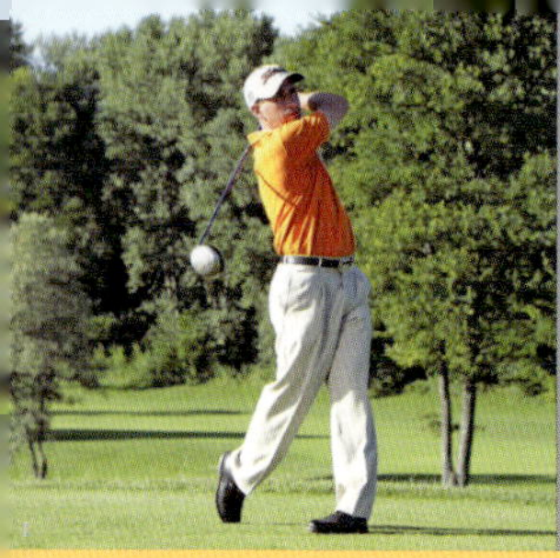

Übung Level 1

FEHLER

- Overswing (zu langer Rückschwung).
- Zu starke Seitwärtsbewegung des Oberkörpers.

ZIEL

- Kürzerer Rückschwung.
- Weniger Seitwärtsbewegung.

ÜBUNG

- ***Schließen Sie das linke Auge.***
- ***Schauen Sie mit dem rechten Auge zum Ball, wenn Sie beim Rückschwung die Endposition erreicht haben.***

EIN AUGE SCHLIESSEN

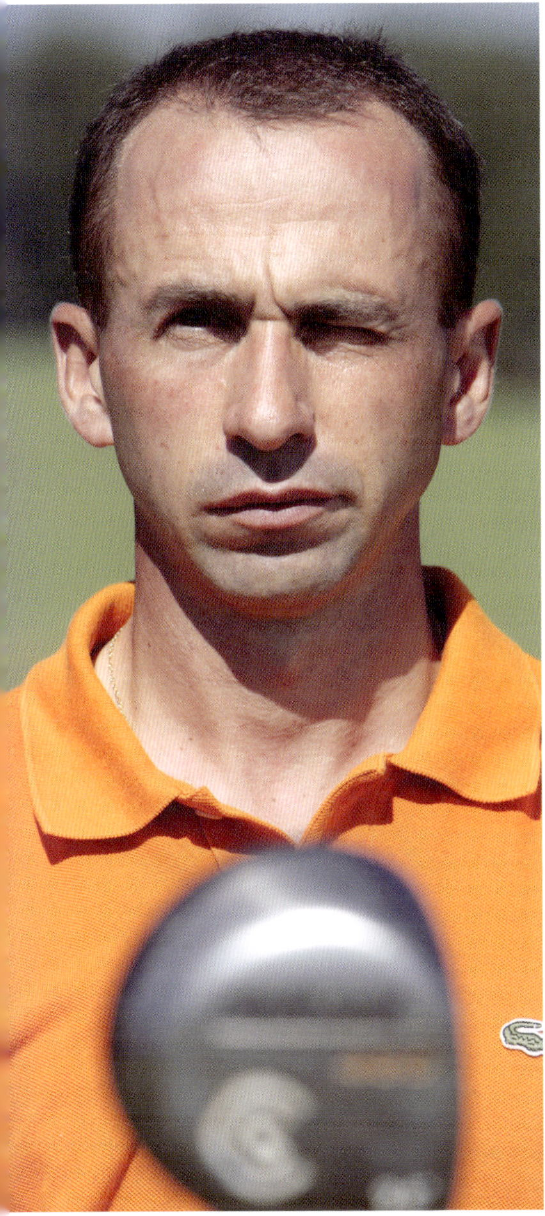

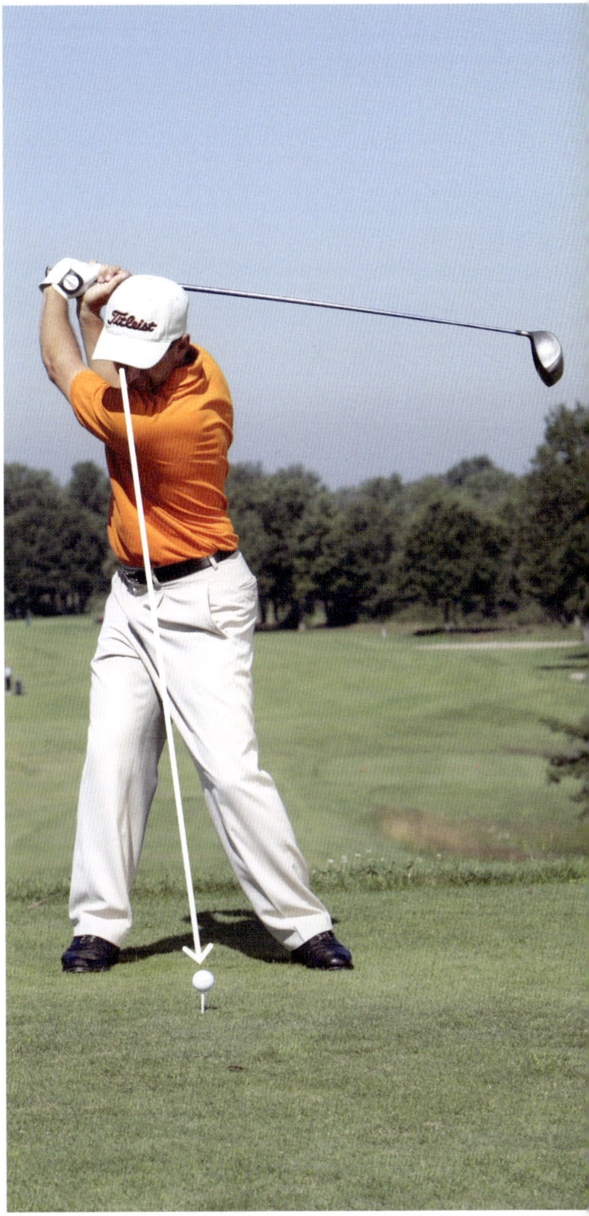

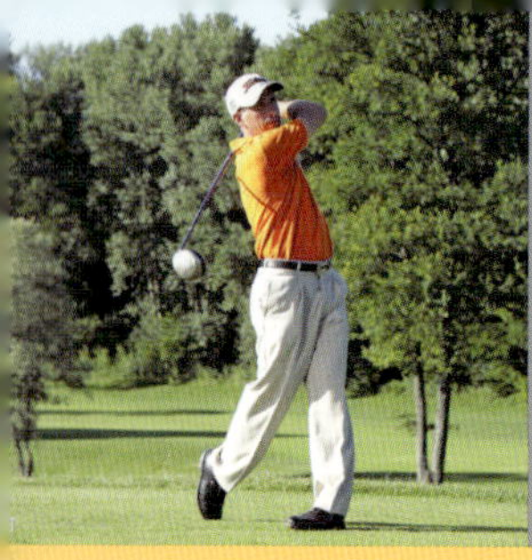

Übung Level 1

FEHLER

- Zu schneller Schwungansatz und wackelige Hände.
- Passiver Körper.

ZIEL

- Koordination von Körper- und Schlägerbewegung.
- Bessere Schwungbahn im Rückschwung.
- Besserer Rhythmus.

ÜBUNG

- ***Legen Sie das Griffende an den Bauchnabel, greifen Sie den Schläger am Schaft, stellen Sie sich zum Schlag hin und bewegen Sie den Schläger und den Körper synchron.***

SCHWUNGANSATZ AUS DEM BAUCHNABEL

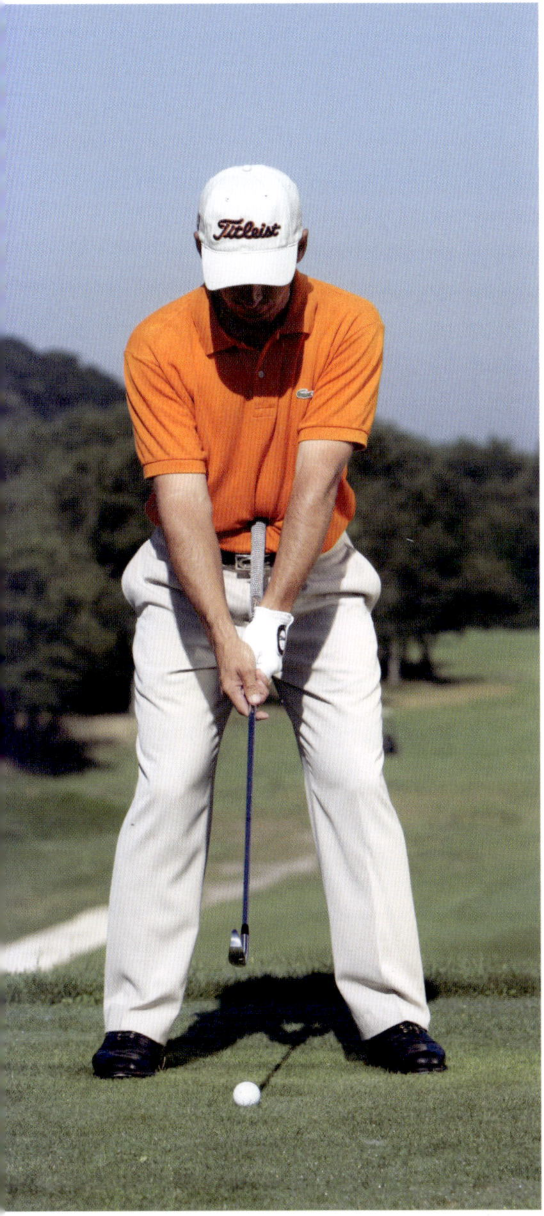

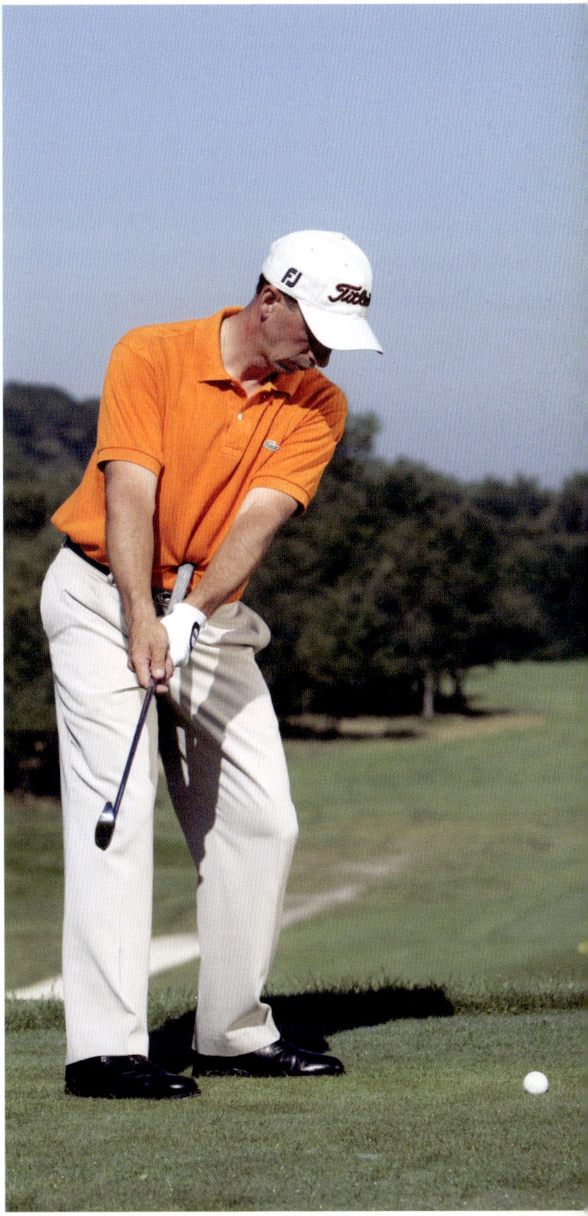

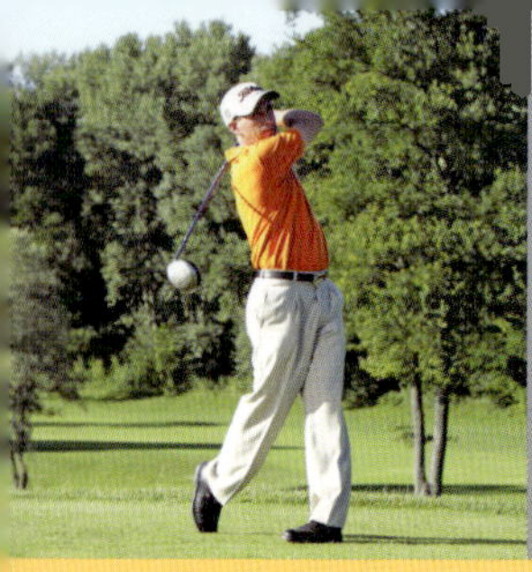

Übung Level 2

FEHLER

- Zu steiler Schwung.
- Slice.

ZIEL

- Flachere Schwungebene.
- Flugkurve als leichter Draw.

ÜBUNG

- ***Lassen Sie den Schlägerkopf direkt über den Boden gleiten.***

BALL LIEGT OBERHALB DER FÜSSE

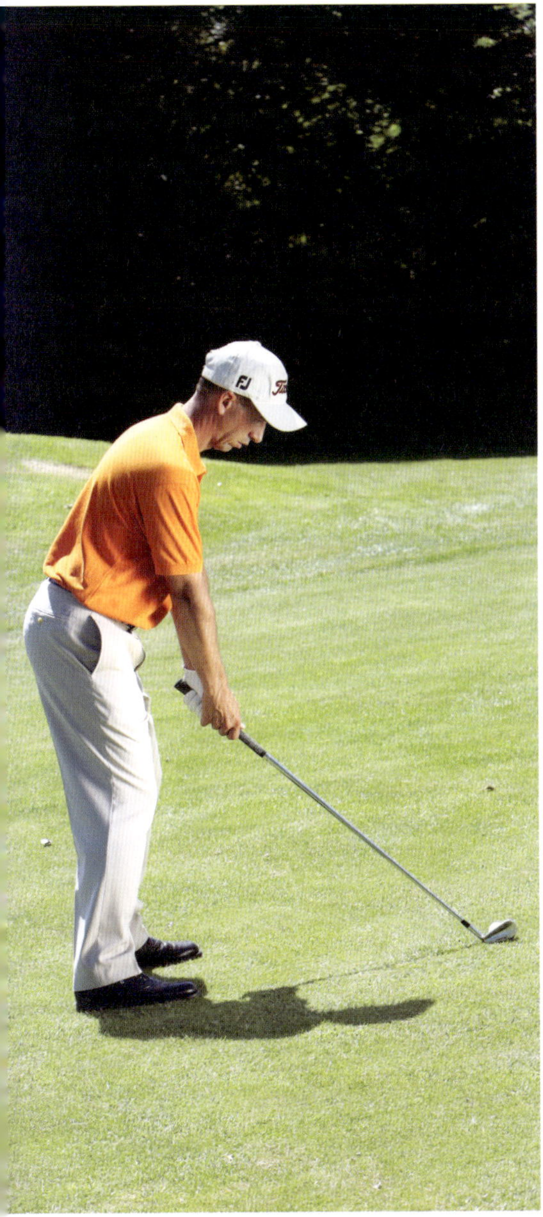

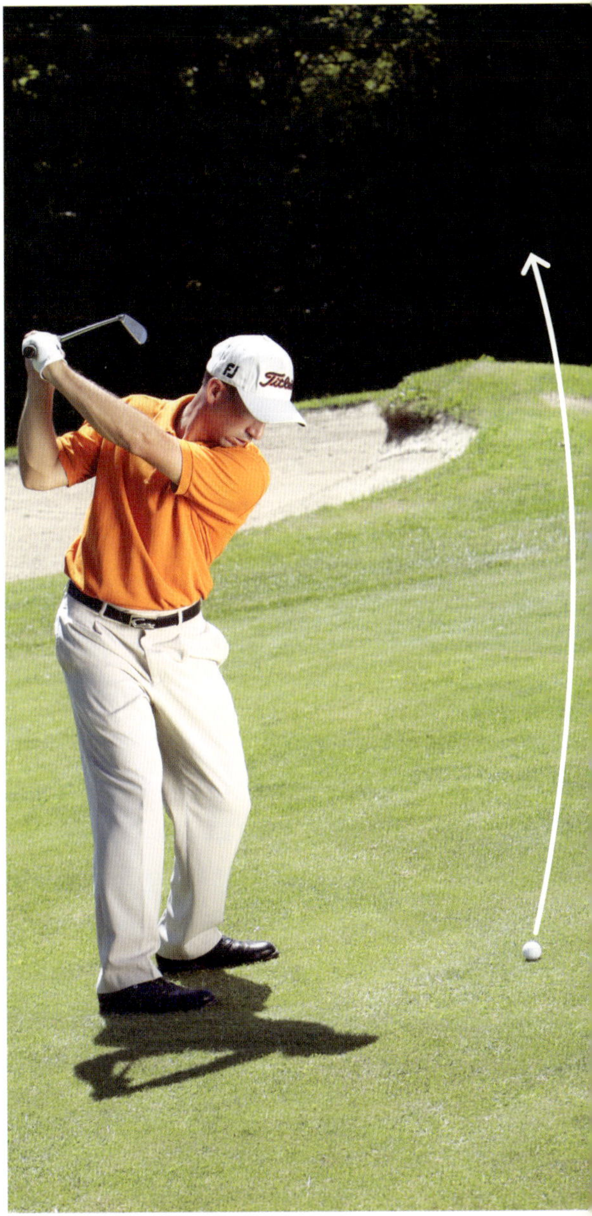

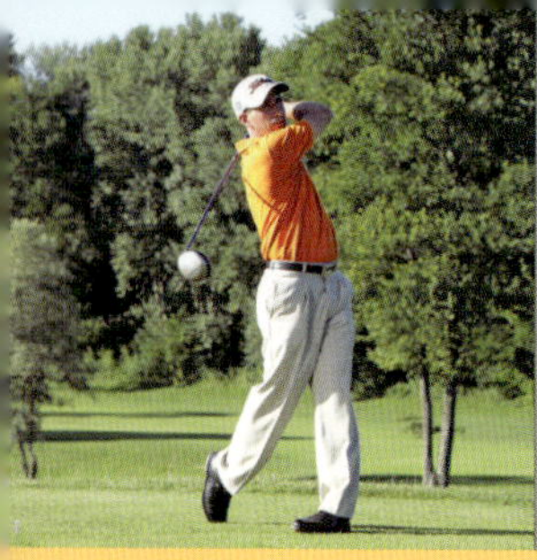

ÜBUNG LEVEL 3

FEHLER

- Zu waagrechte Bewegung.
- Hook.

ZIEL

- Ein etwas steilerer Angriffswinkel.
- Flugkurve als leichter Fade.

ÜBUNG

- ***Beugen Sie den Oberkörper etwas weiter nach vorn.***
- ***Achten Sie mehr auf das Gleichgewicht, weniger auf die Schwunggeschwindigkeit.***

BALL LIEGT UNTERHALB DER FÜSSE

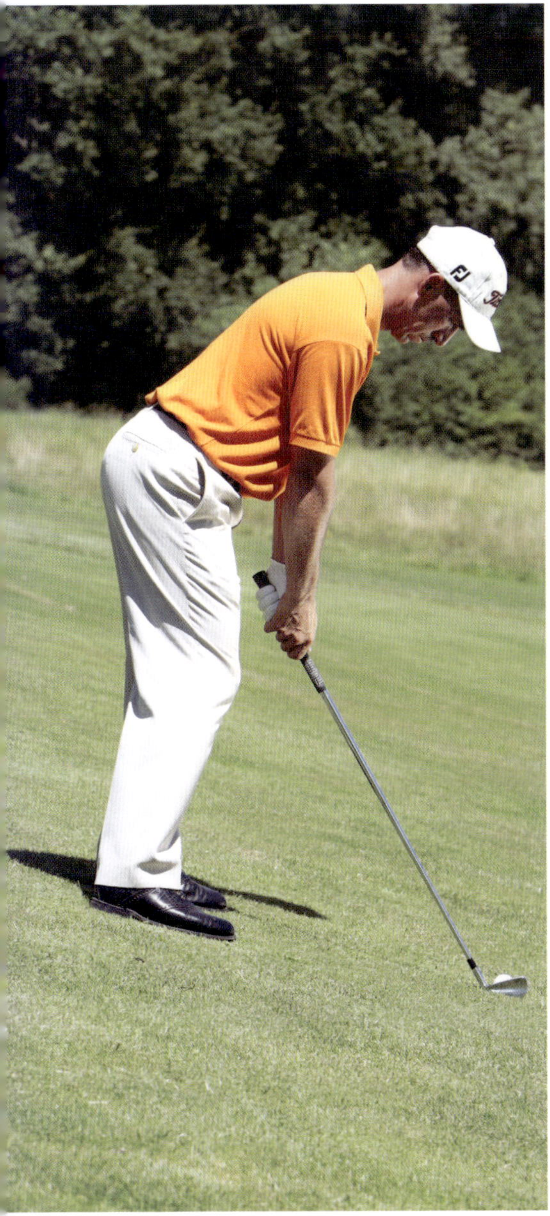

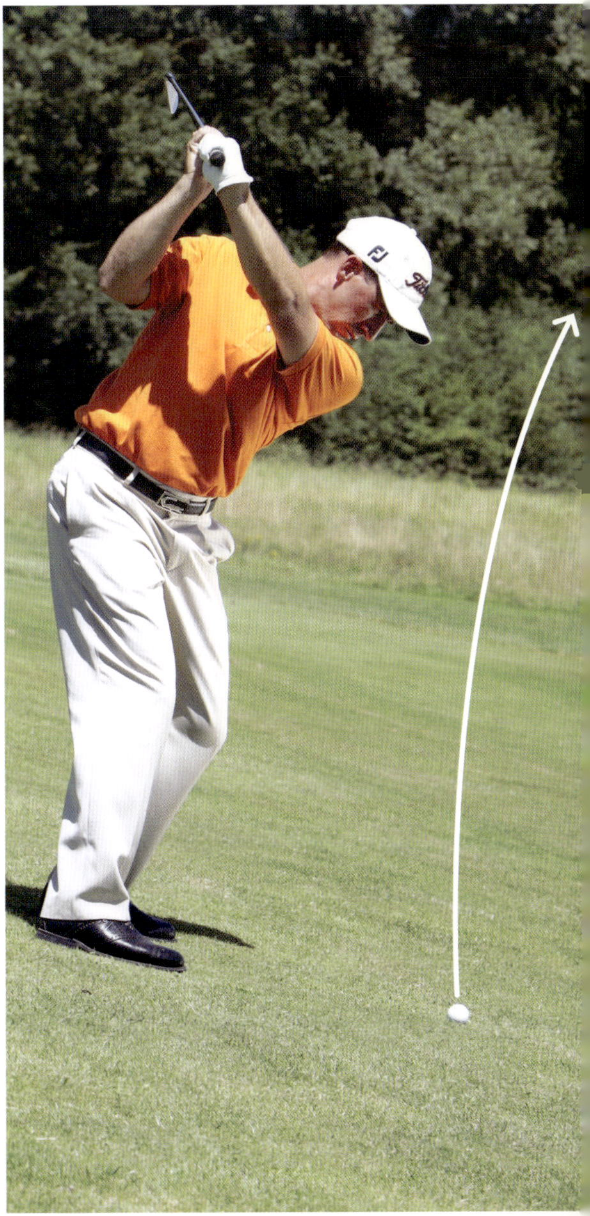

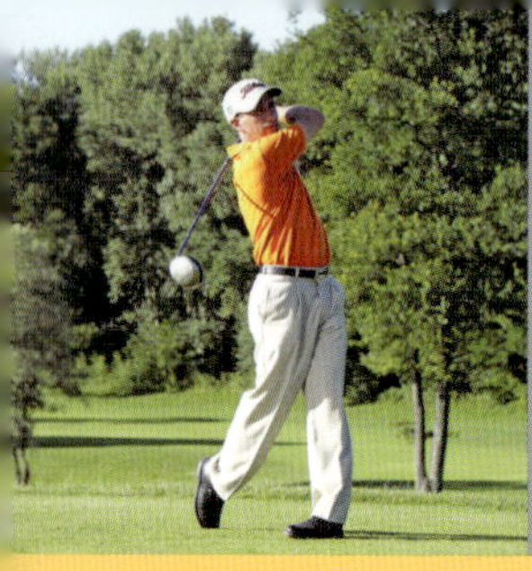

ÜBUNG LEVEL 2

FEHLER

- Zu tief fliegende Bälle.
- Slice.

ZIEL

- Höhere Flugkurve.
- Ruhigerer Unterkörper.
- Leichter Hook.

ÜBUNG

- *Richten Sie den Oberkörper und vor allem die Schulterlinie parallel zur Schräge aus.*
- *Am Ende des Rückschwungs liegt das Gewicht auf dem hinteren Bein.*

BALL LIEGT SCHRÄG BERGAUF

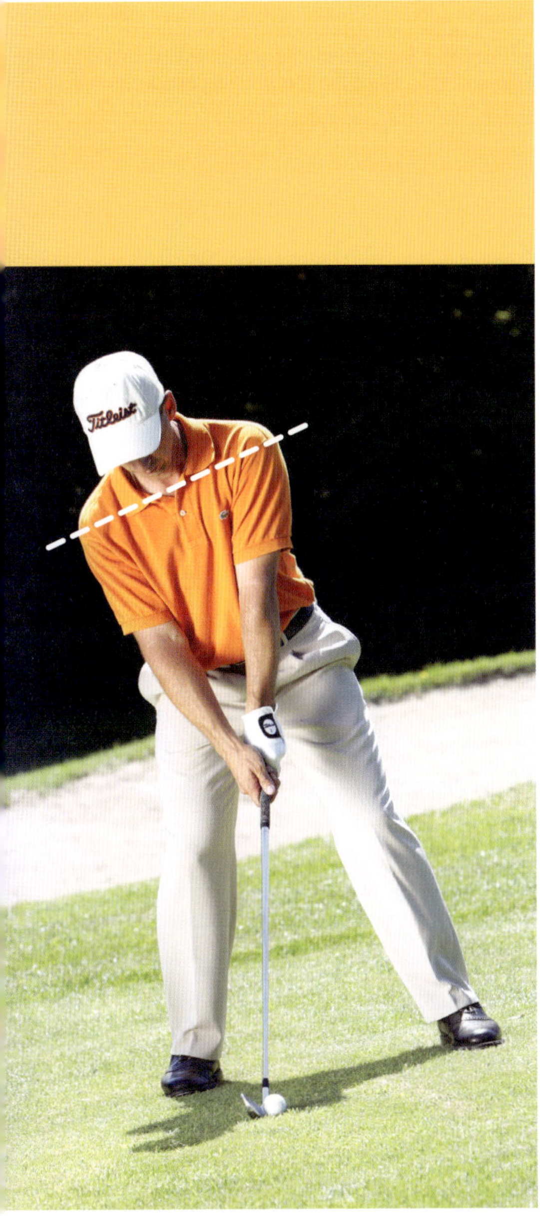

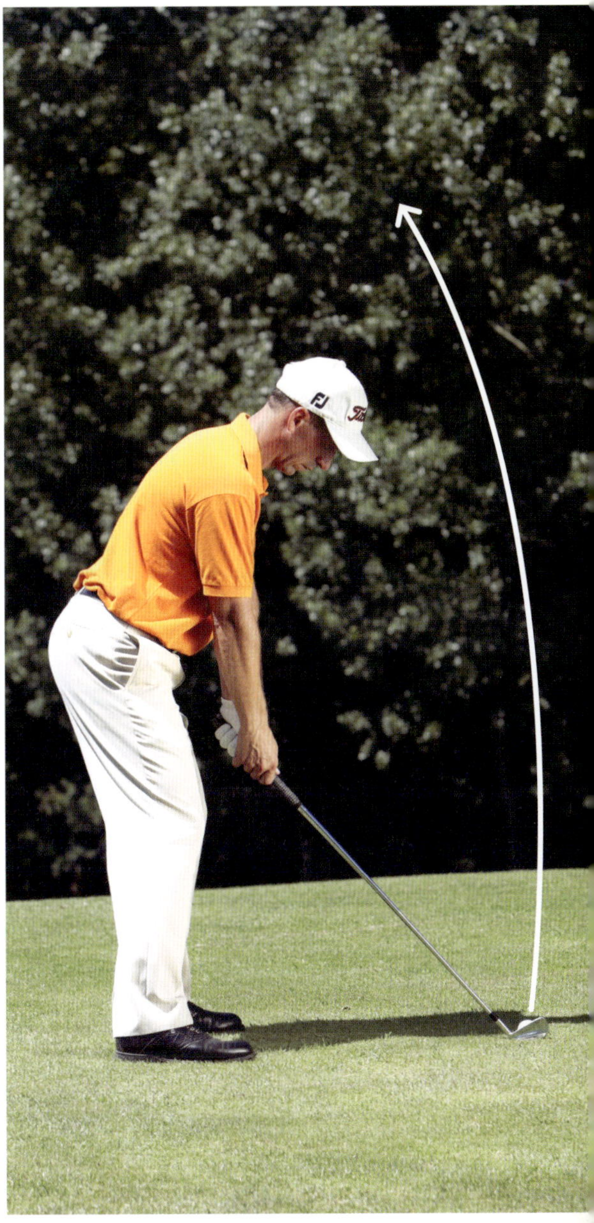

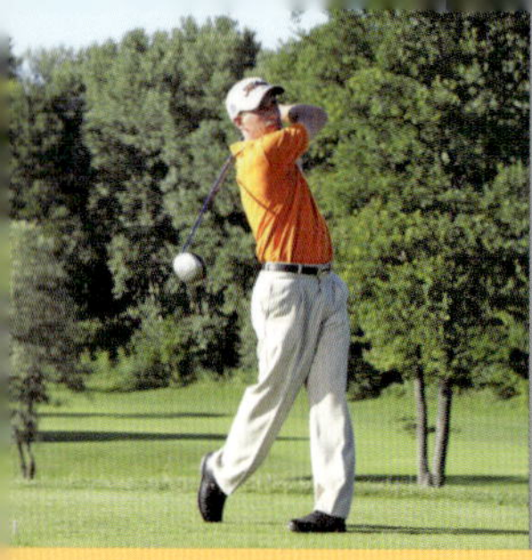

Übung Level 3

FEHLER

- Die Schwungebene ist zu horizontal.
- Hook.

ZIEL

- Flachere Bälle.
- Steilerer Angriffswinkel.
- Leichter Slice.

ÜBUNG

- ***Richten Sie den Oberkörper und vor allem die Schulterlinie parallel zur Schräge aus.***
- ***Üben Sie mit einem kurzen oder mittleren Eisen.***

BALL LIEGT SCHRÄG BERGAB

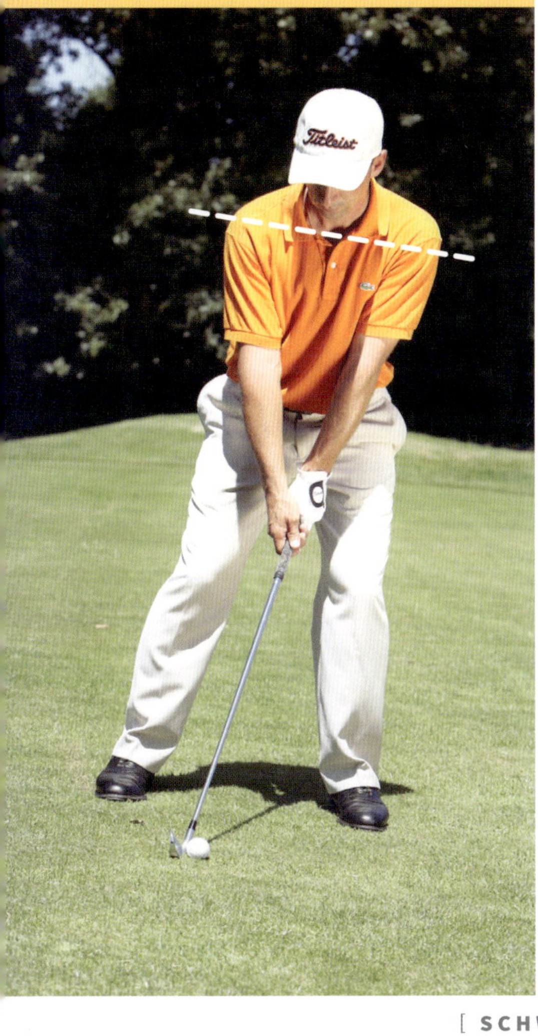

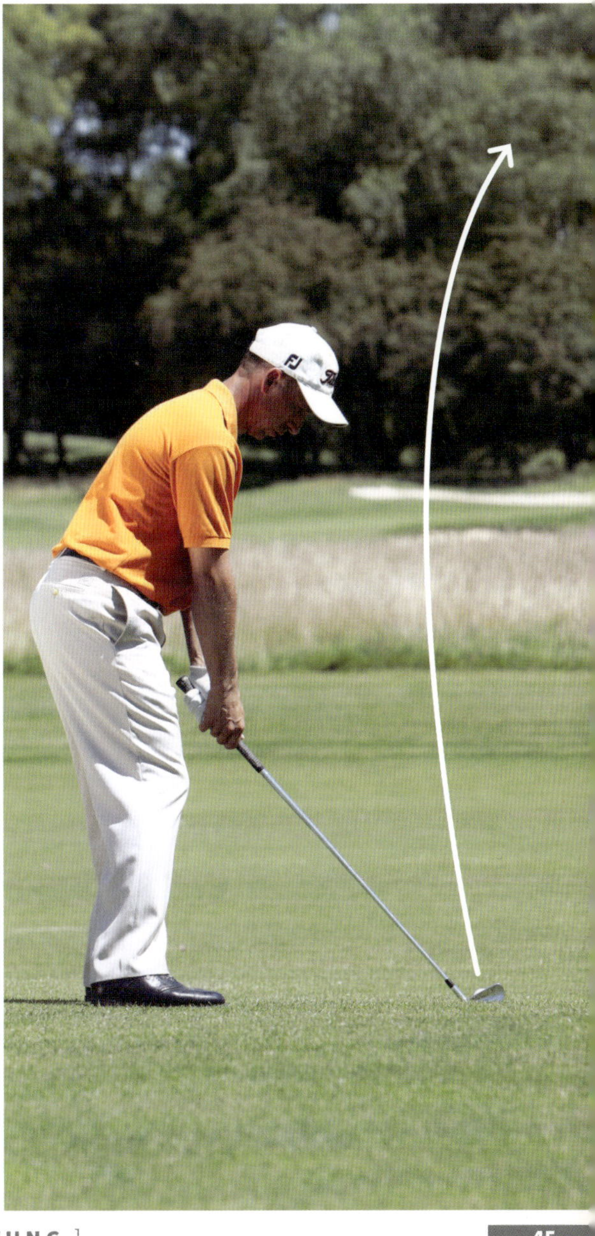

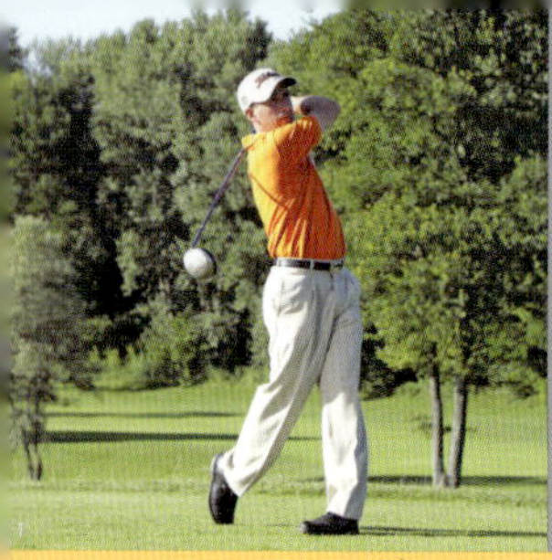

ÜBUNG LEVEL 2

FEHLER

- Slice.
- Zu steile Bälle.
- Ball fliegt bei einem Rechtshänder direkt nach links.

ZIEL

- Den Ball mehr im Aufschwung treffen.
- Den Ball eher nach rechts spielen.
- Weiter schlagen.

ÜBUNG

- *Zu steile Bälle und der Slices werden verursacht durch ein Treffmoment in der Abwärtsbewegung des Schlägers.*
- *Teen Sie den Ball beim Abschlag höher auf.*
- *Versuchen Sie, das Tee beim Abschlag nicht mit dem Schläger zu berühren.*

ABSCHLAG VOM HOHEN TEE

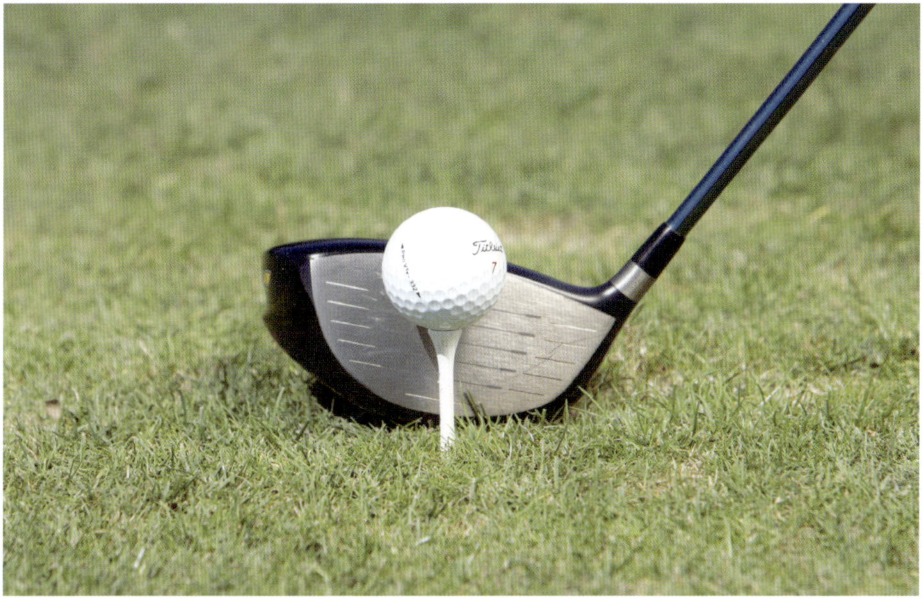

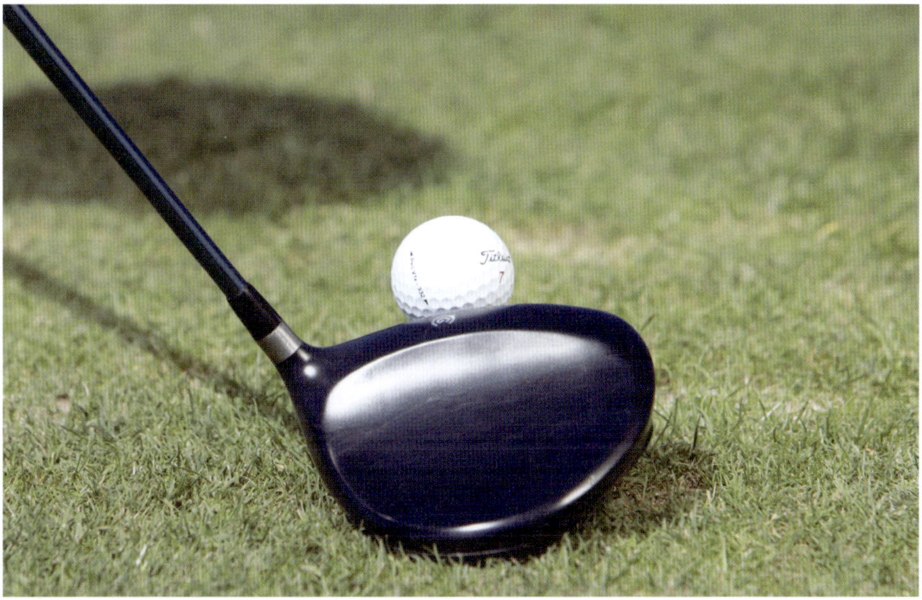

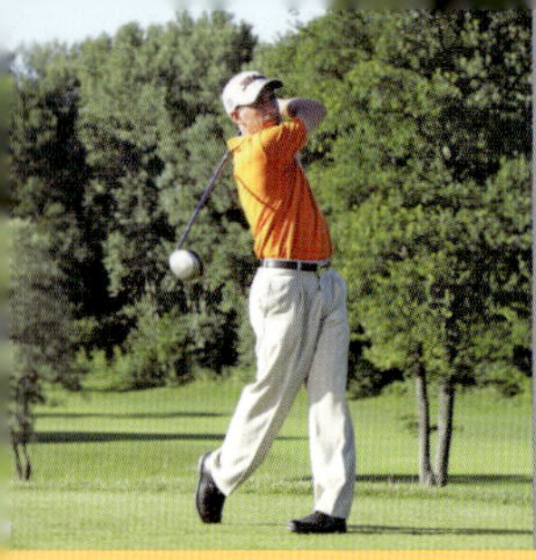

Übung Level 2

FEHLER

- Hook.
- Bälle fliegen direkt nach rechts.

ZIEL

- Den Ball mehr im Abschwung treffen.
- Leichter Slice.

ÜBUNG

- *Ein Schlag vom kurzen Tee bringt Sie auf manchen Bahnen gar nicht erst in die Gefahrenzone.*
- *Schlag leicht nach links beim Rechtshänder und nach rechts beim Linkshänder.*

ABSCHLAG VOM KURZEN TEE

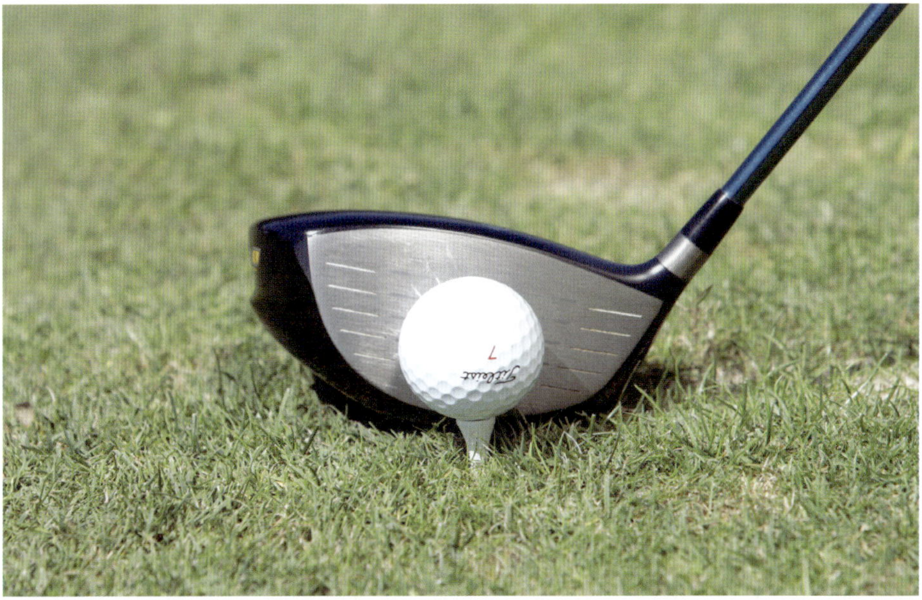

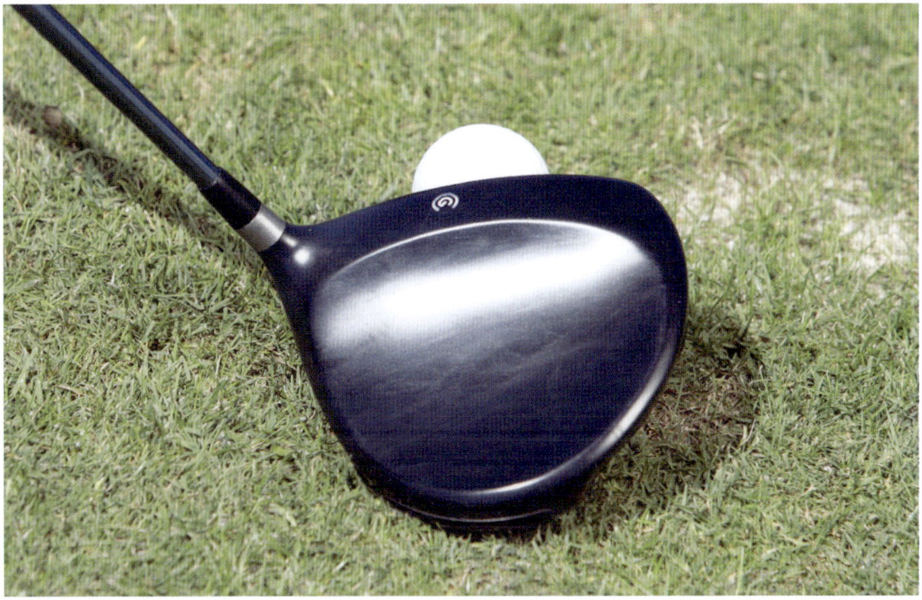

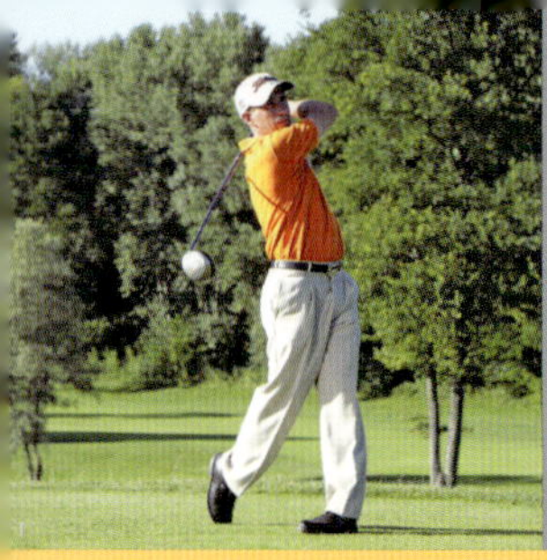

ÜBUNG LEVEL 1

FEHLER

- Schlechte Visualisierung der Schwungkurve.
- Viele Slices.

ZIEL

- Natürliche Drehbewegung.
- Gleichmäßiger Schwung.
- Optimale Flugrichtung des Balls.

ÜBUNG

- ***Legen Sie einige Bälle im Halbkreis auf den Boden.***
- ***Folgen Sie dem Bogen mit dem Schlägerkopf.***

IDEALER WEG DES SCHLÄGERKOPFS

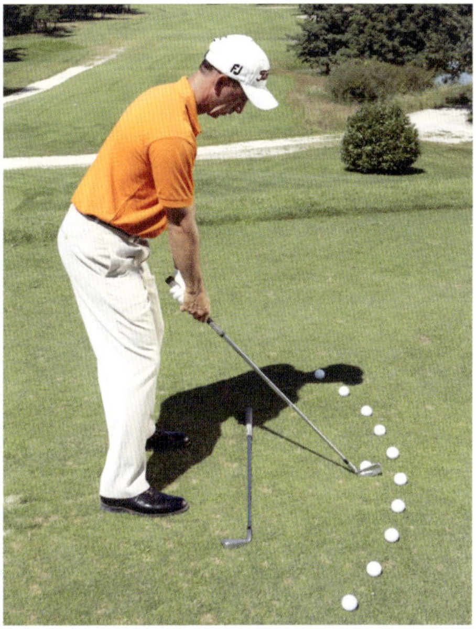

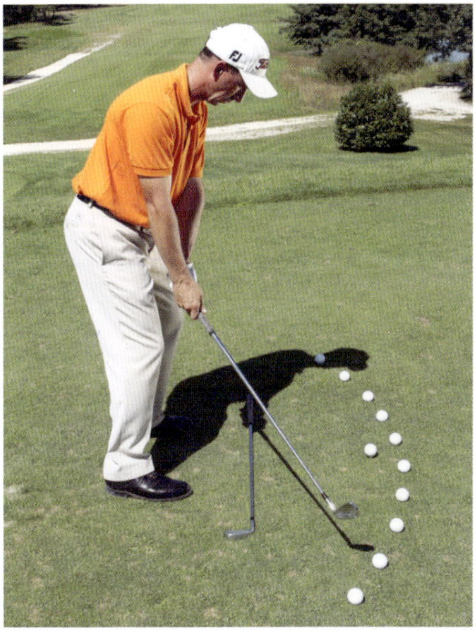

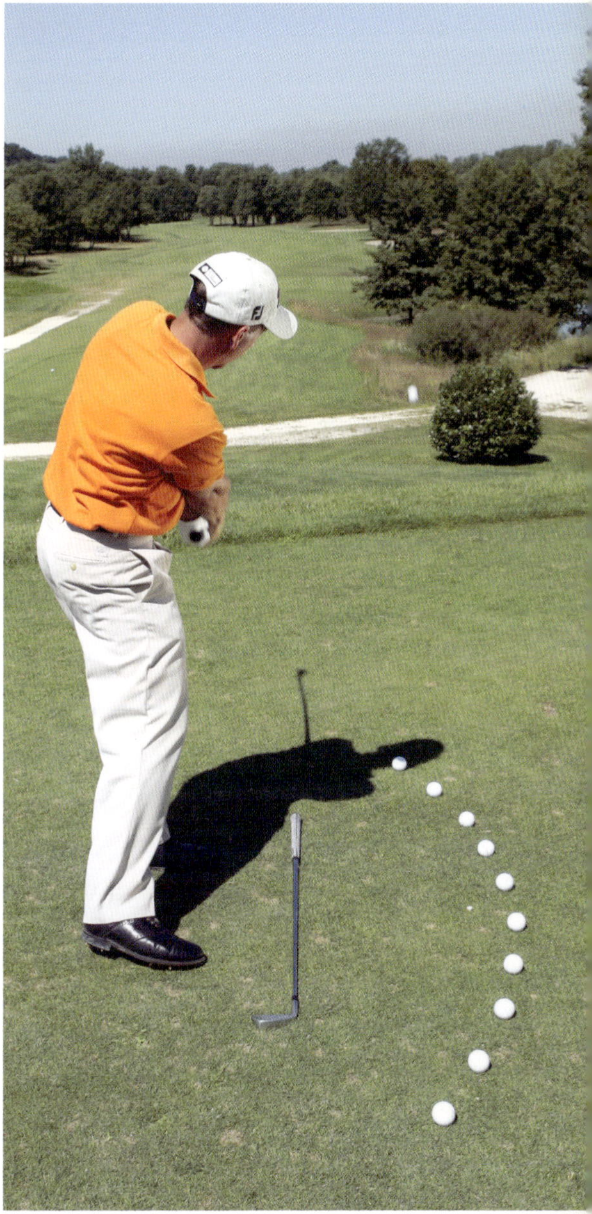

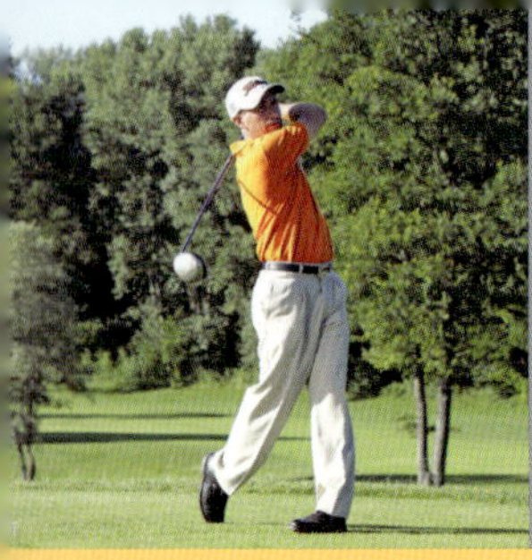

Übung Level 2

FEHLER

- Slice.
- Pull (Ball geht direkt nach links).
- Zu dünn getroffener Ball.

ZIEL

- Rückschwung mehr nach innen.
- Bälle fliegen leicht nach rechts.
- Niedrige Flugbahn und leichter Draw.

ÜBUNG

- ***Üben Sie mit einem Eisen 7 oder 9.***
- ***Der Ball liegt beim Ansprechen weiter hinten.***
- ***Machen Sie einen normalen Schwung.***

BALL NÄHER AM HINTEREN FUSS

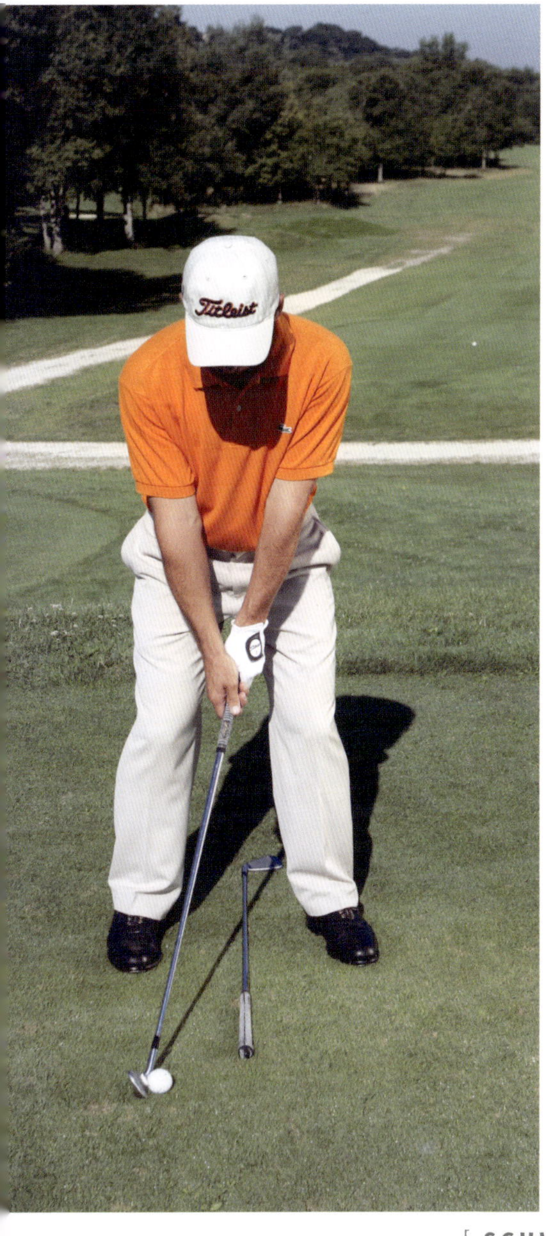

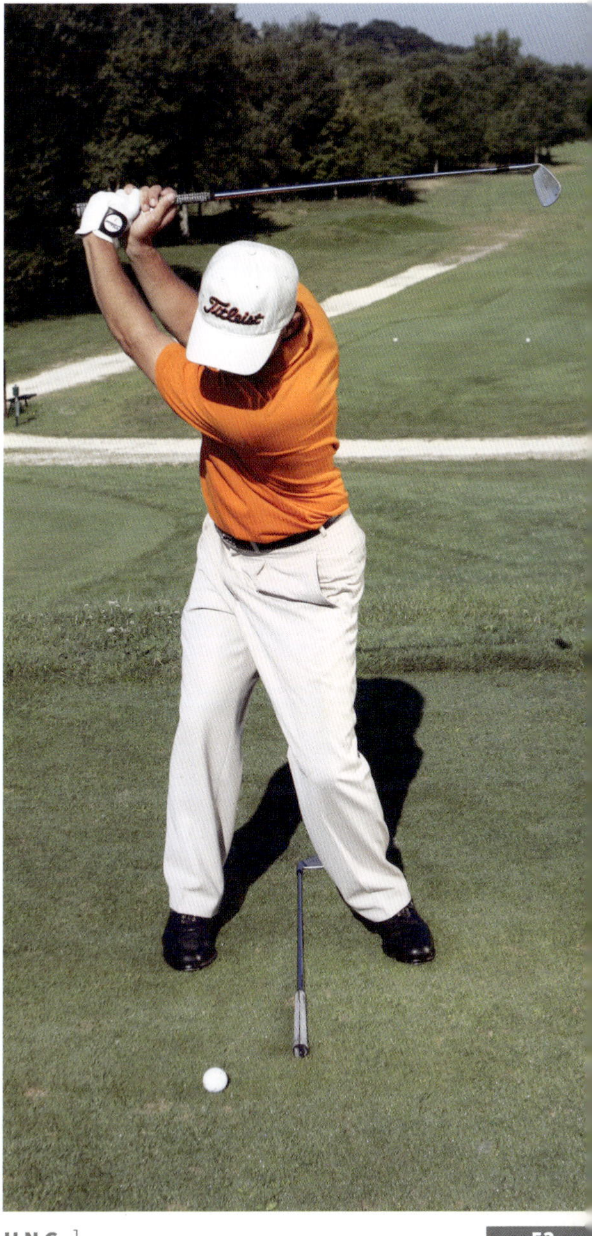

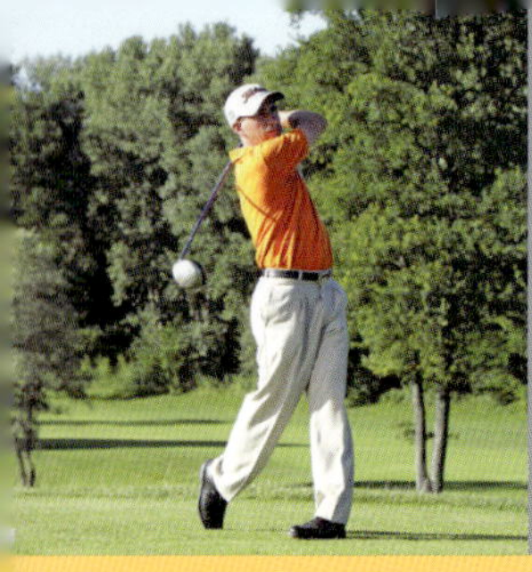

Übung Level 1

FEHLER

- Zu schneller oder zu steiler Rückschwung.
- Schlechte Schwungkurve.
- Rechter Arm knickt zu schnell ein.

ZIEL

- Ruhiger Rückschwung mit Unterstützung des Körpers.
- Rückschwung mit gleichzeitiger Drehung.
- Guter Schwungrhythmus.

ÜBUNG

- ***Beim Schwungauftakt berührt der Schläger den hinteren Ball und schiebt ihn sanft nach hinten weg.***

SCHWUNG MIT ZWEI BÄLLEN

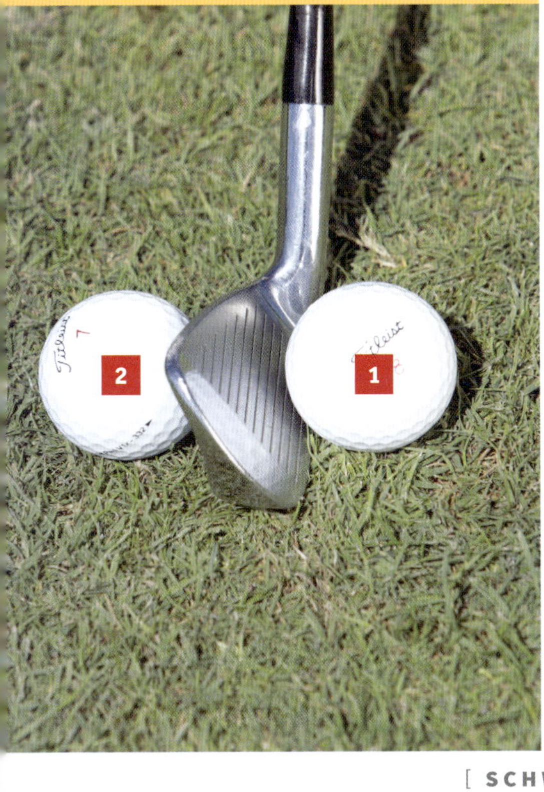

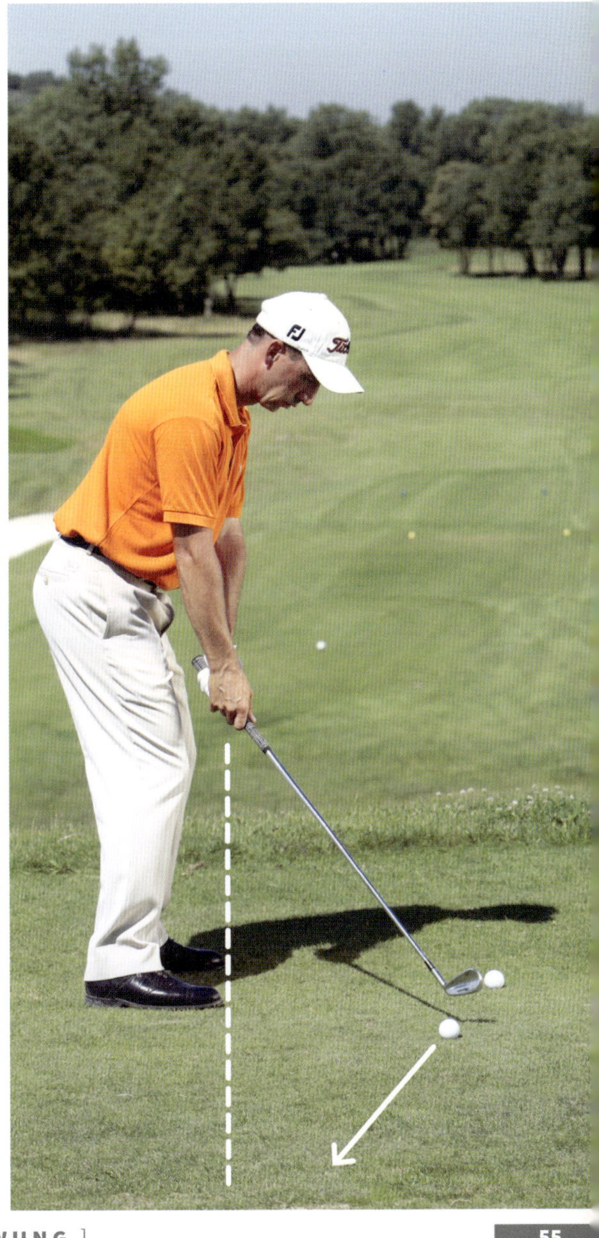

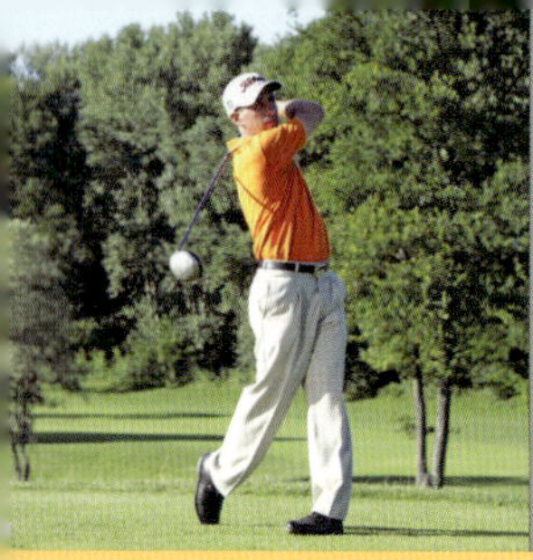

Übung Level 2

FEHLER

- Zu niedrige Flugbahn des Balls.
- Slice.

ZIEL

- Guter Ballkontakt im Treffmoment.
- Bälle fliegen leicht nach rechts.
- Längere Schläge.

ÜBUNG

- ***Passen Sie die Höhe des Tees der Schulterlinie an.***
- ***Nun können Sie den Ball auf die richtige Flugbahn schicken.***

SCHULTERHALTUNG BEIM ABSCHLAG

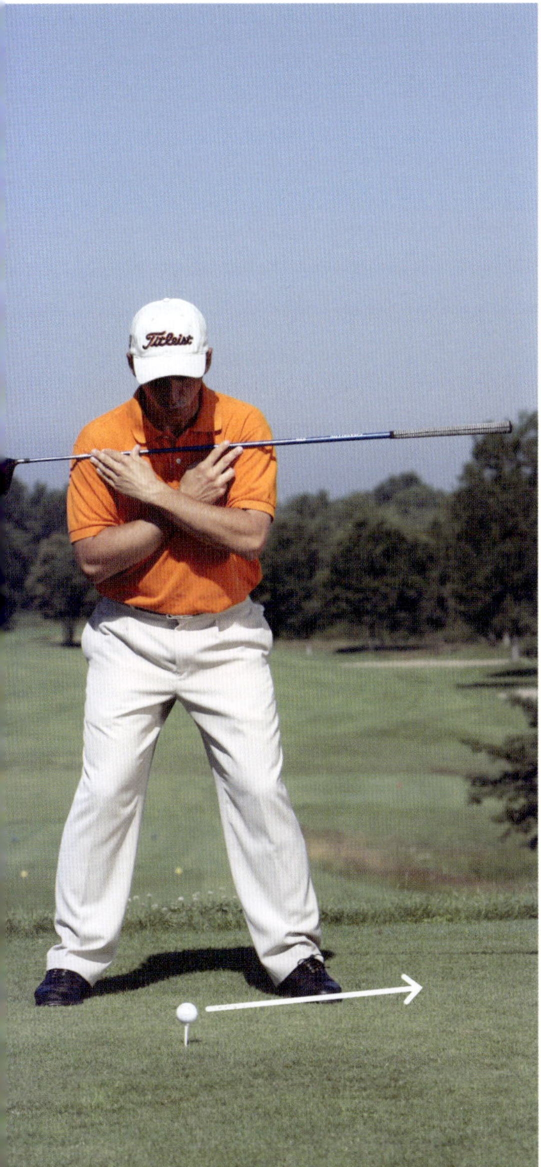

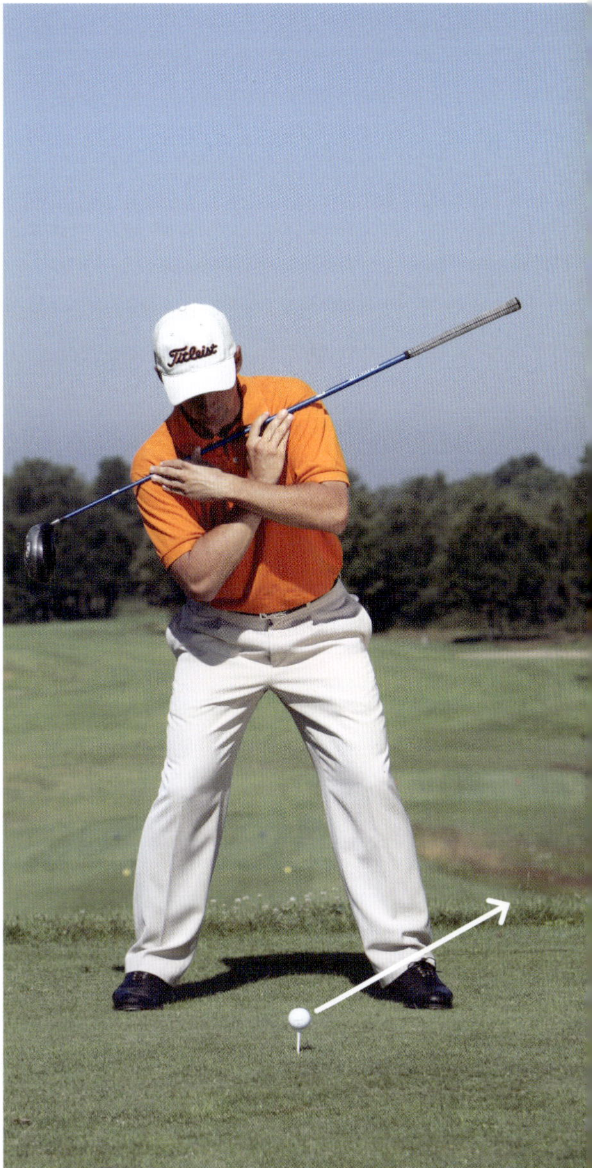

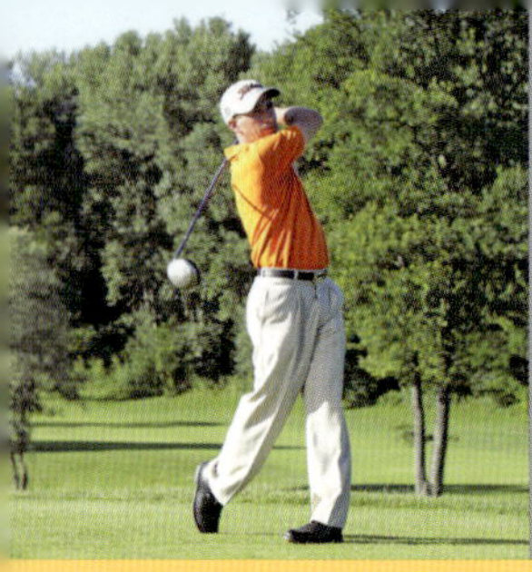

Übung Level 2

FEHLER

- Zu schnelle Bewegung der Handgelenke.
- Slice.
- Häufige Divots.

ZIEL

- Horizontalere Schwungebene bzw. Treffmoment im Aufschwung.
- Längere Schläge mit den Hölzern.

ÜBUNG

- ***Positionieren Sie den Schläger hinter dem Ball.***
- ***Kürzere Schläger näher am Ball, längere Schläger weiter dahinter.***

RICHTIGES ANSPRECHEN DES BALLS

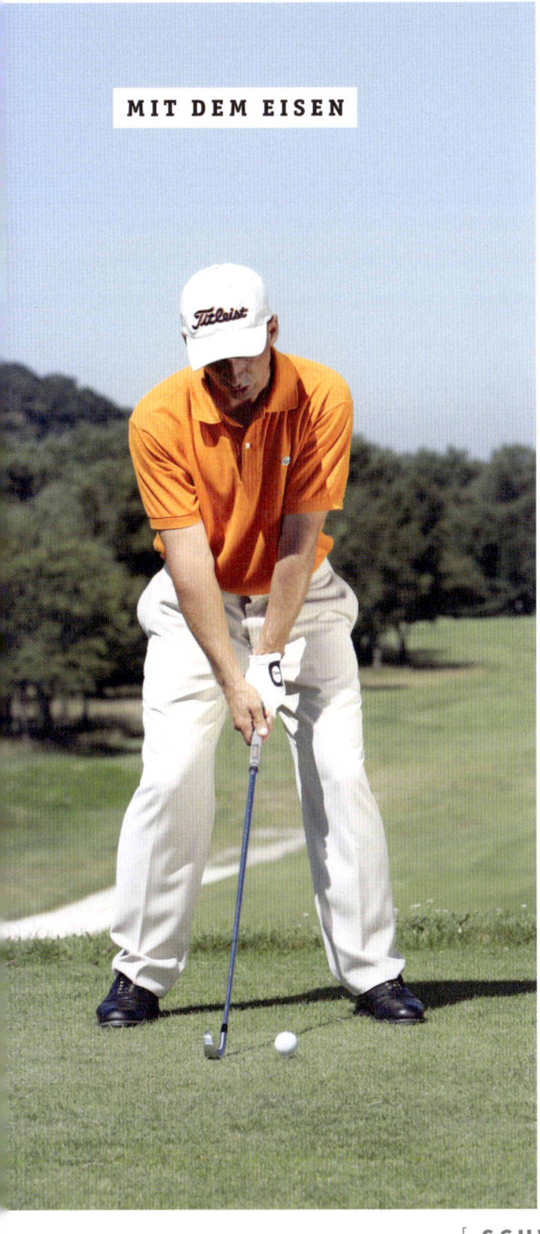

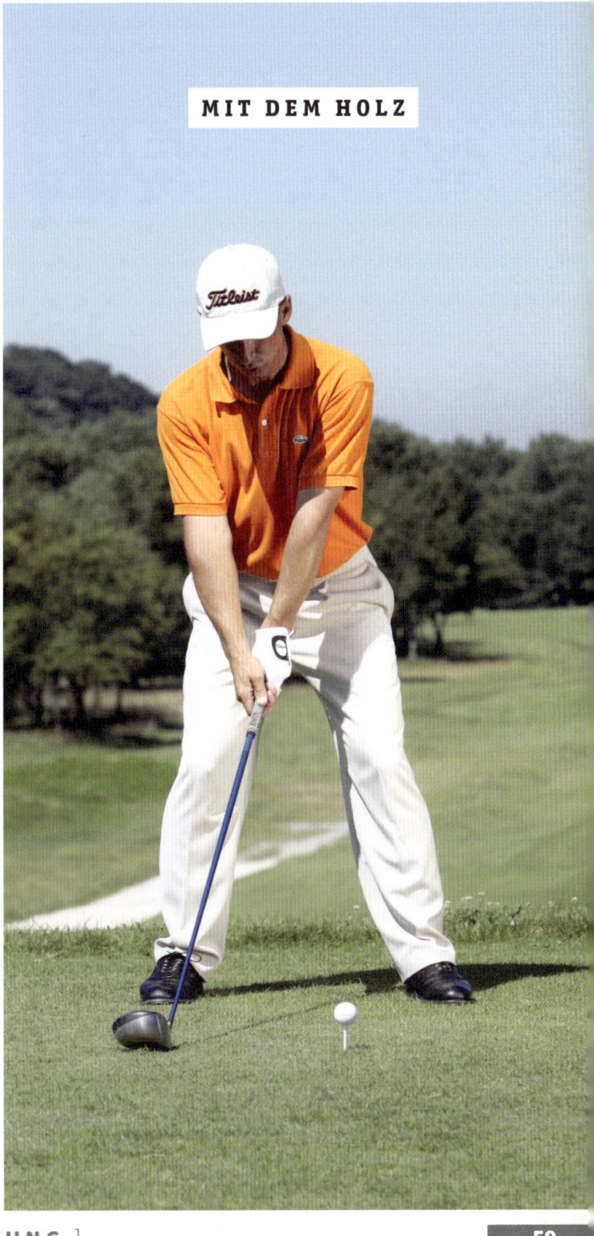

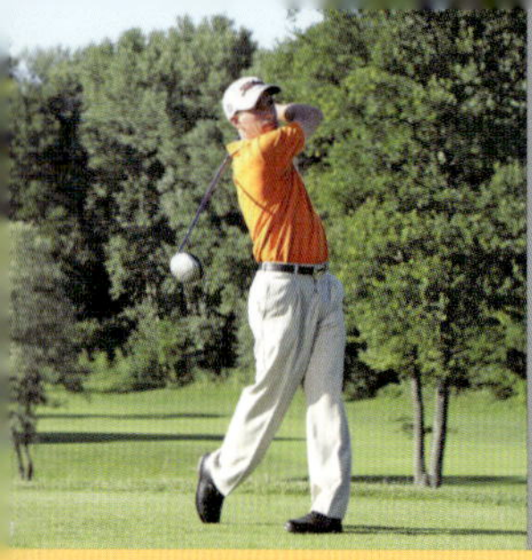

Übung Level 1

FEHLER

- Zu geringe Geschwindigkeit des Schlägerkopfs.
- Ruckartiger Schwung.

ZIEL

- Gutes Schwunggefühl.
- Höhere Schwunggeschwindigkeit.
- Lockerer Schwung.

ÜBUNG

- ***Fassen Sie den Schläger mit einer Hand unten am Schaft.***
- ***Machen Sie eine Schwungbewegung, sodass das Griff-ende knapp über den Boden gleitet.***
- ***Diese Übung kann sowohl mit dem rechten als auch dem linken Arm ausgeführt werden.***

PEITSCHE

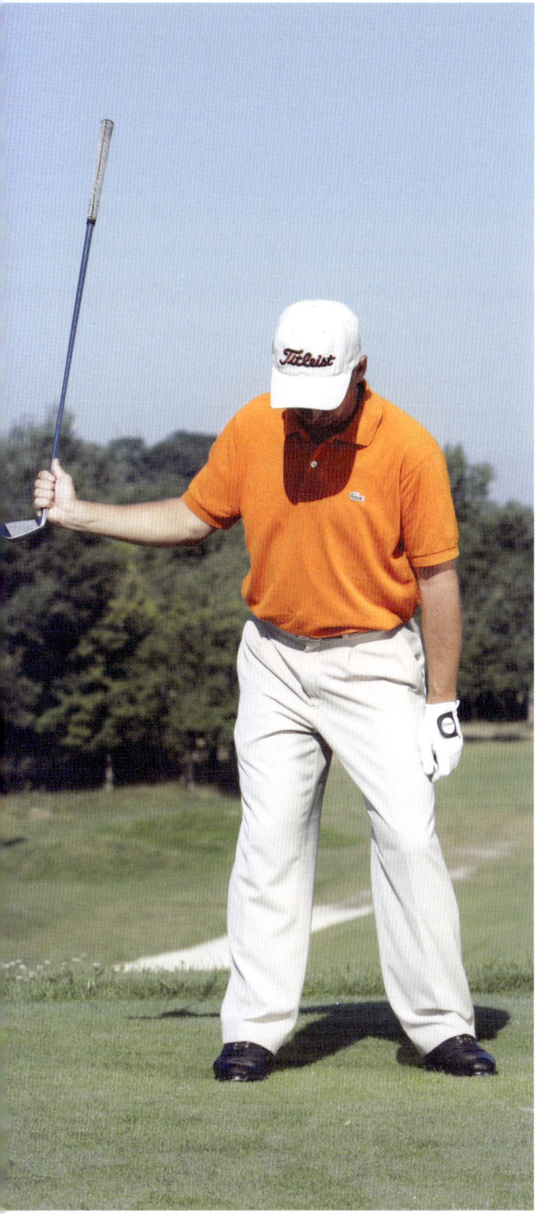

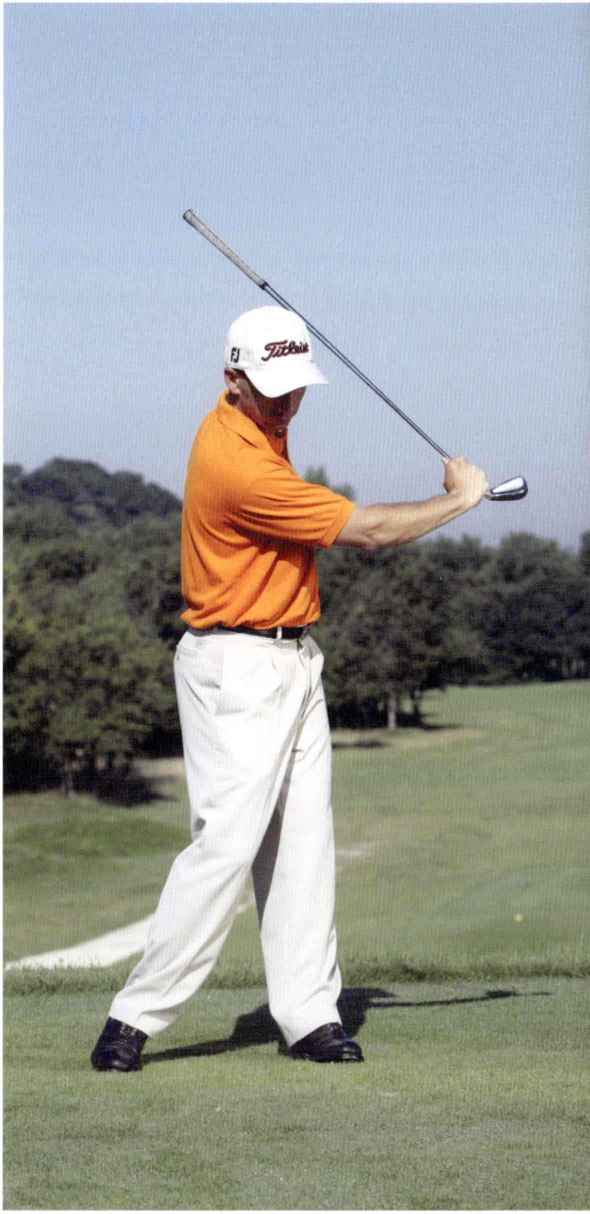

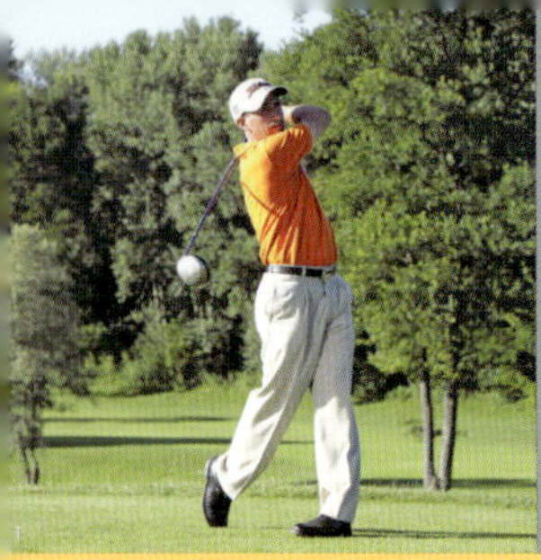

ÜBUNG LEVEL 1

FEHLER

- Zu geringe Geschwindigkeit des Schlägerkopfs.
- Die Flugkurve des Balls ergibt einen Slice.
- Kein lockerer Schwung.

ZIEL

- Höhere Schlägerkopfgeschwindigkeit.
- Leichter Hook.

ÜBUNG

- ***Nehmen Sie ein mittleres Eisen und legen Sie den Ball auf ein Tee.***
- ***Stecken Sie ein Tee oben in den Schlägergriff und schwingen Sie so, dass das Tee im Rückschwung und am Ende des Durchschwungs zum Boden zeigt.***
- ***Beide Füße bleiben während des Schwungs am Boden.***
- ***Bringen Sie den Schlägerkopf auf die maximale Geschwindigkeit.***
- ***Der Ball sollte einen leichten Draw fliegen.***

FÜSSE BLEIBEN IM SCHWUNG AM BODEN

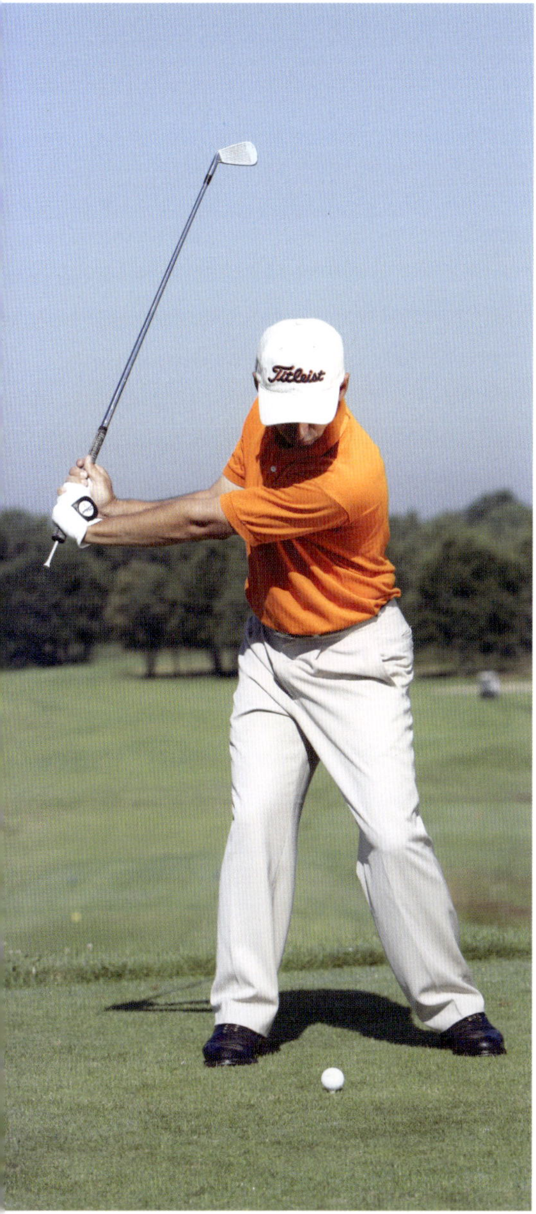

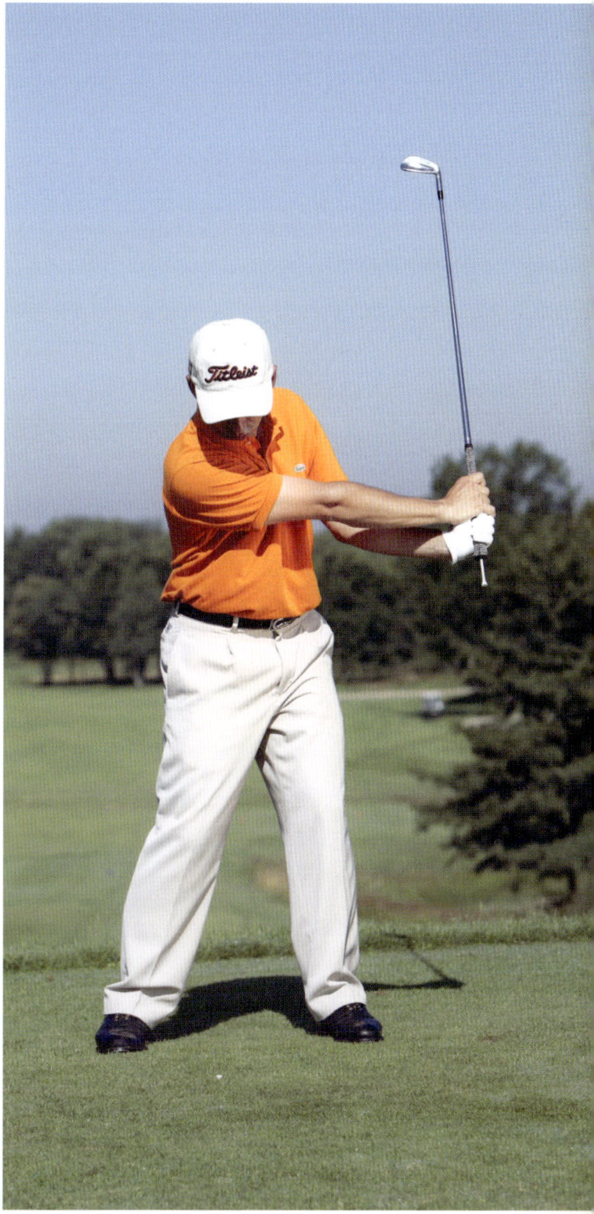

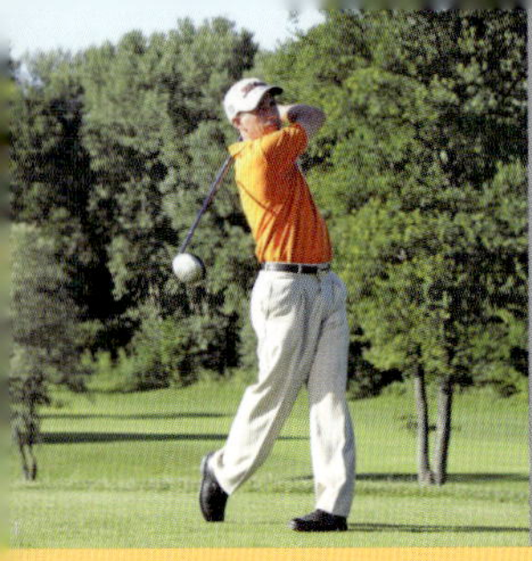

Übung Level 2

FEHLER

- Slice.
- Forcierter Schwung.
- Keine ruhige und flüssige Bewegung.

ZIEL

- Den Schläger machen lassen.
- Höhere Schlägerkopfgeschwindigkeit.
- Eine etwas mehr nach rechts gehende Flugkurve.

ÜBUNG

- ***Legen Sie die rechte Hand weiter über die linke.***
- ***Die rechte Hand berührt den Griff nur noch minimal.***
- ***Spielen Sie den Ball vom Tee, dann geht es leichter.***

VERÄNDERTER GRIFF

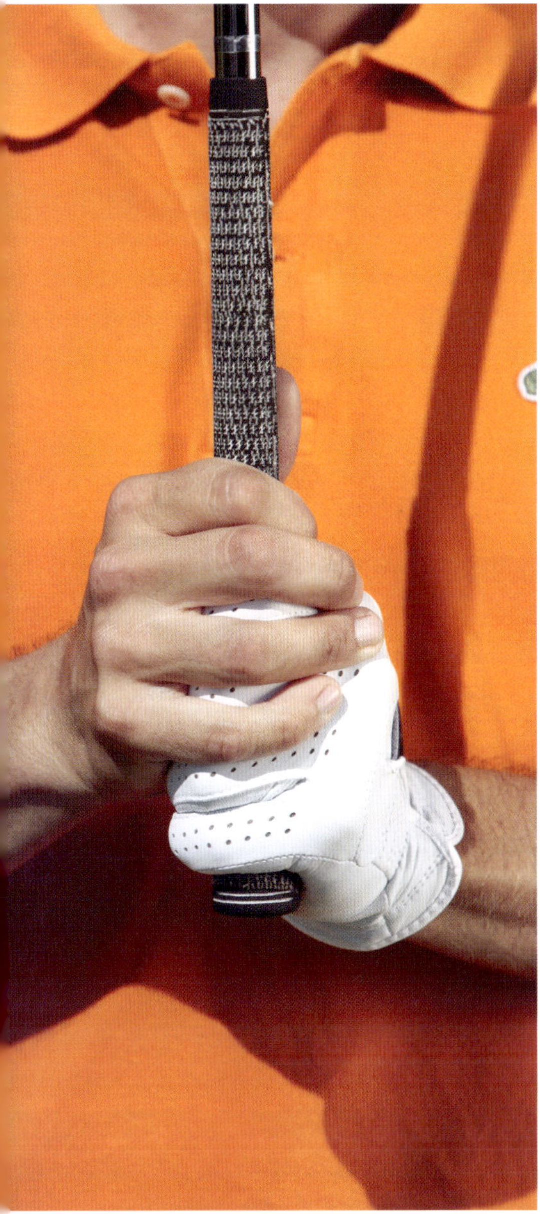

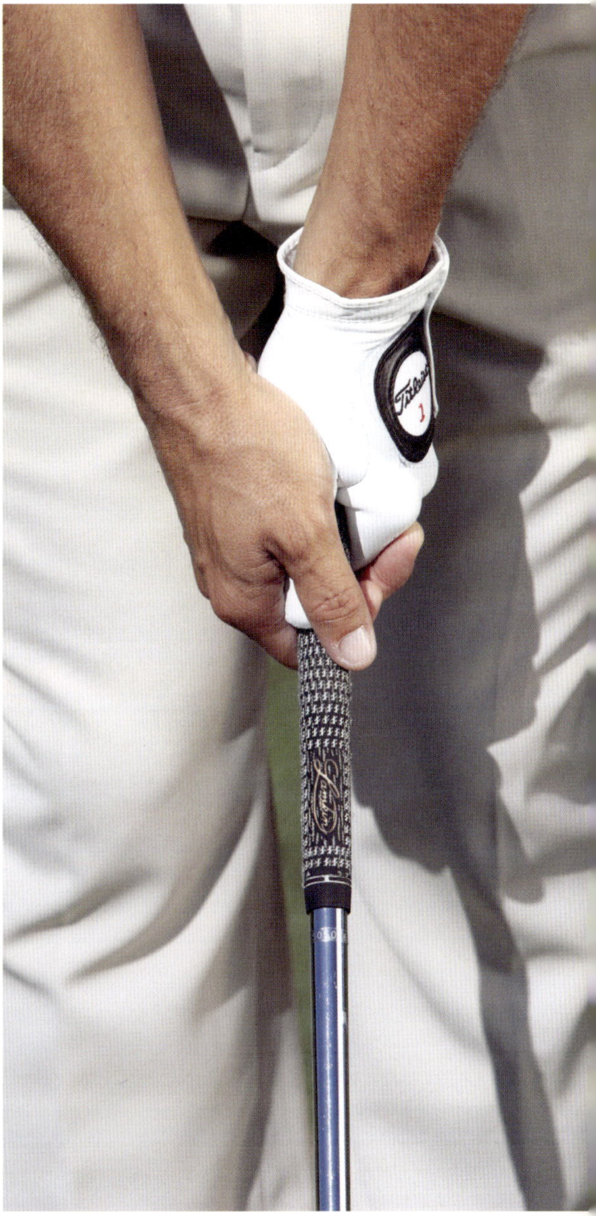

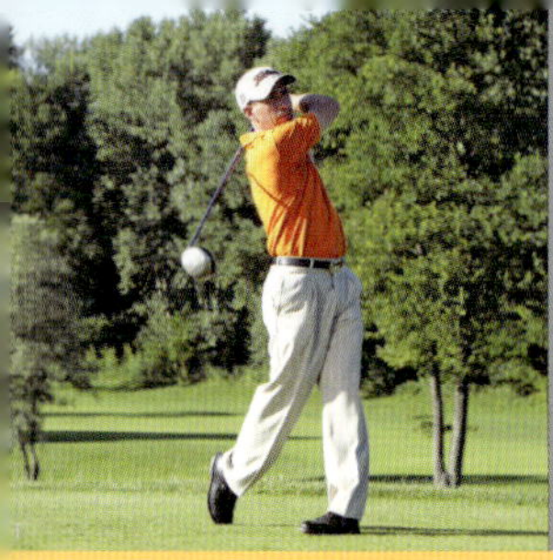

ÜBUNG LEVEL 2

FEHLER

- Zu kurzer Durchschwung.
- Zu fester Griff.
- Slice.

ZIEL

- Lockerer Durchschwung bis zum Finish.
- Flüssigerer Schwungauftakt.

ÜBUNG

- ***Machen Sie einen normalen Schwung, aber lösen Sie direkt nach dem Treffmoment die rechte Hand vom Schläger und beenden Sie den Schwung nur mit dem linken Arm.***

DURCHSCHWUNG NUR MIT LINKS

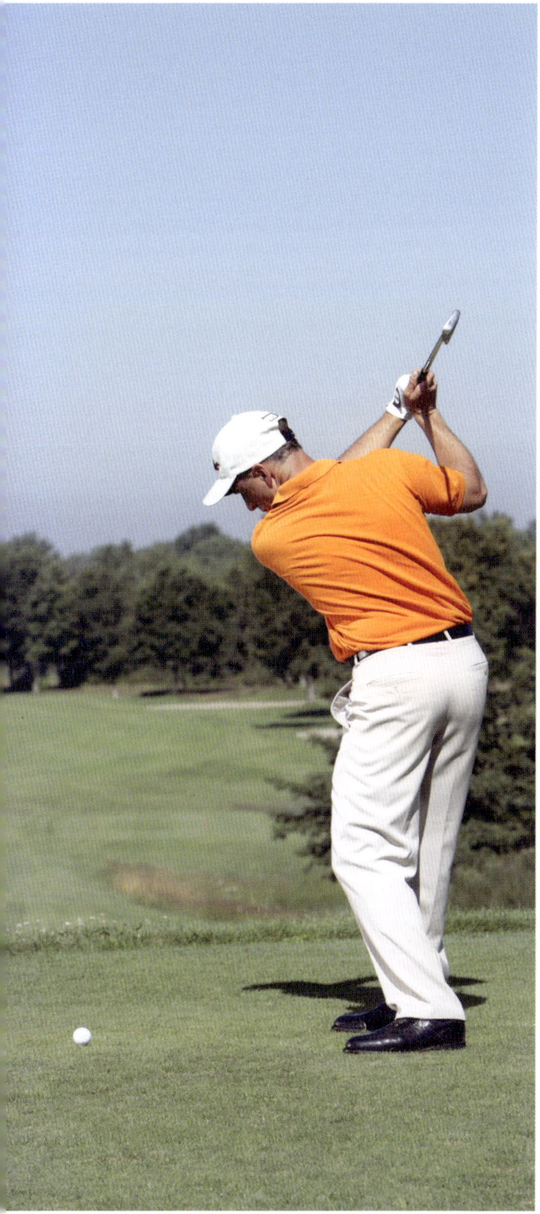

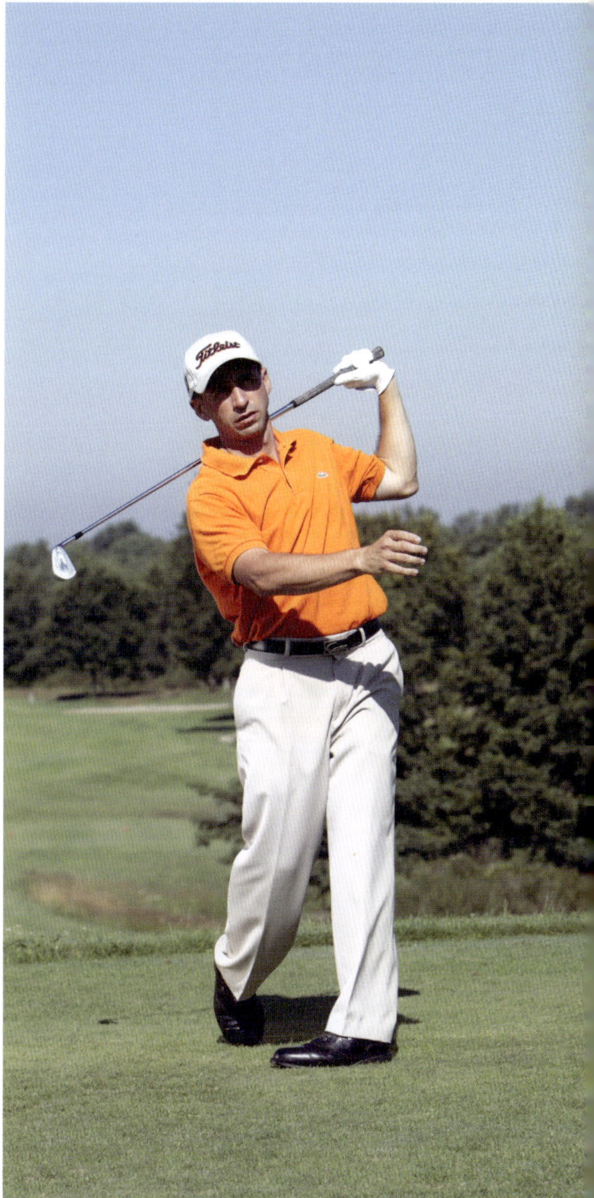

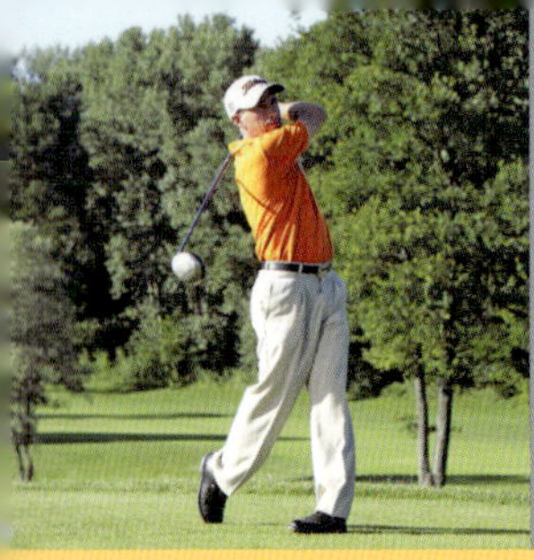

Übung Level 1

FEHLER

- Zu geringe Geschwindigkeit des Schlägerkopfs.
- Häufiger Slice.
- Schlechter Bewegungsradius.

ZIEL

- Längere Schläge.
- Bessere Schwungkontrolle.

ÜBUNG

- *Greifen Sie so, dass der Schlägergriff sicher von den Fingern umschlossen wird.*
- *Die Griffe Ihrer Schläger dürfen nicht zu dick sein.*

SCHLÄGER MIT DEN FINGERN GREIFEN

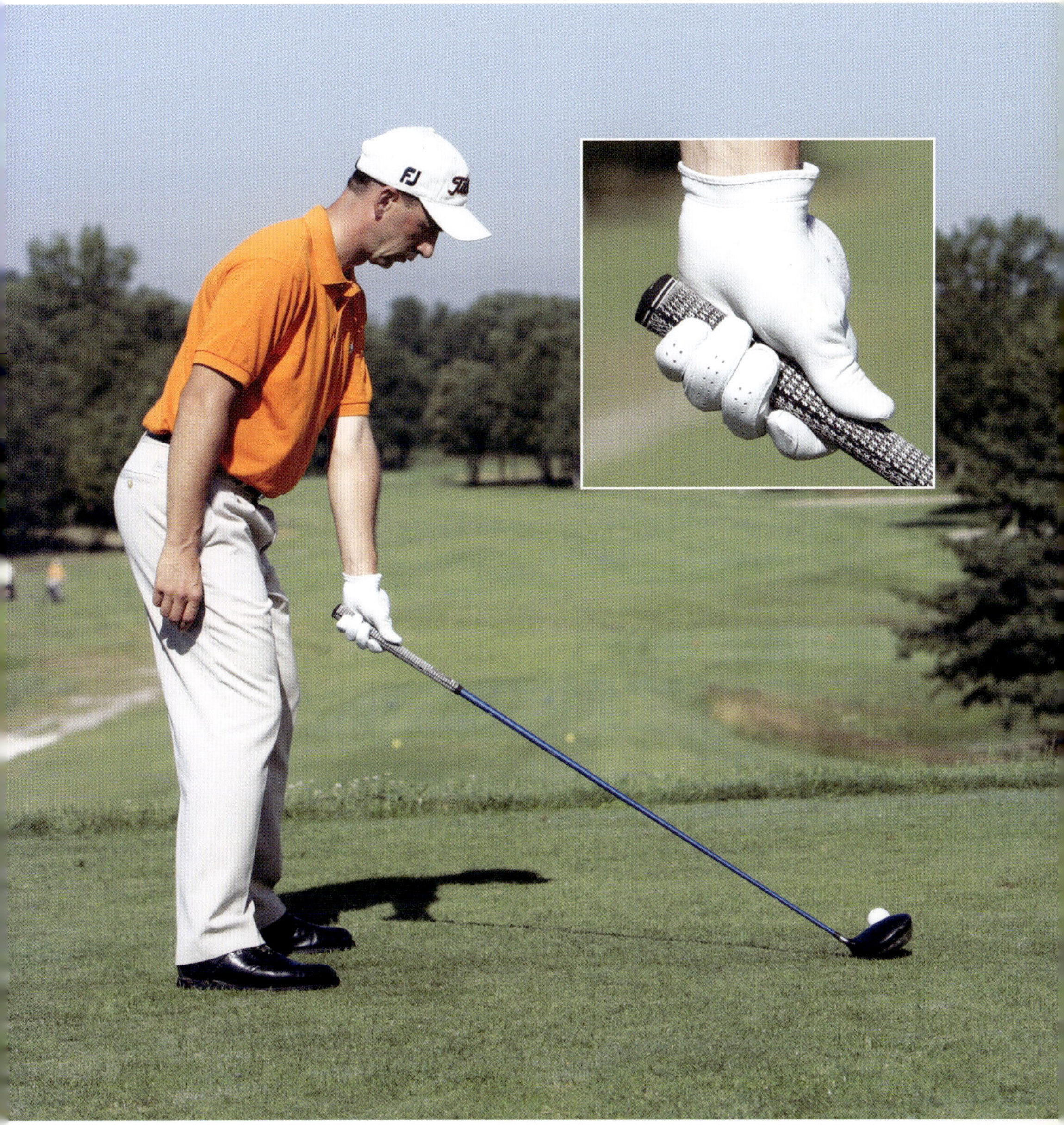

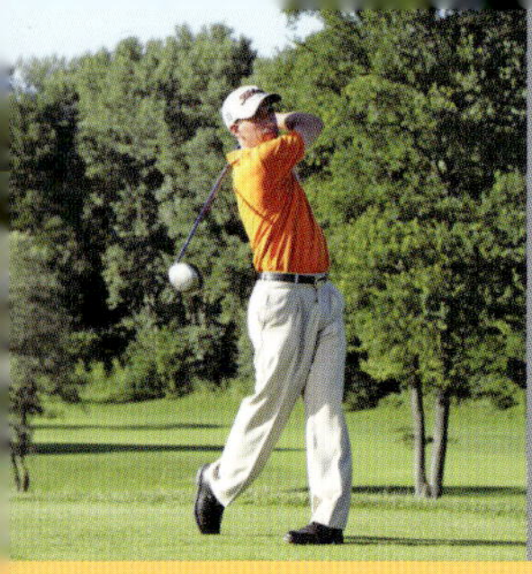

ÜBUNG LEVEL 1

FEHLER

- Häufiger Hook.
- Zu hohe Schlägerkopfgeschwindigkeit.

ZIEL

- Weniger Bewegung der Hände.
- Druckvoller Schlag.
- Niedrigere Flugkurve.

ÜBUNG

- ***Dieser Griff wird häufig bei einem Chip-and-run verwendet oder bei einer Annäherung mit relativ steifen Handgelenken.***
- ***Ein etwas dickerer Schlägergriff lässt sich besser in der Handfläche halten.***

SCHLÄGER MIT DER HANDFLÄCHE GREIFEN

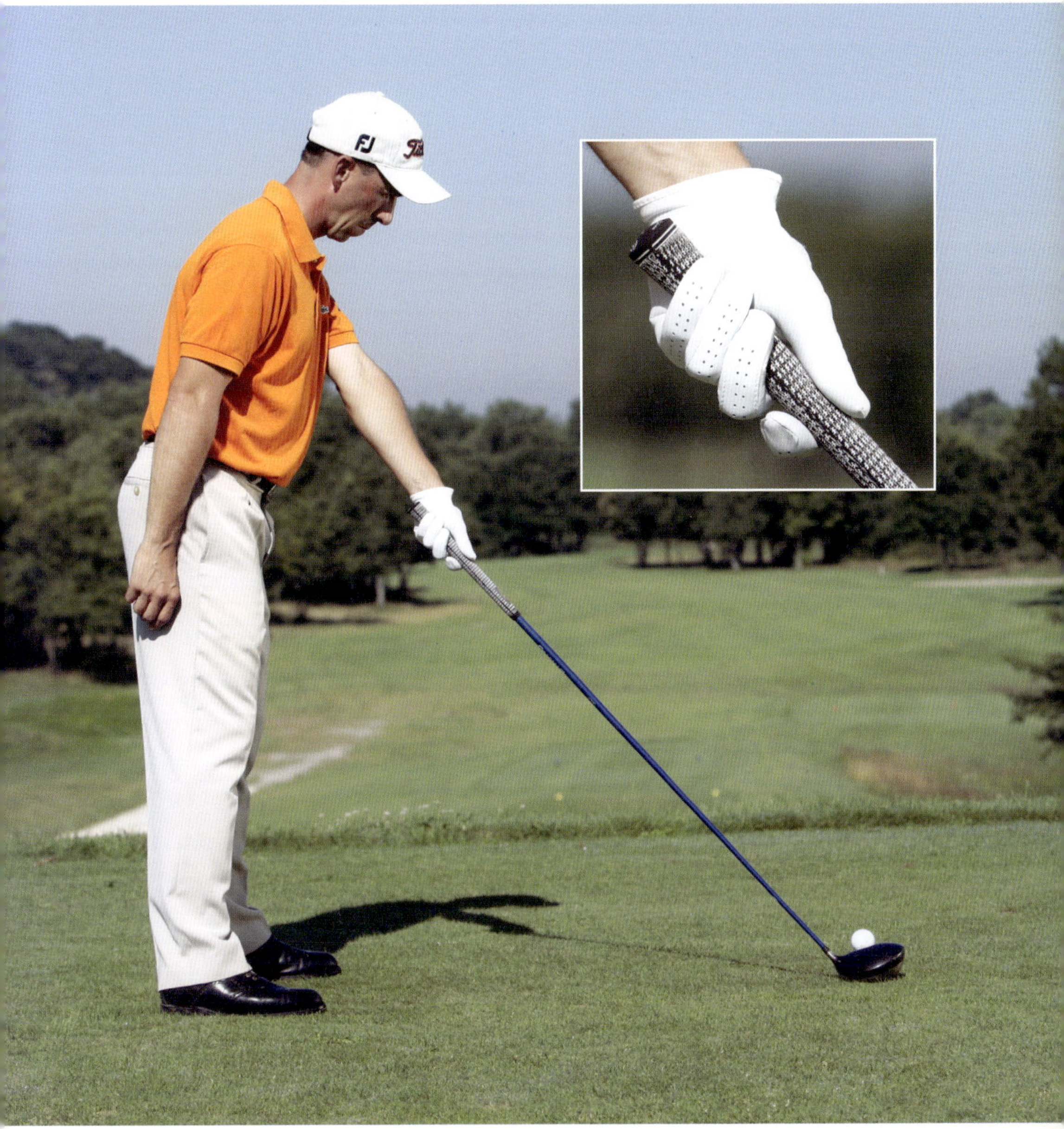

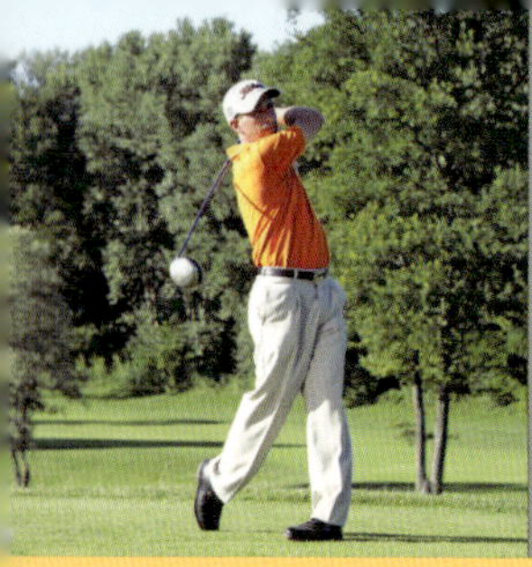

Übung Level 2

FEHLER

- Seitwärtsbewegung des Körpers.
- Zu kraftloser Ballkontakt.
- Zu dünn getroffener Ball.

ZIEL

- Den Körper ruhiger halten.
- Präziserer Ballkontakt.
- Treffmoment mehr in der Abwärtsbewegung.

ÜBUNG

- *Legen Sie einen kleinen Gummiball unter das hintere Bein.*
- *Nehmen Sie einen kurzen Schläger (SW oder PW).*
- *Schwingen Sie, ohne im Rückschwung das Gewicht nach hinten zu verlagern.*

GEWICHT BLEIBT AUF DEM VORDEREN BEIN

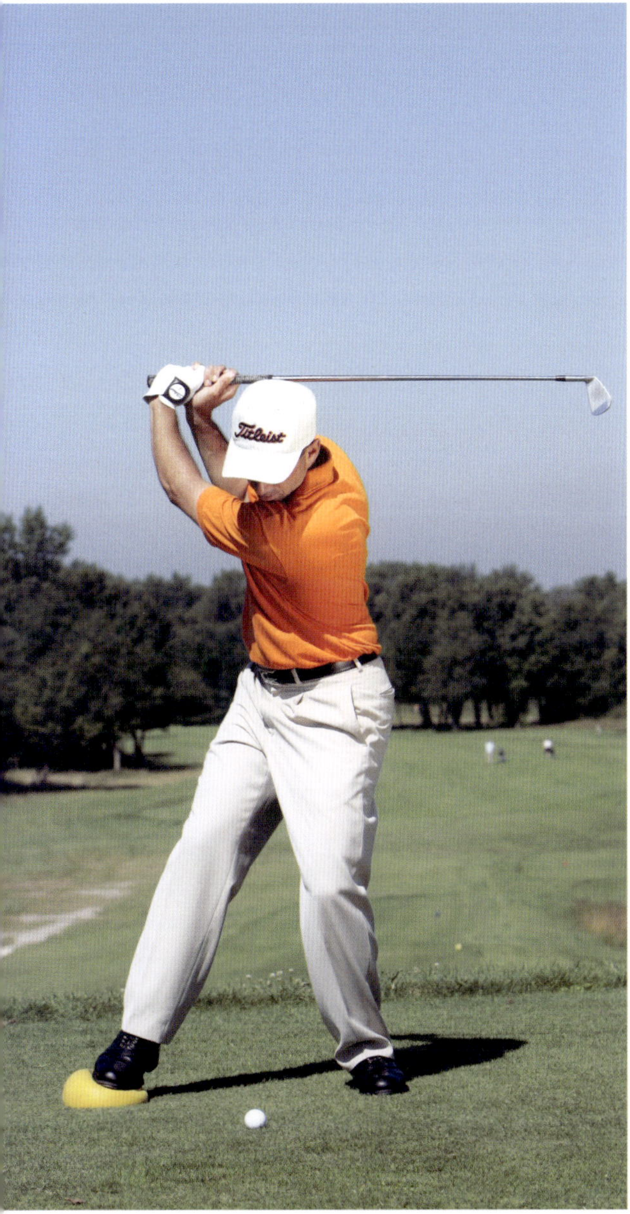

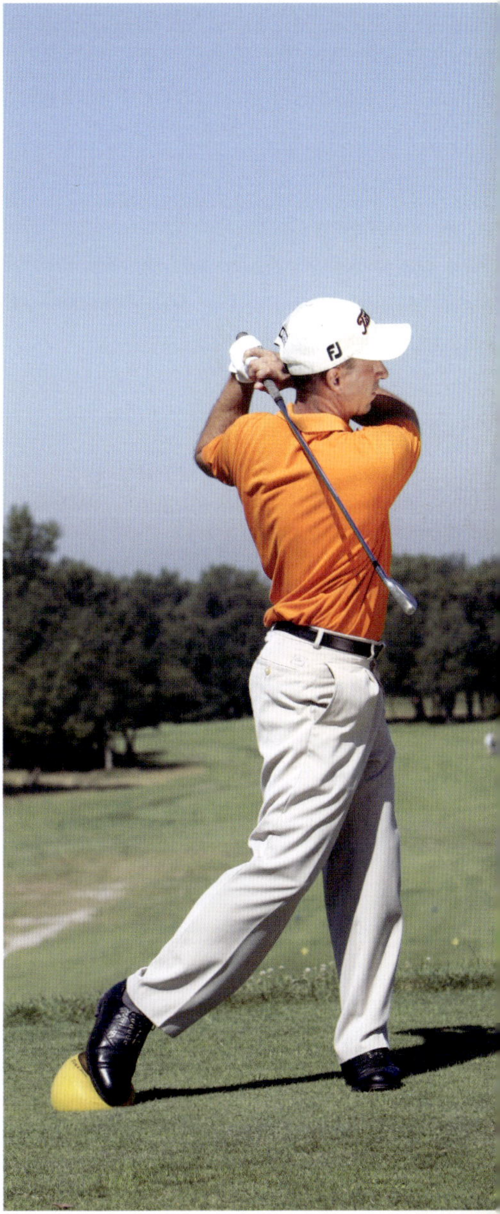

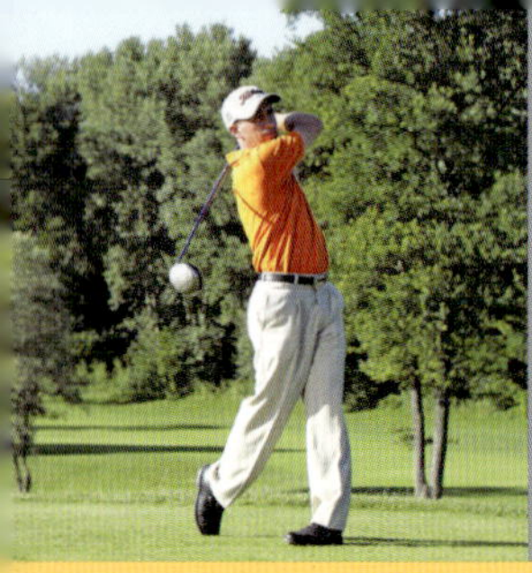

Übung Level 1

FEHLER

- Mangelhafte Drehung und Gewichtsverlagerung.
- Falsche Schwungebene.

ZIEL

- Richtige Drehung.
- Gute Gewichtsverlagerung.
- Mehr Kraft im Schwung.

ÜBUNG

- ***Die Körperdrehung stimmt, wenn der vor die Schultern gelegte Schläger am Ende des Rückschwungs parallel zum Schläger am Boden liegt.***

DREHUNG UND GEWICHTS-VERLAGERUNG

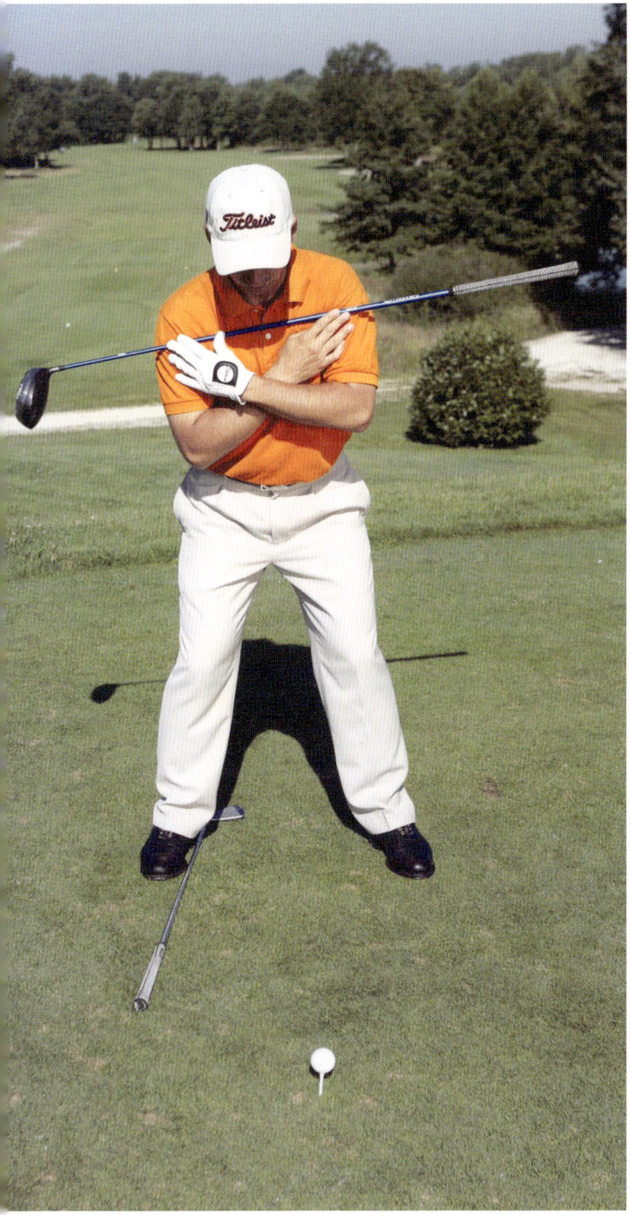

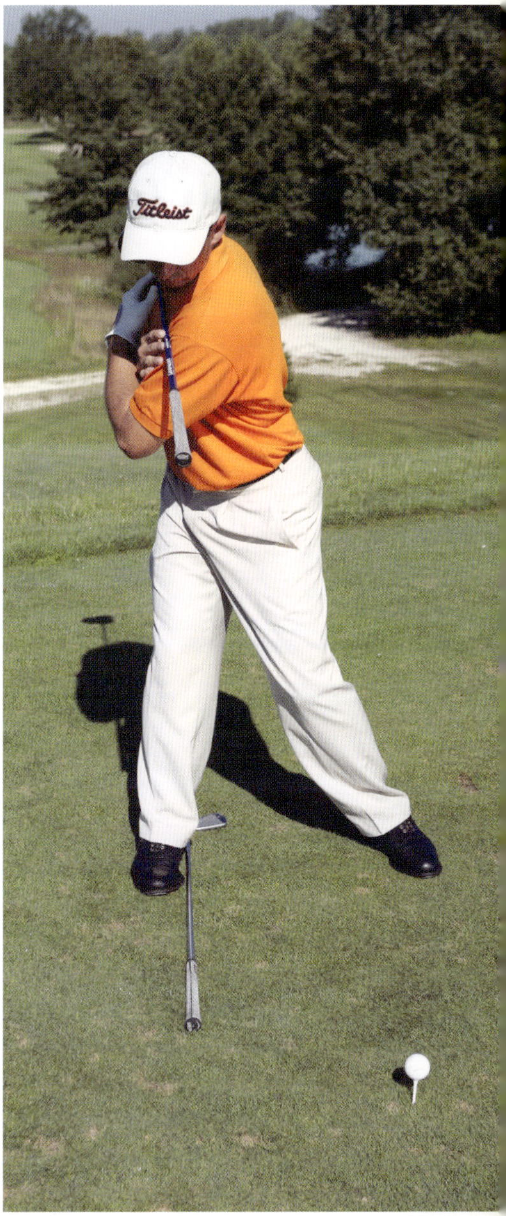

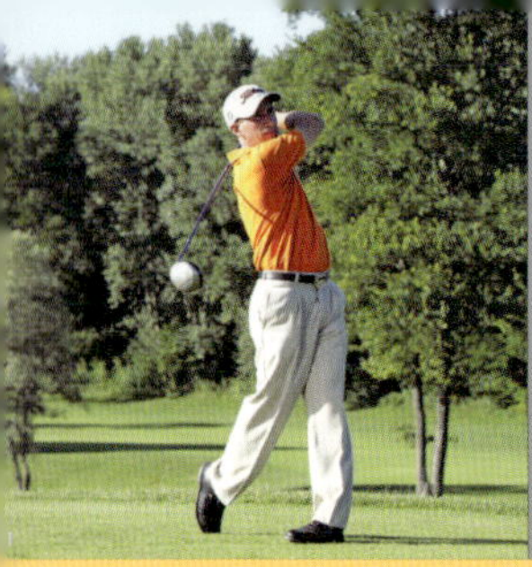

Übung Level 1

FEHLER

- Kraftloser Schwung.
- Falsche Gewichtsverlagerung.
- Mangelnde Beweglichkeit.

ZIEL

- Guter Stand auf dem hinteren Bein.
- Mehr Spannungsaufbau im Schwung.
- Leichtere Bewegung der Schultern.

ÜBUNG

- ***Heben Sie die (linke) Ferse im Rückschwung leicht vom Boden ab.***
- ***Üben Sie vorzugsweise mit langen Schlägern.***
- ***Das Anheben der Ferse unterstützt die Drehung. Achten Sie darauf, dass sich der Körper dabei nicht seitwärts bewegt.***

LINKE FERSE HEBEN

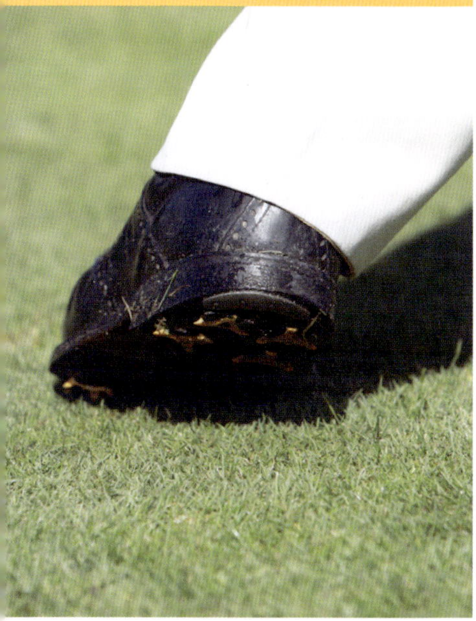

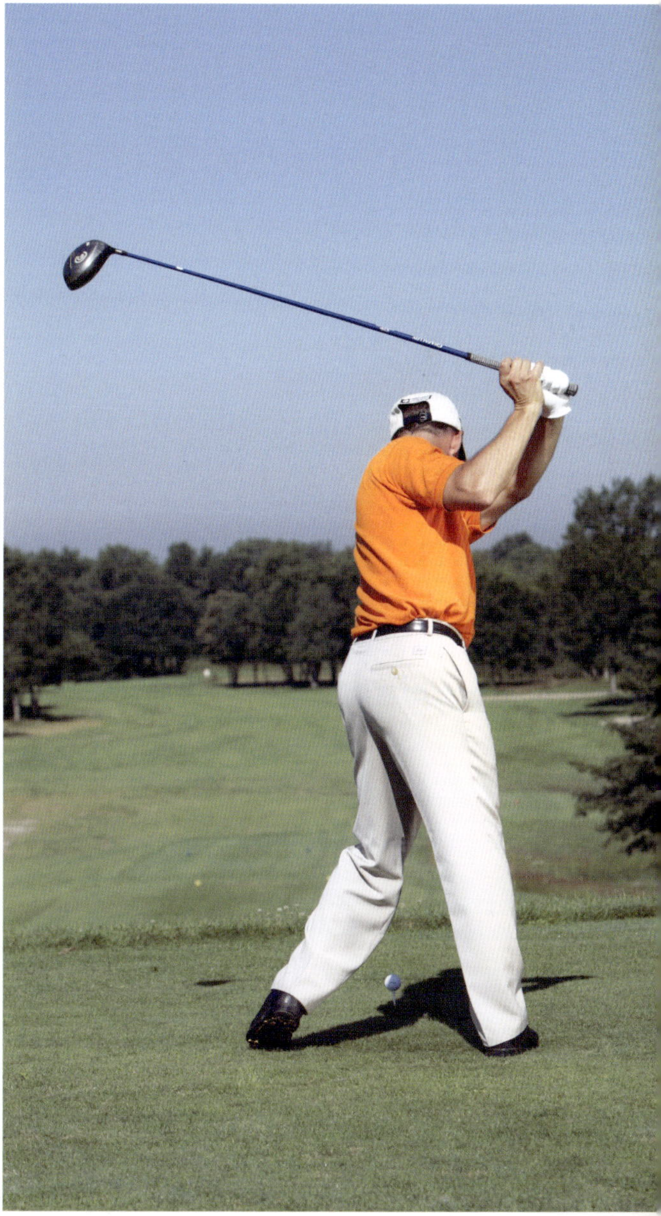

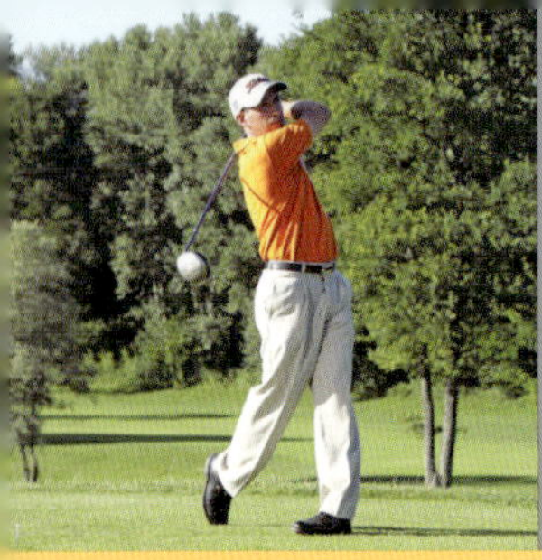

Übung Level 3

Fehler

- Wenig oder keine Gewichtsverlagerung während des Schwungs.
- Der Schlägerkopf trifft zu senkrecht auf den Ball.
- Häufiger Slice.

Ziel

- Ein gutes Gefühl für die Gewichtsverlagerung im Schwung.
- Gute Kontrolle im Treffmoment.

Übung

- ***Üben Sie mit langen Schlägern und spielen Sie den Ball knapp über dem Boden.***
- ***Gute Übung für die Hölzer.***
- ***Spielen Sie den Ball vom Tee.***

AUSGEPRÄGTE GEWICHTS-VERLAGERUNG

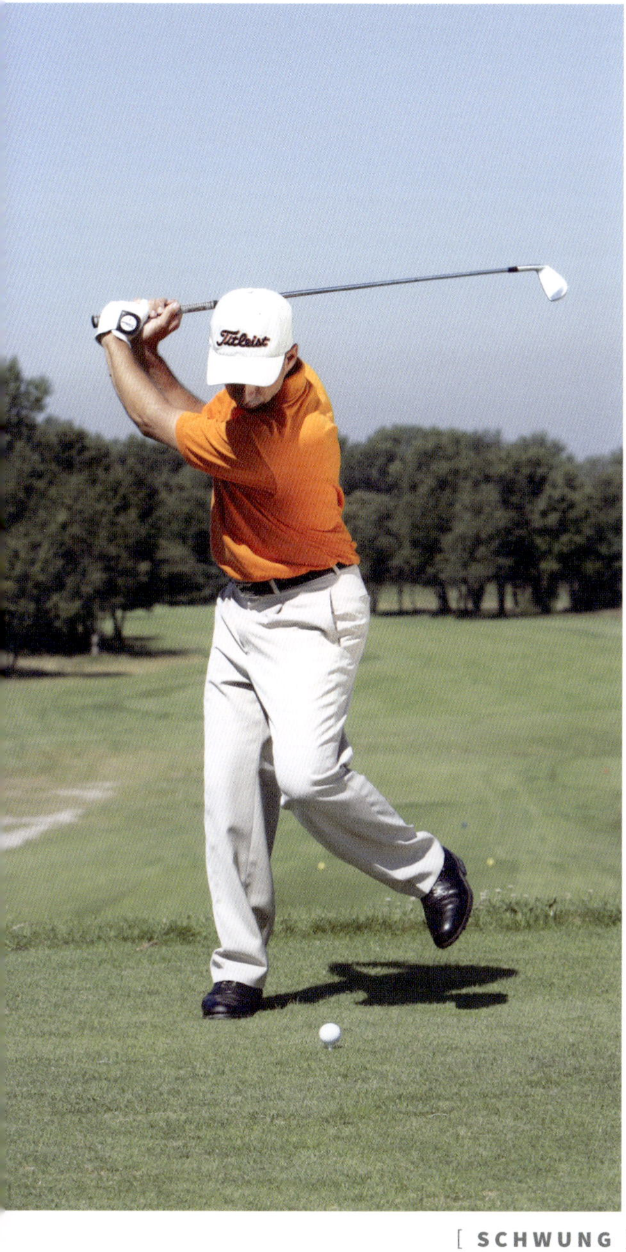

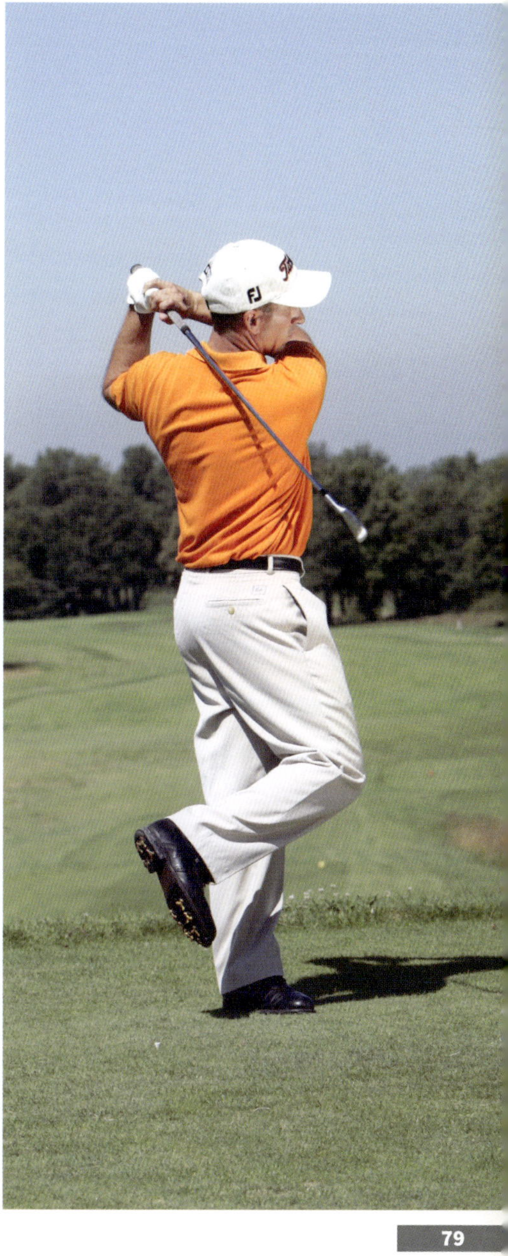

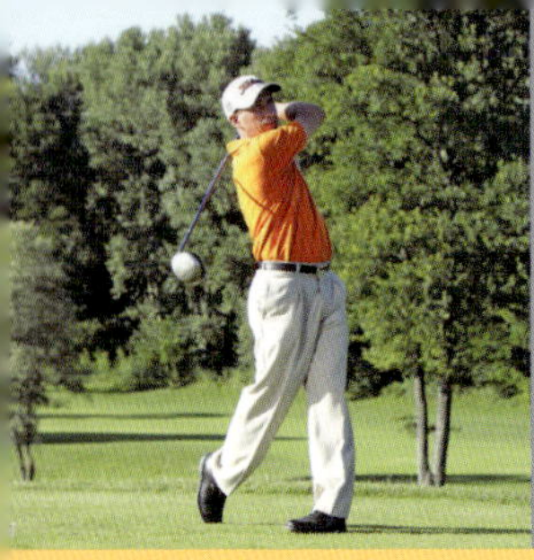

ÜBUNG LEVEL 1

FEHLER

- Zu viel Bewegung in den Knien während des Rückschwungs.
- Es entsteht ein Push oder Hook.
- Seitwärtsbewegung des Körpers.

ZIEL

- Stabile Haltung des hinteren Knies.
- Besserer Ballkontakt.

ÜBUNG

- ***Stützen Sie den Fuß durch Druck auf alle Zehen.***
- ***Wenn Sie im Rückschwung einen Widerstand im Knie fühlen, ist die Übung genau richtig.***

SCHWUNG ÜBER DEN GROSSEN ZEH

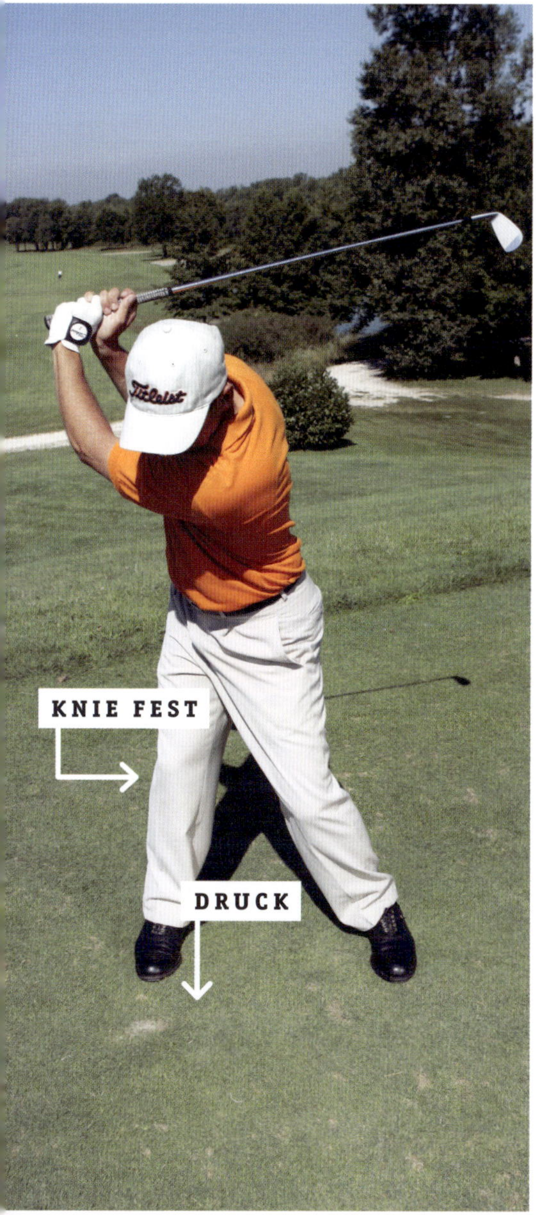

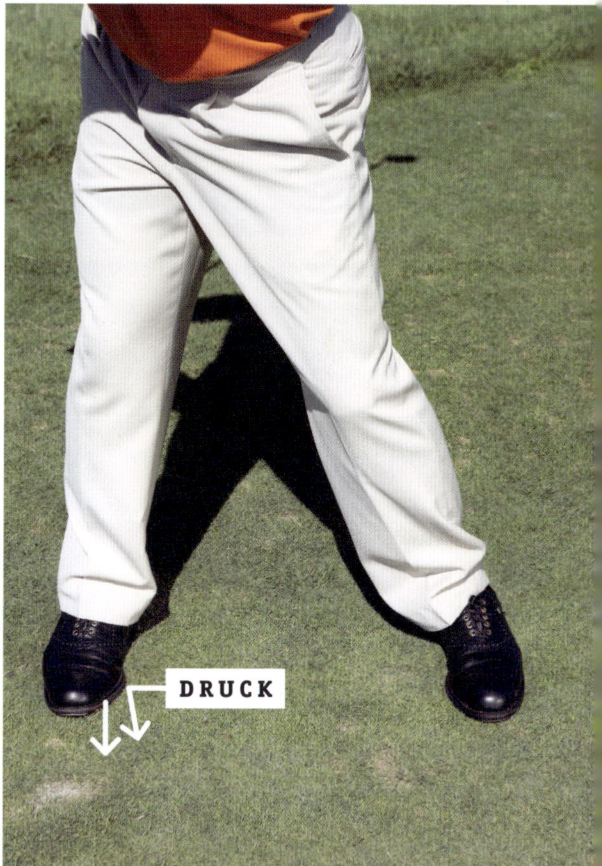

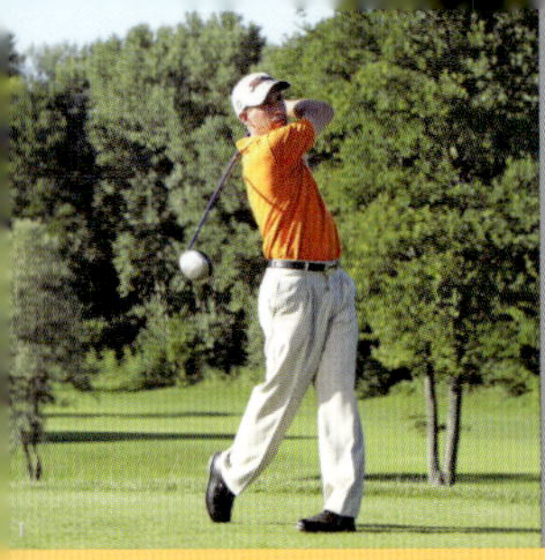

Übung Level 2

FEHLER

- Seitwärtsbewegung des Körpers.
- Keine gute Balance zu Beginn des Abschwungs.

ZIEL

- Bessere Stabilität.
- Höhere Schwunggeschwindigkeit dank stabilerem Schwung.

ÜBUNG

- ***Klemmen Sie einen Schaumstoffball zwischen die Knie.***

SCHWUNG MIT EINGEKLEMMTEM BALL

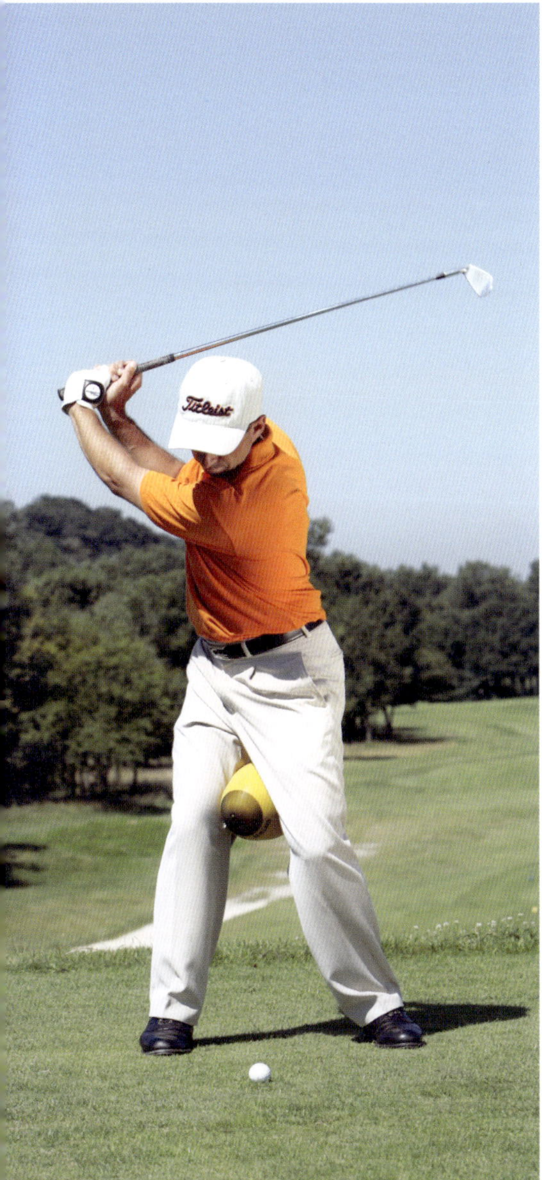

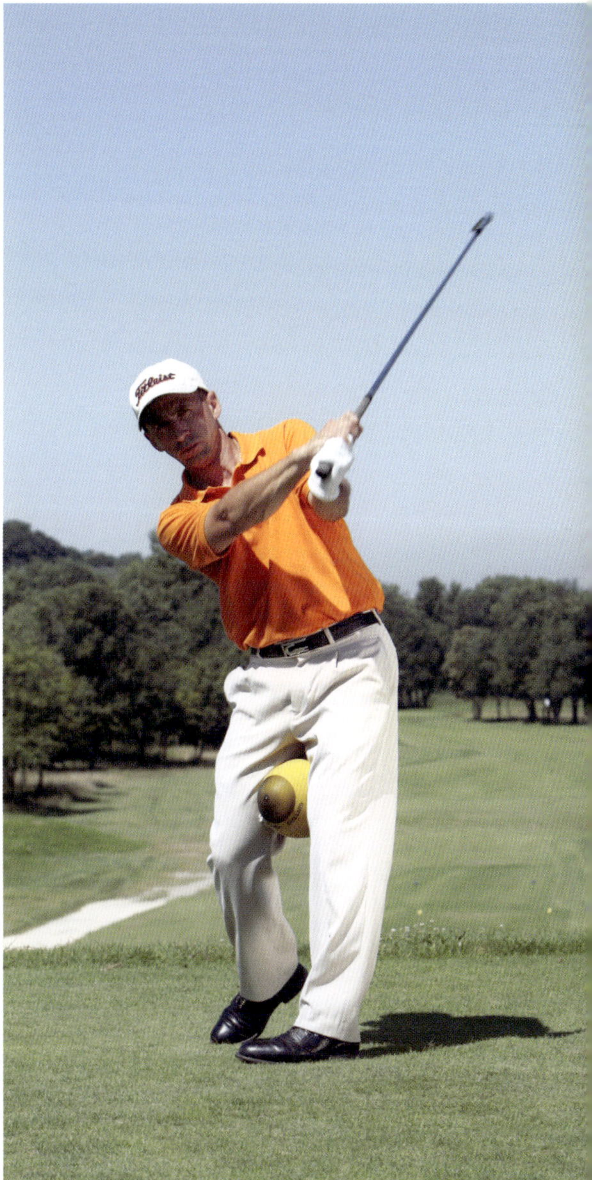

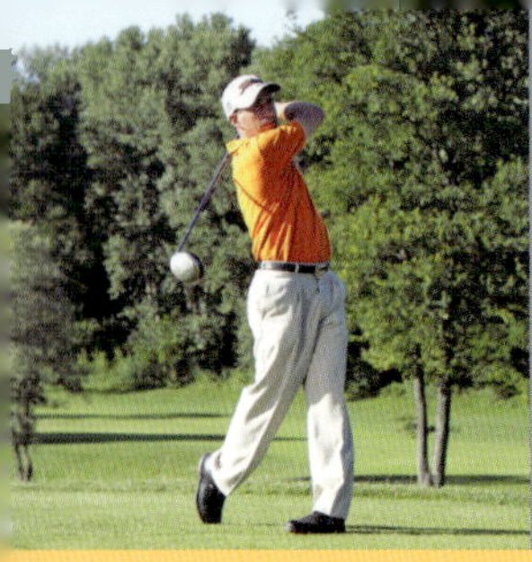

Übung Level 3

FEHLER

- Zu steile Schwungkurve.
- Zu wenig Stabilität im Unterkörper.

ZIEL

- Sichere Beherrschung der Schwungebene.
- Kraftvollere Schwünge.

ÜBUNG

- ***Diese Übung verlangt etwas Geschicklichkeit und eine gute Technik.***
- ***Dieselbe horizontale Schwungebene braucht man auch, wenn der Ball auf einer Schräge oberhalb der Füße liegt.***

SCHWUNG AUF DEN KNIEN

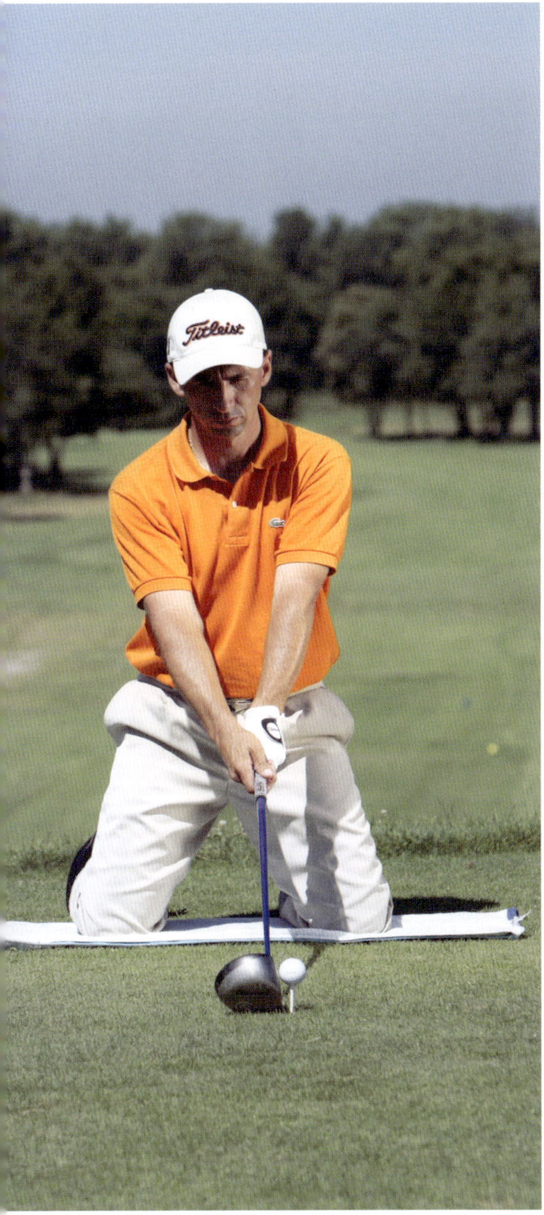

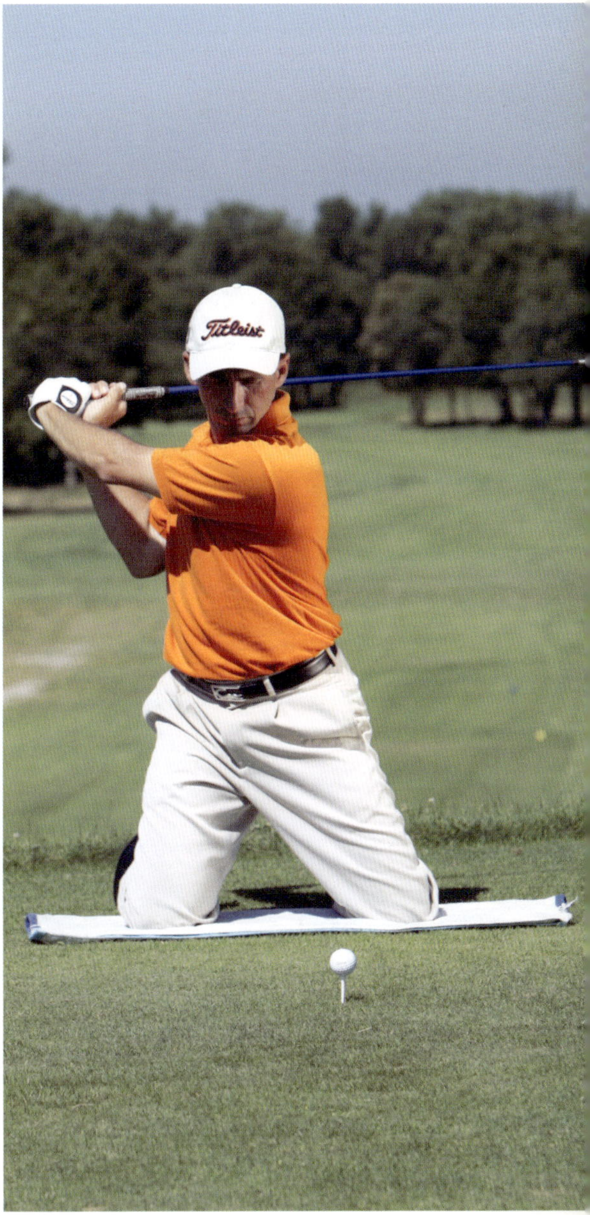

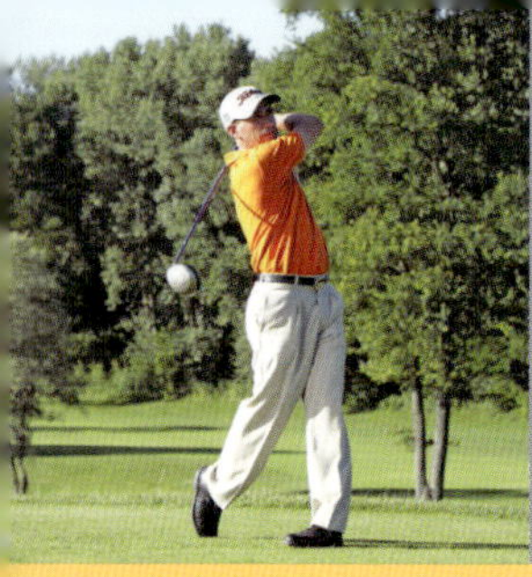

Übung Level 1

FEHLER

- Schwierigkeiten bei der Ausrichtung und dem Erfassen eines Bezugspunkts.

ZIEL

- Präzise Ausrichtung.
- Optimales Erfassen des Ziels.

ÜBUNG

- ***Legen Sie auf der Ziellinie einen zweiten Ball im Abstand von etwa einem Meter auf den Boden. Richten Sie die Schlagfläche auf diesen Ball aus. Mit dem Körper stehen Sie parallel zur gedachten Ziellinie.***
- ***Sie sind nun zum Schwung bereit.***
- ***Machen Sie diese Übung auch auf dem Platz.***

OPTIMALE AUSRICHTUNG

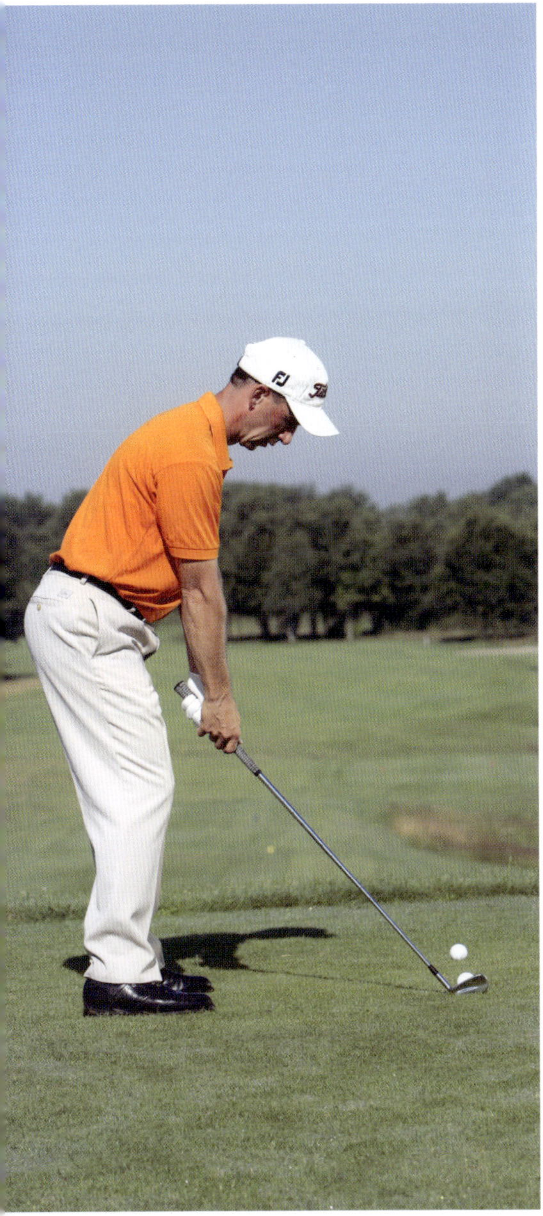

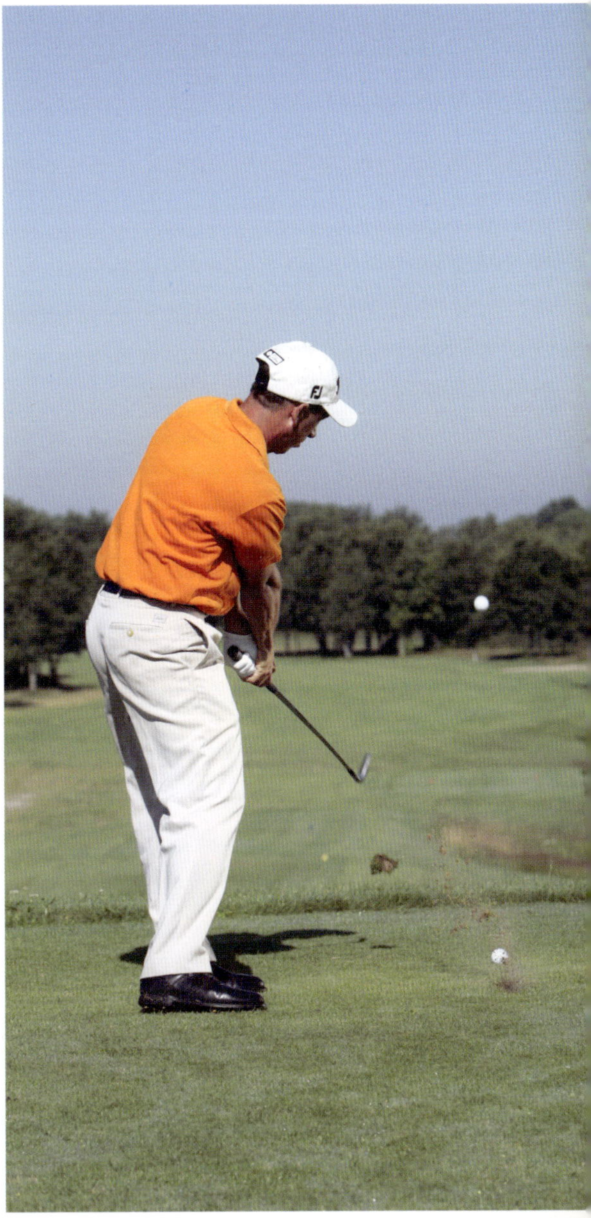

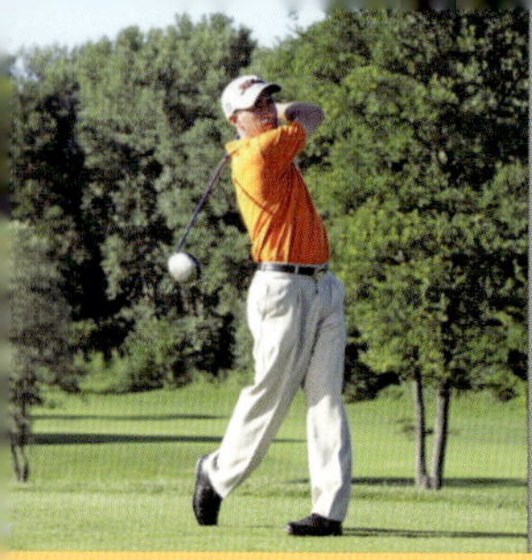

Übung Level 1

Fehler

- Falsche Gewichtsverlagerung.
- Abbremsen des Schwungs vor dem Treffmoment.
- Augen blicken zu lange in Richtung Boden.

Ziel

- Bessere Körperdrehung in Richtung Ziel.
- Den Ball nicht als Hindernis betrachten.
- Bessere Konzentration auf das Ziel.

Übung

- ***Am Ende des Abschwungs geht der Blick zum Ziel oder zu einem Ball, der weiter vorn platziert wurde.***

SCHWUNG MIT BLICK NACH VORN

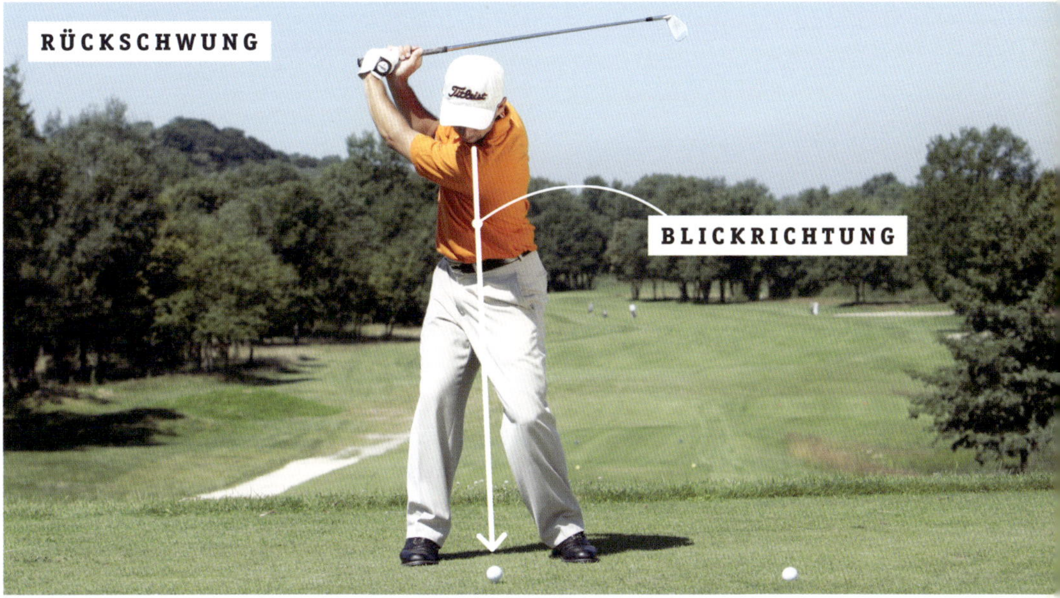

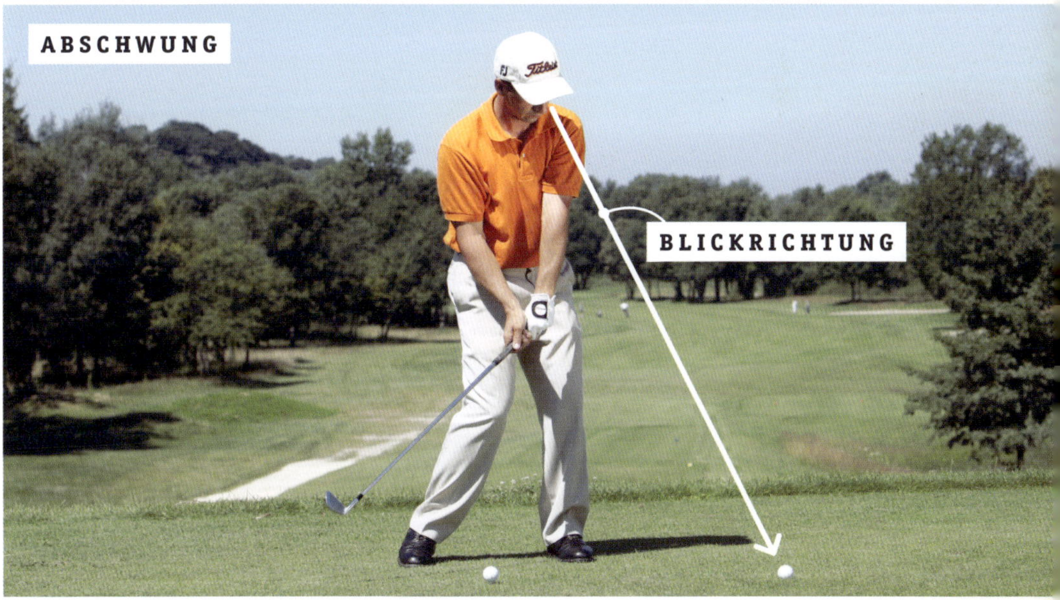

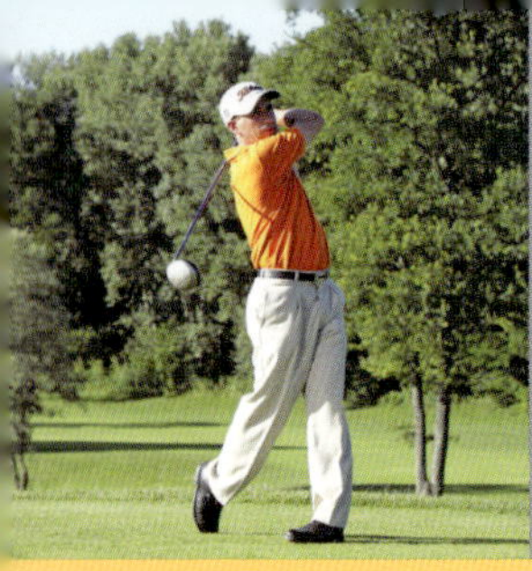

Übung Level 2

FEHLER

- Die Flugkurve beschreibt einen Slice.
- Die Schwungebene ist zu steil.

ZIEL

- Flachere Schwungebene.
- Flugkurve als Draw.
- Längere Schläge.

ÜBUNG

- ***Hohes Tee, Ball liegt oberhalb der Füße in einer leichten Schräge.***
- ***Fegen Sie den Ball vom Tee.***

BALL IN LEICHTER SCHRÄGE SCHLAGEN

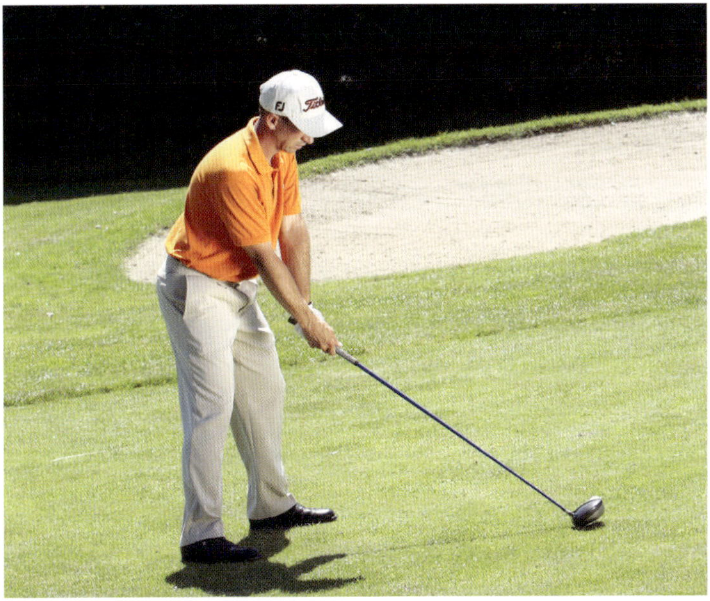

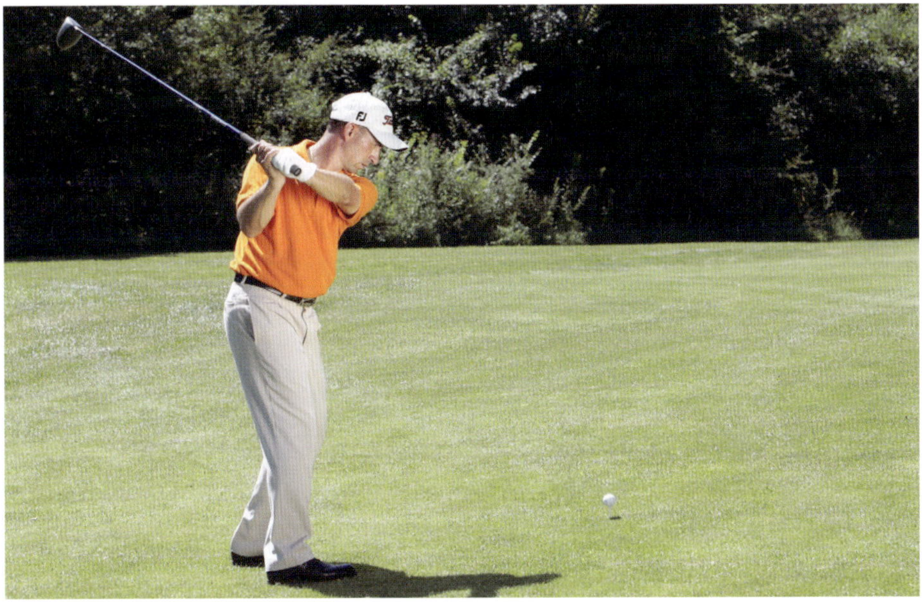

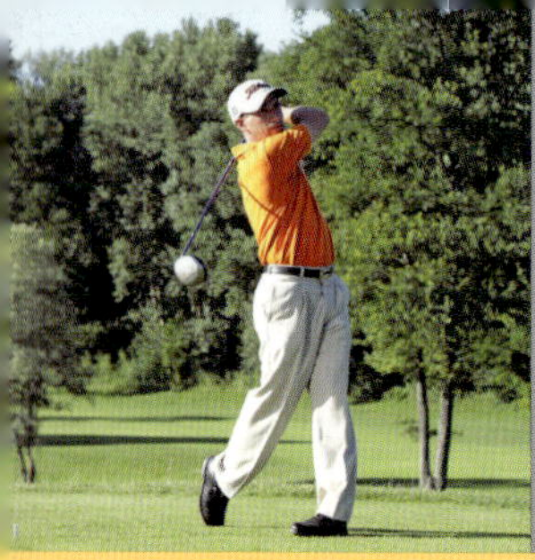

TIPP

SCHWACHER GRIFF MIT DER LINKEN HAND

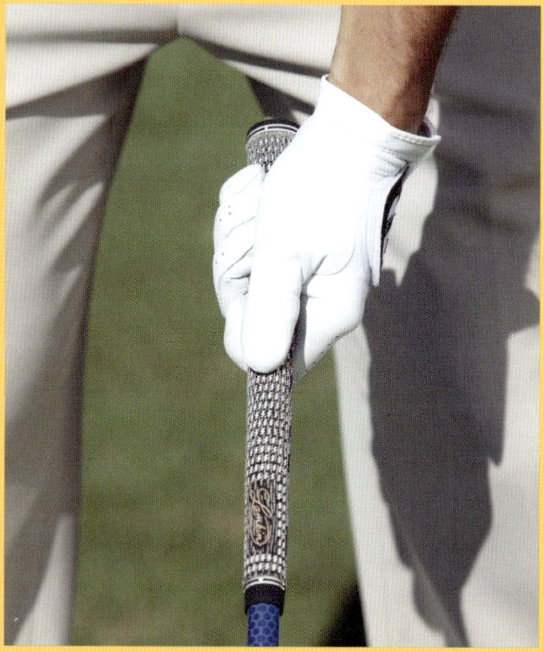

ZIEL

- *Slice spielen.*
- *Hook vermeiden.*
- *Weniger Kraft im Schwung.*

Tipp

STARKER GRIFF MIT DER LINKEN HAND

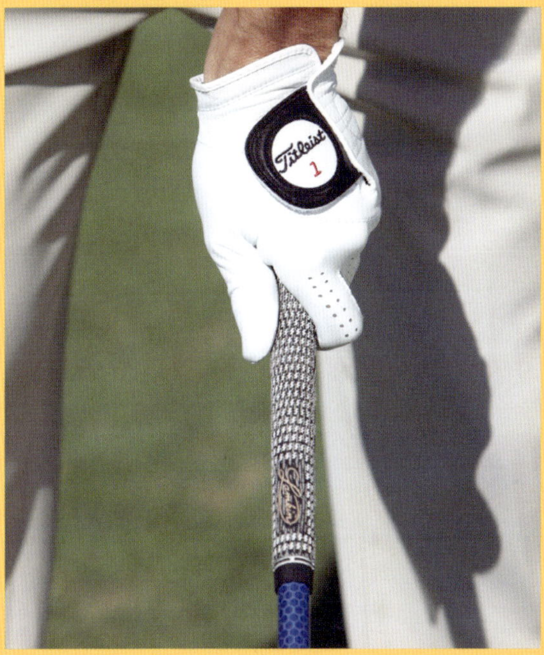

ZIEL

- *Hook spielen.*
- *Slice vermeiden.*
- *Mehr Kraft im Schwung.*

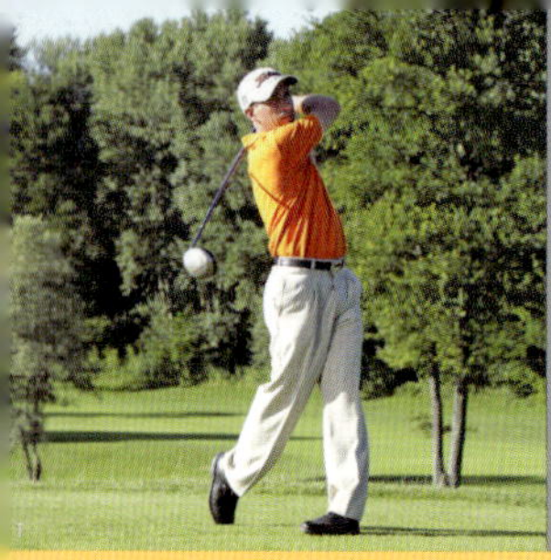

TIPP

SCHWACHER GRIFF MIT DER RECHTEN HAND

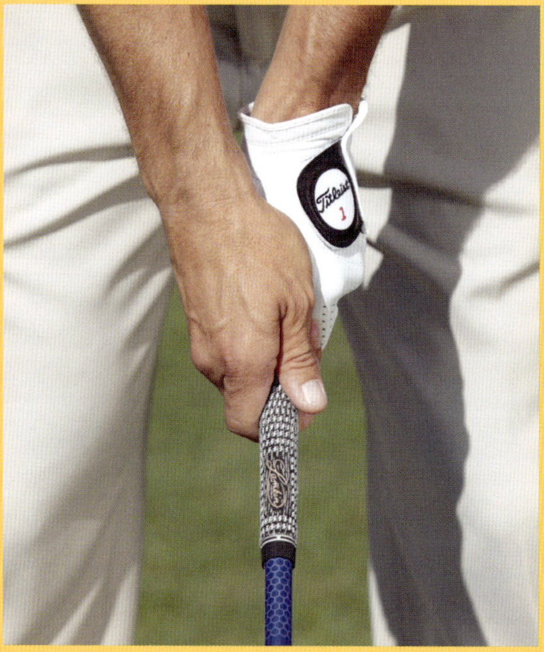

ZIEL

- *Slice mit Effet spielen.*
- *Hook vermeiden.*

Tipp

STARKER GRIFF MIT DER RECHTEN HAND

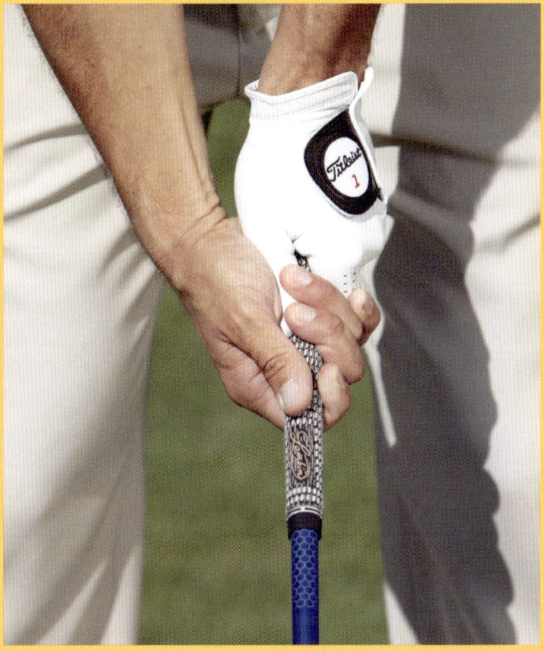

ZIEL

- *Hook mit Effet spielen.*
- *Slice vermeiden.*

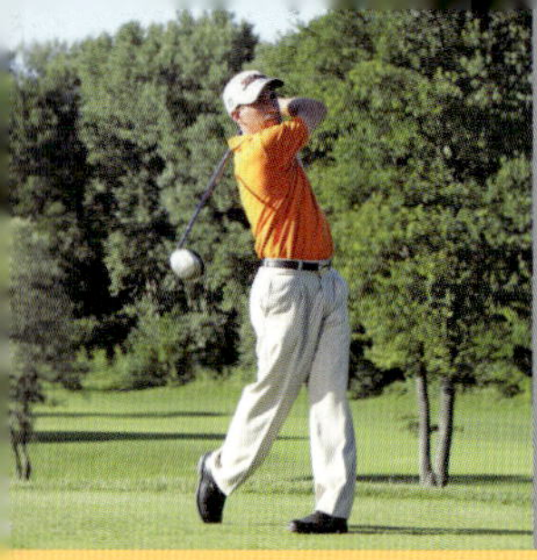

TIPP

SCHULTERN IM VERHÄLTNIS ZU DEN FÜSSEN OFFEN

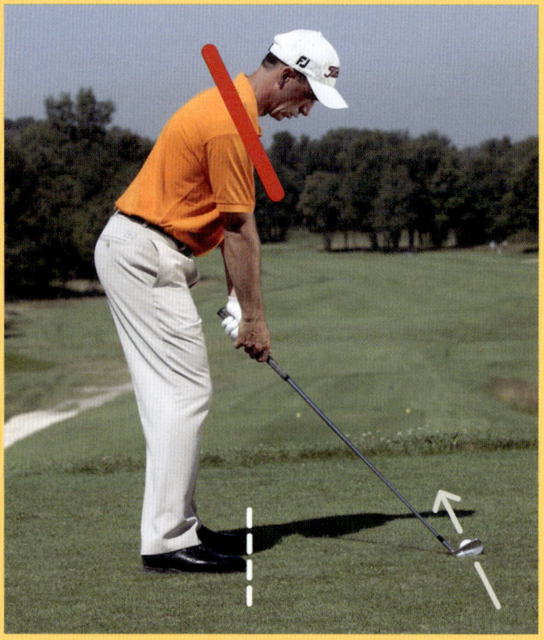

ZIEL

- *Schwung von außen nach innen.*
- *Ball direkt nach links: Pull.*
- *Slice spielen.*

TIPP

SCHULTERN IM VERHÄLTNIS ZU DEN FÜSSEN GESCHLOSSEN

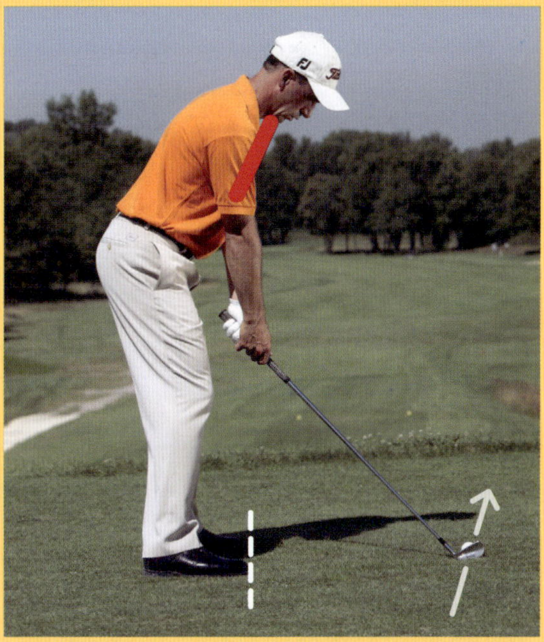

ZIEL

- *Schwung von außen nach innen.*
- *Ball direkt nach links: Pull.*
- *Slice spielen.*

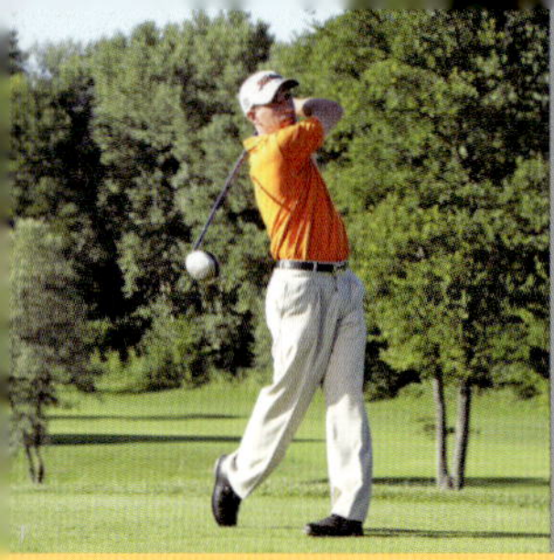

TIPP

BALL MIT DER SCHLÄGERFERSE ANSPRECHEN

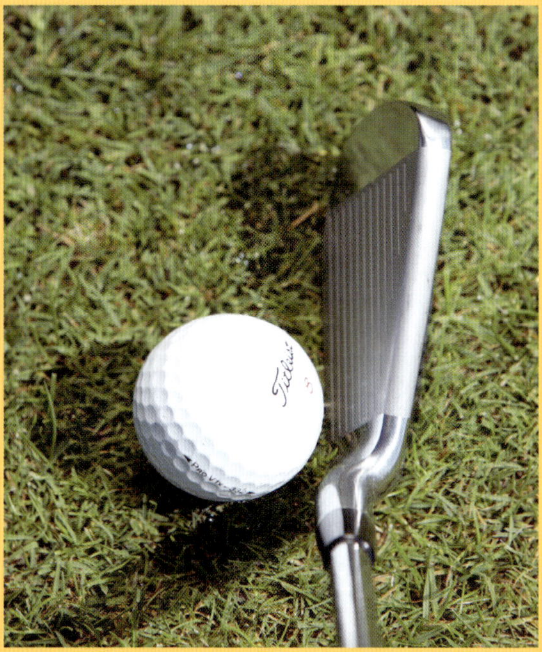

ZIEL

- *Shank vermeiden.*
- *Vertikalere Bewegung einleiten.*
- *Ball schneiden ➜ Slice.*

TIPP

BALL MIT DER SCHLÄGERSPITZE ANSPRECHEN

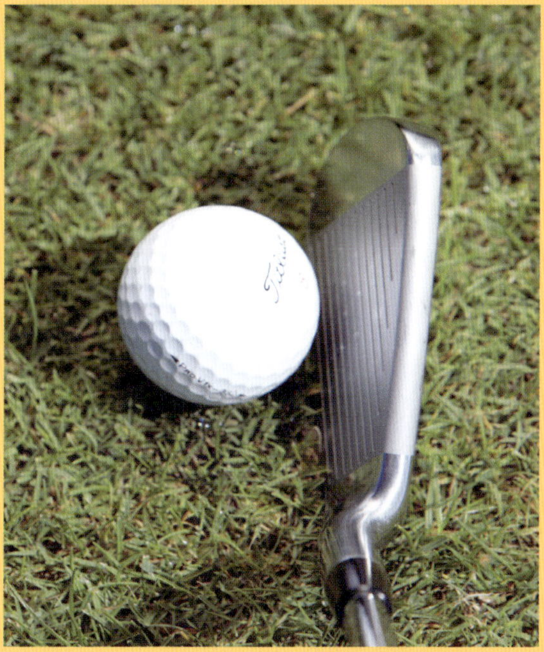

ZIEL

- *Hook spielen.*
- *Ball fegen, nicht hacken.*

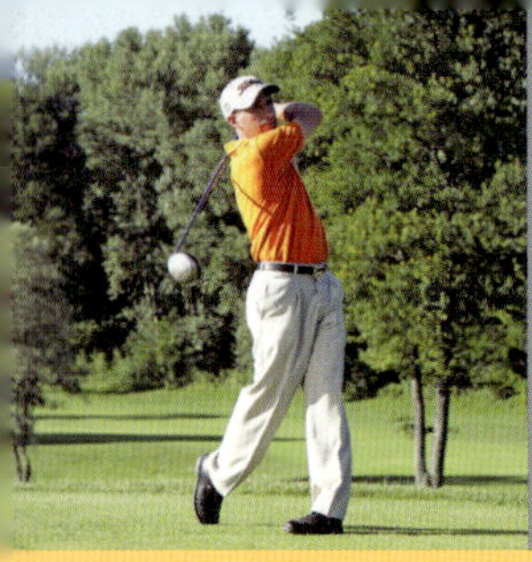

TIPP

UNTERKÖRPER OFFEN

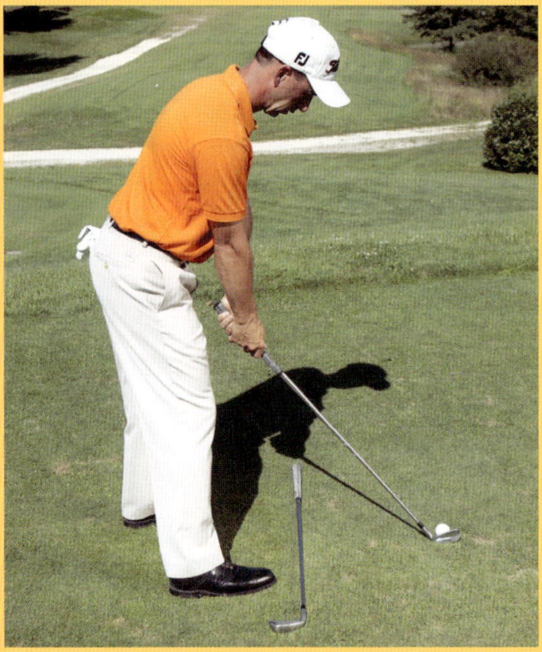

ZIEL

- *Rückschwung verkürzen.*
- *Flugkurve als Slice.*
- *Bessere Gewichtsverlagerung und Ausrichtung des Körpers zum Ziel am Ende des Durchschwungs.*

ÜBUNG

- *Beim Ansprechen sind die Schultern parallel zum Ziel ausgerichtet.*

TIPP

UNTERKÖRPER GESCHLOSSEN

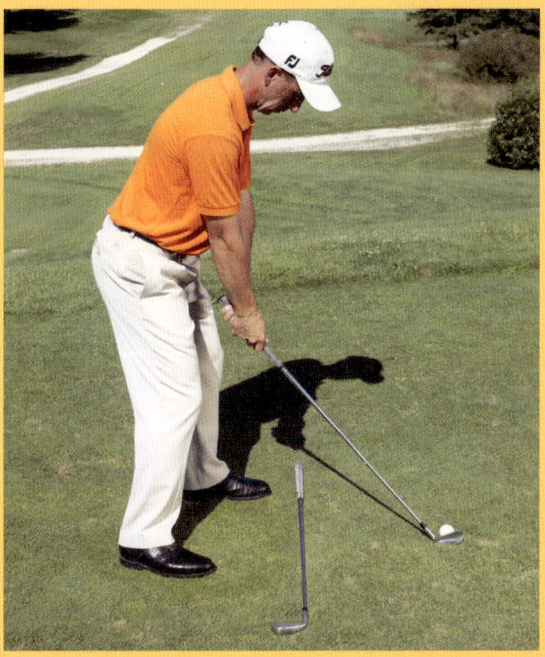

ZIEL

- *Vollen Rückschwung erleichtern.*
- *Flugkurve als Hook.*
- *Bewegung des Unterkörpers im Abschwung und Durchschwung reduzieren.*

ÜBUNG

- *Beim Ansprechen sind die Schultern parallel zum Ziel ausgerichtet.*

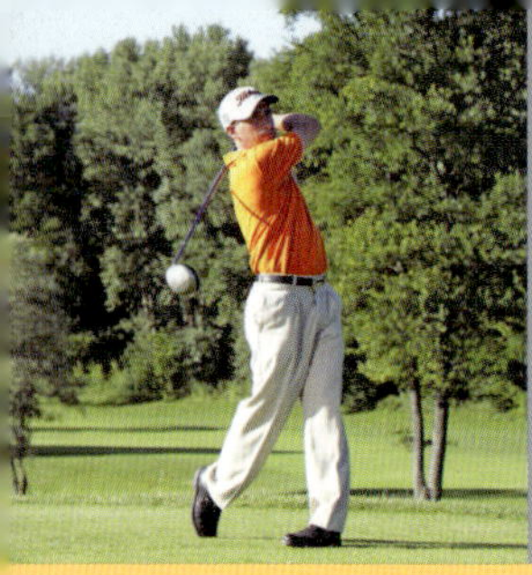

Tipp

FUSSSPITZEN ZUM ZIEL AUSRICHTEN

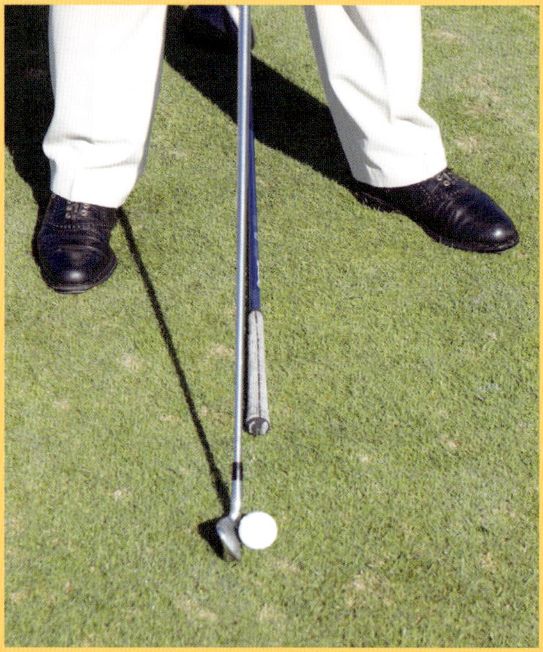

ZIEL

- *Rückschwung verkürzen.*
- *Drehung hin zum Ziel erleichtern.*

TIPP

FUSSSPITZEN NACH HINTEN AUSRICHTEN

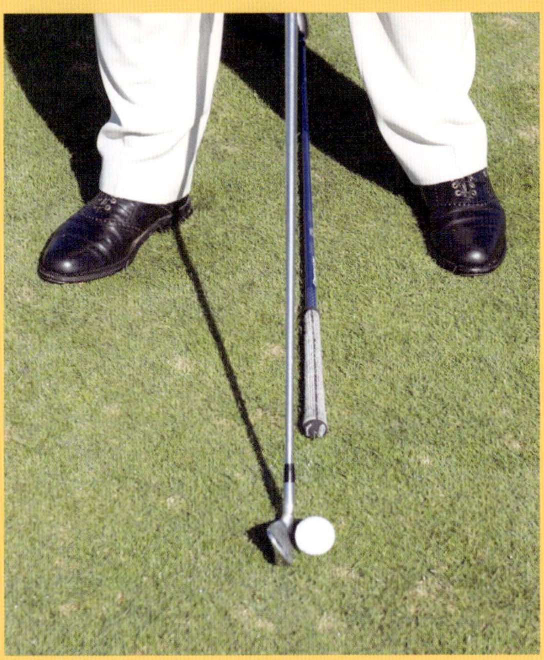

ZIEL

- *Vollen Rückschwung erleichtern.*
- *Körper bleibt im Treffmoment noch hinter dem Ball.*

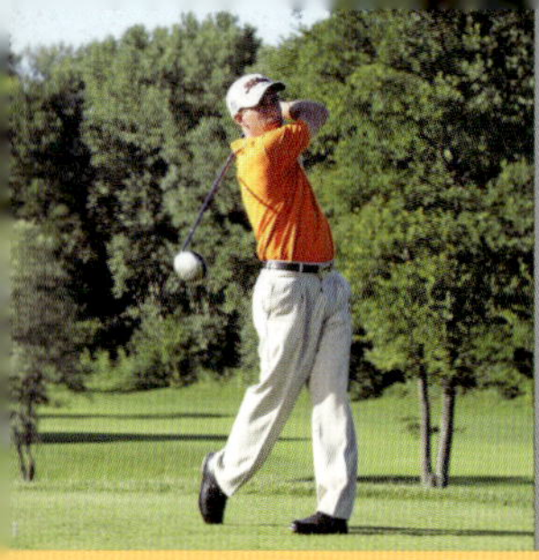

TRAININGSEINHEIT

2–3'

PRÄZISER SPIELEN (1 VON 3)

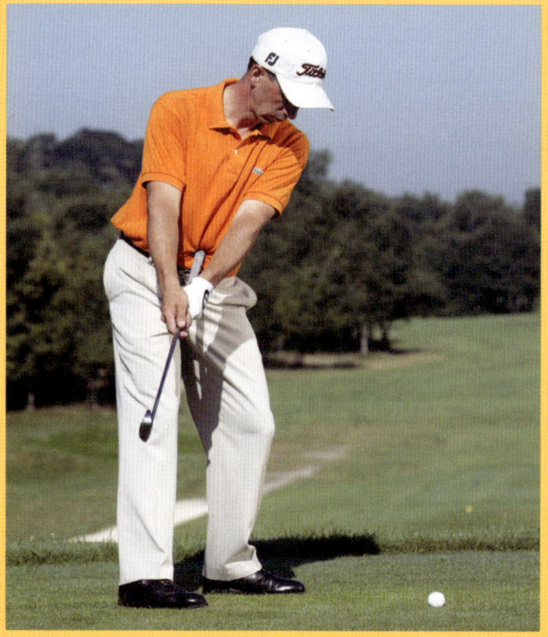

ZIEL

- *Bewegung von Schläger und Körper beim Rückschwung koordinieren.*
- *Nehmen Sie sich genügend Zeit für diese Übung.*
- *Legen Sie den Schlägergriff an den Bauchnabel, setzen Sie die Bewegung an und machen Sie dann den kompletten Rückschwung.*

PRÄZISER SPIELEN (2 VON 3)

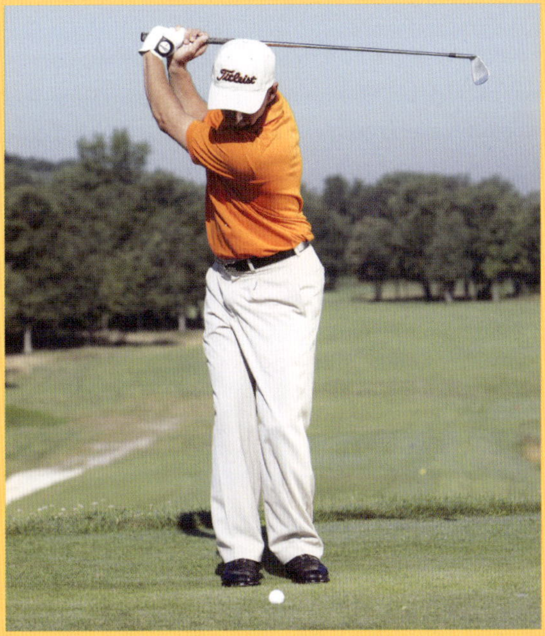

ZIEL

- *Lassen Sie den Blick auf dem Ball und bewegen Sie den Körper nicht zur Seite.*
- *Für den flüssigen Schwung ist das Gleichgewicht besonders wichtig.*
- *Achten Sie auf die gleichbleibende Beugung des Oberkörpers während des Rückschwungs und im Treffmoment.*
- *Schwingen Sie in einem ruhigen Rhythmus.*

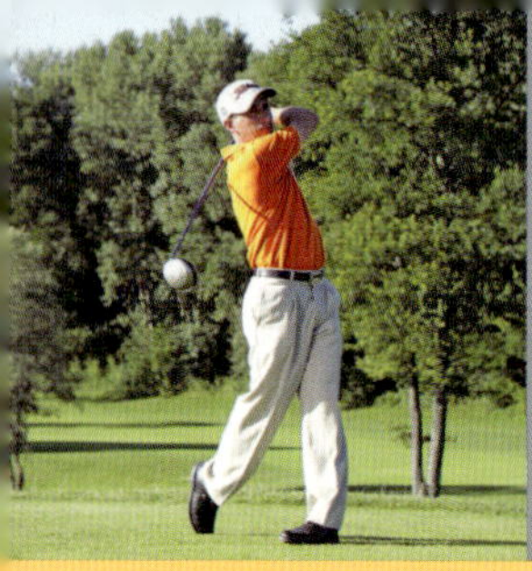

TRAININGSEINHEIT

10'

PRÄZISER SPIELEN (3 VON 3)

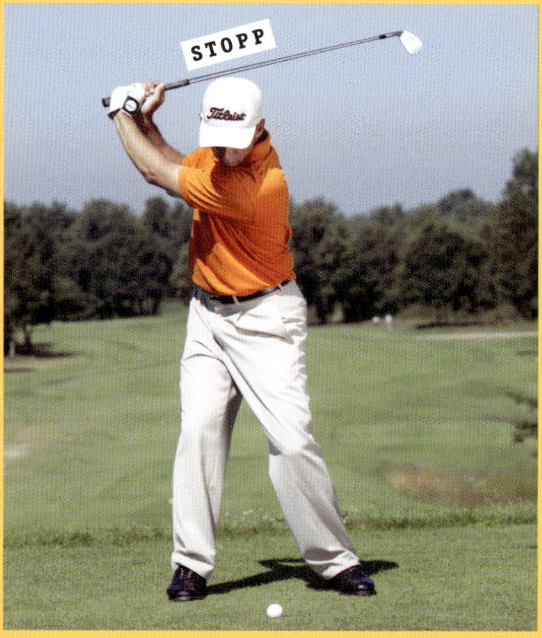

ZIEL

- *Den Übergang zwischen Rückschwung und Abschwung sicher beherrschen.*
- *Der Körper muss kurz zur Ruhe kommen, bevor der Schwung in die andere Richtung weitergehen kann.*
- *Fühlen Sie, wie Sie den Schläger bis zum Treffmoment immer mehr beschleunigen.*

TRAININGSEINHEIT

2–3'

WEITER SCHLAGEN (1 VON 3)

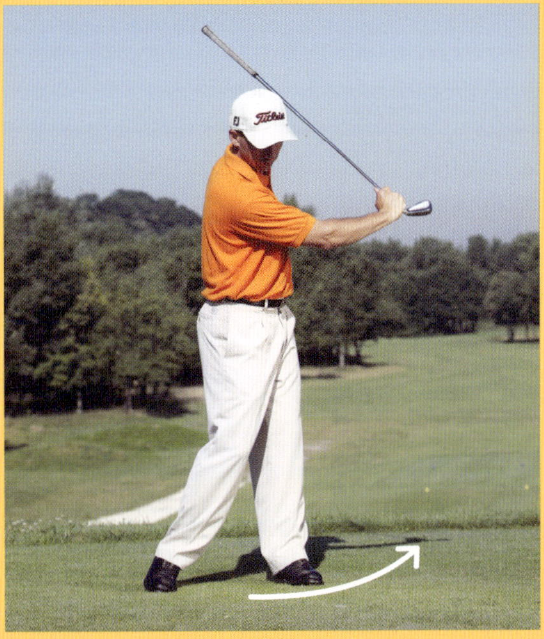

ZIEL

- *Mehr Geschwindigkeit im Durchschwung erreichen, dabei beide Hände und Handgelenke richtig bewegen.*
- *Mit dem Schläger in Schwungrichtung über den Boden fegen.*

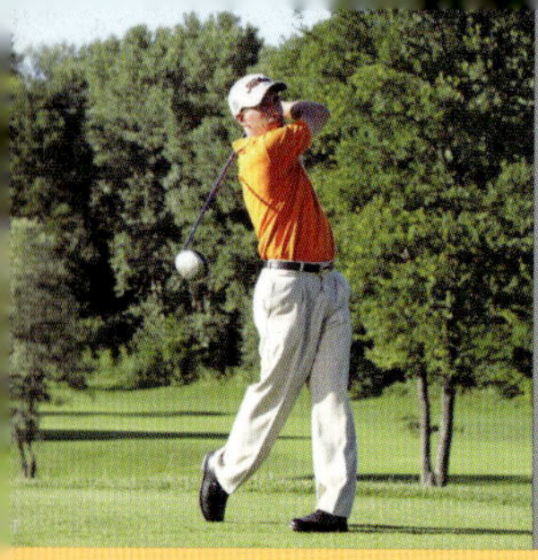

Trainingseinheit

10'

WEITER SCHLAGEN (2 VON 3)

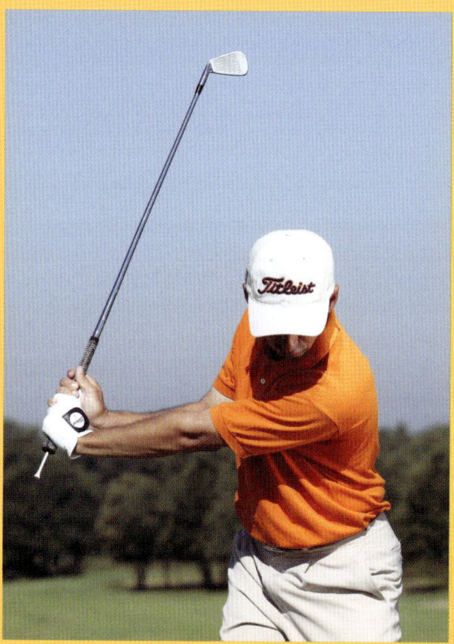

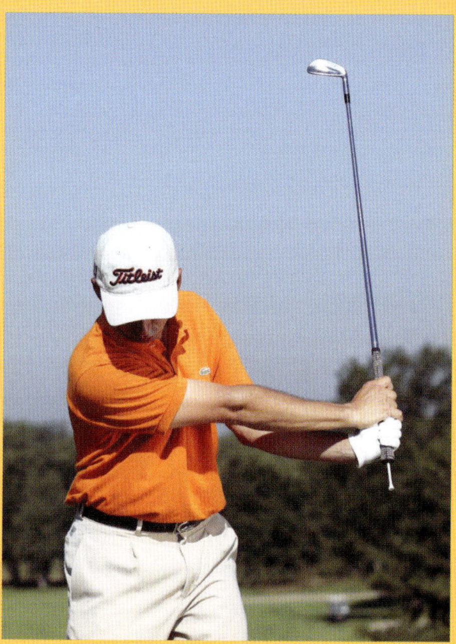

ZIEL

- *Die Schwunggeschwindigkeit weiter erhöhen, dieses Mal jedoch mit Ball.*
- *Der Ball sollte beim Rechtshänder von rechts nach links fliegen, weil der Schläger viel schneller bewegt wird als der Körper.*
- *Dieser Effekt wird normalerweise ausgeglichen, wenn Sie den Körper am Ende des Durchschwungs in Richtung Ziel drehen.*

TRAININGSEINHEIT

10'

WEITER SCHLAGEN (3 VON 3)

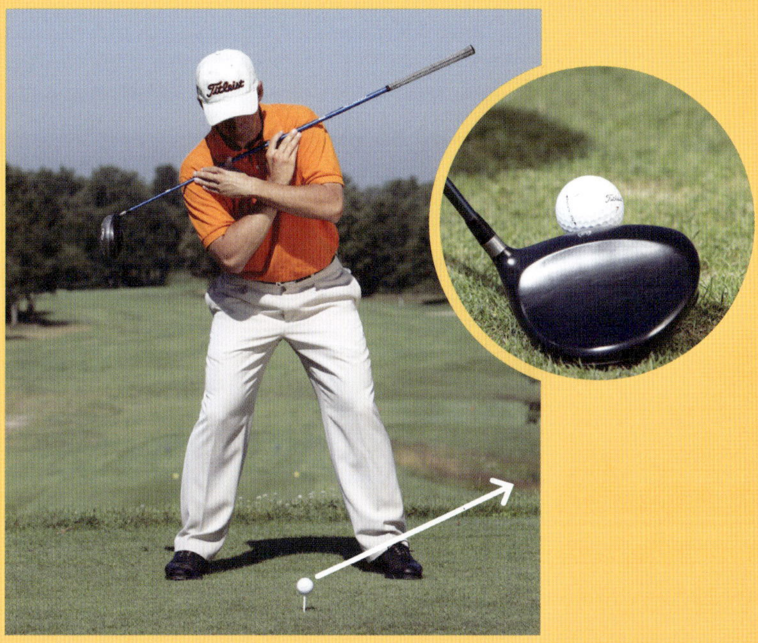

ZIEL

- *Den Angriffswinkel des Drivers optimieren und mehr Weite erzielen.*
- *Wenn die Schlagfläche des Drivers im Treffmoment nach oben zeigt, können Sie zehn Prozent und mehr Weite gewinnen im Vergleich zu einer abwärtsgerichteten Schlagfläche.*
- *Dadurch steigt der Ball schneller und beschreibt insgesamt eine höhere Flugkurve.*

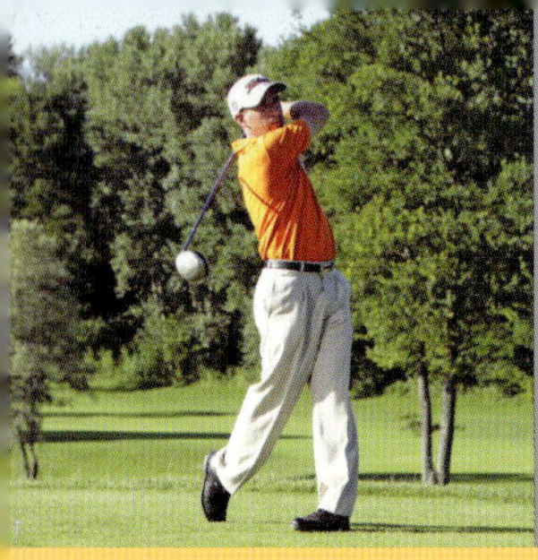

TRAININGSEINHEIT

5–7'

SLICE KORRIGIEREN (1 VON 3)

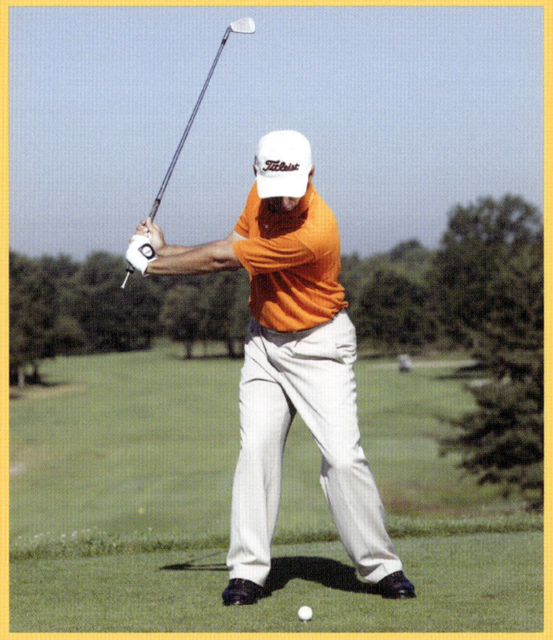

ZIEL

- *Die richtige Schwungebene finden und locker durchschwingen.*
- *Darauf vertrauen, dass das Gewicht des Schlägerkopfs den Ball nach vorn befördert.*
- *Den Griff lockern und den Schläger schwingen lassen.*

5–7'

SLICE KORRIGIEREN (2 VON 3)

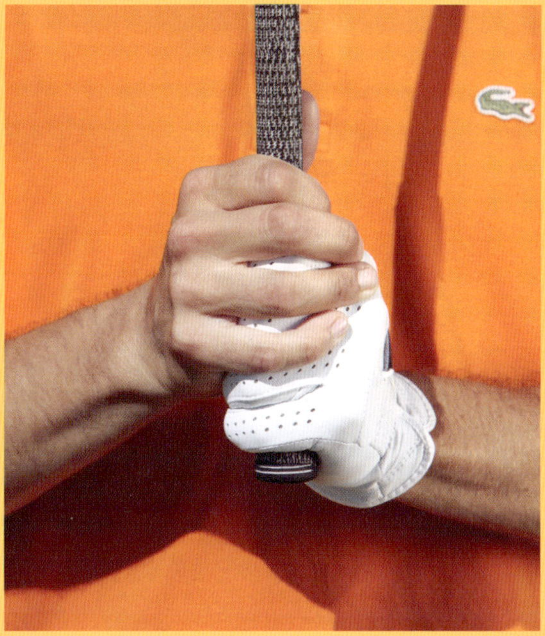

ZIEL

- *Den Griff etwas lockern, damit der Schläger im Treffmoment frei schwingen kann.*
- *Dabei sollte die oben liegende Hand etwas fester greifen als die untere.*

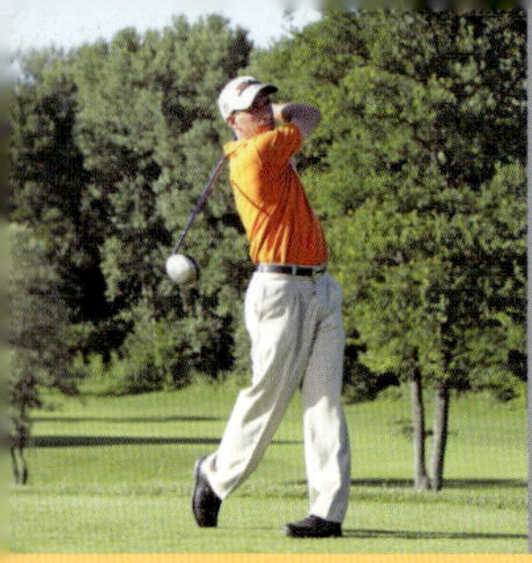

SLICE KORRIGIEREN (3 VON 3)

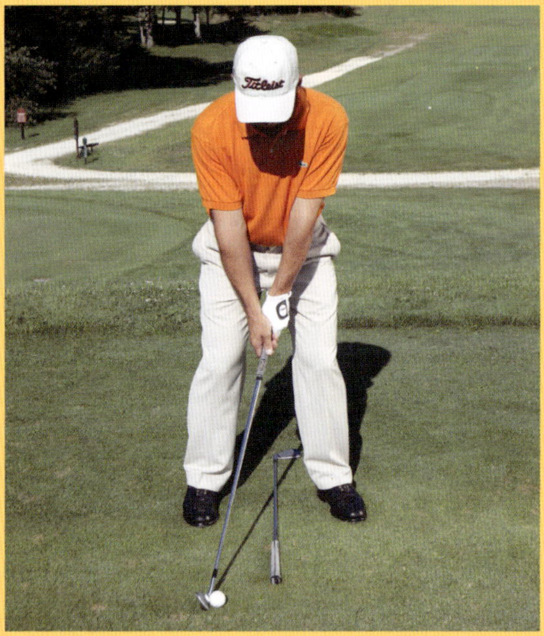

ZIEL

- *Den Ball mit einer Schlägerbewegung treffen, die mehr von innen nach außen geht.*
- *Machen Sie diese Übung mit einem kurzen oder mittleren Eisen.*
- *Der Ball sollte bei einem Rechtshänder direkt nach rechts weggehen oder einen Effet von rechts nach links haben. Dies ist abhängig von der Ausrichtung der Schlagfläche im Treffmoment. Der Ball fliegt außerdem niedriger.*

HOOK KORRIGIEREN (1 VON 3)

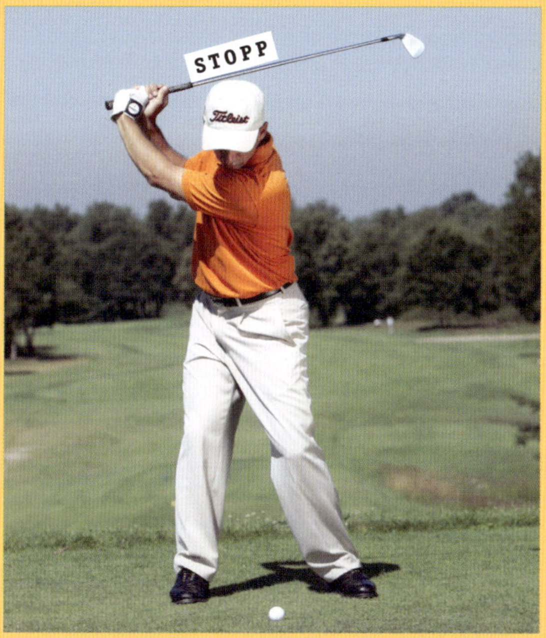

ZIEL

- *Die Bewegung von Körper und Schläger optimal koordinieren.*
- *Den Abschwung ruhig einleiten und bis zum Treffmoment beschleunigen.*
- *So bekommt man einen zu hektischen Schwung in den Griff und hat mehr Kontrolle über den Schläger.*

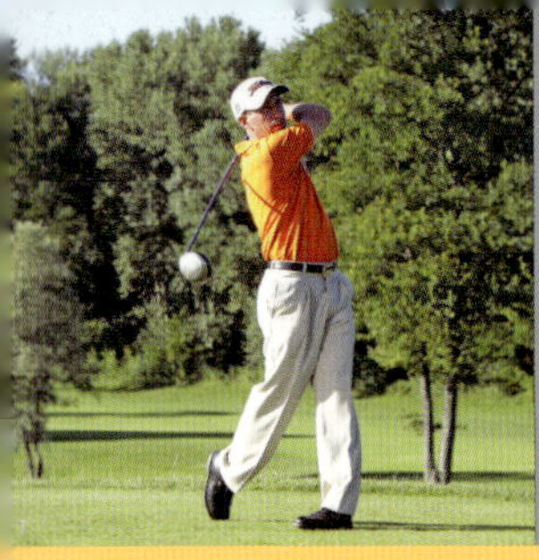

TRAININGSEINHEIT

5–7'

HOOK KORRIGIEREN (2 VON 3)

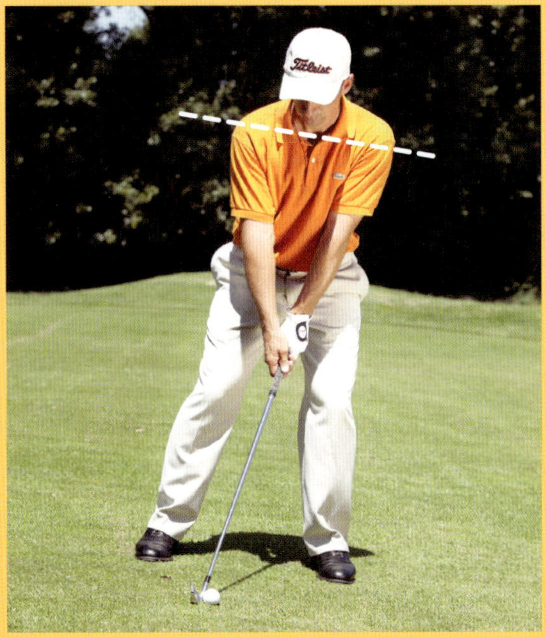

ZIEL

- *Üben Sie mit einem kurzen oder mittleren Eisen.*
- *Bei dieser Übung spüren Sie den richtigen Weg des Schlägerkopfs.*
- *Das Gewicht wird relativ schnell auf das vordere Bein verlagert.*
- *Beginnen Sie mit einem halben Schwung und steigern Sie dann die Schwunglänge.*
- *Der Ball sollte niedrig wegfliegen.*

HOOK KORRIGIEREN (3 VON 3)

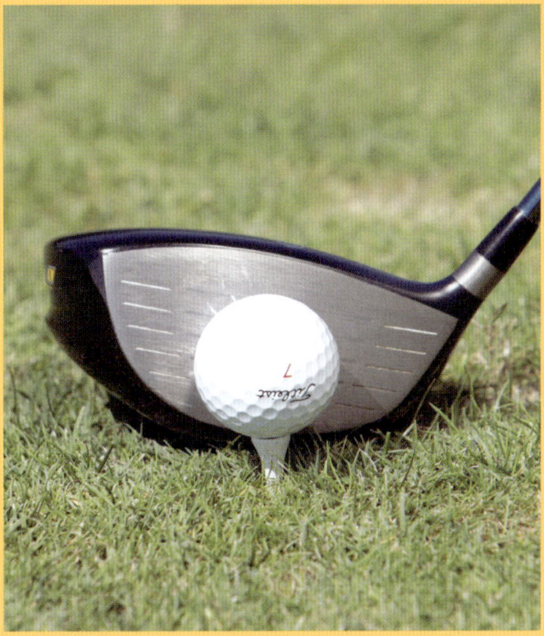

ZIEL

- *Den Einfluss des Angriffswinkels auf den Ball verstehen.*
- *Legen Sie den Ball auf ein niedriges Tee. Wenn der Ball niedrig, nach links und ohne Effet startet, ist die Schlagfläche etwas zu weit nach links ausgerichtet.*

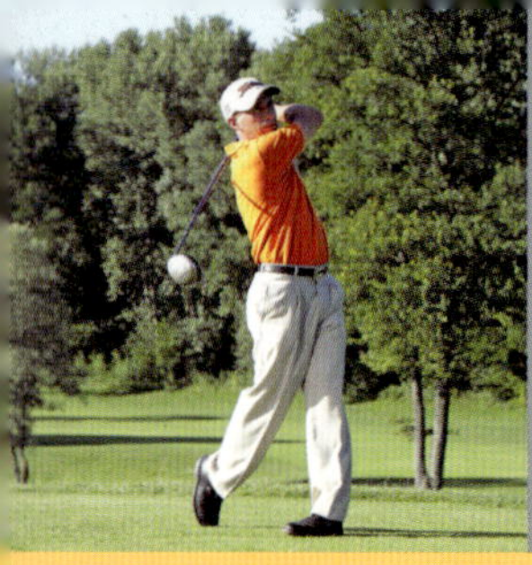

TRAININGSEINHEIT 5–7'

BEWEGLICHKEIT VERBESSERN (1 VON 3)

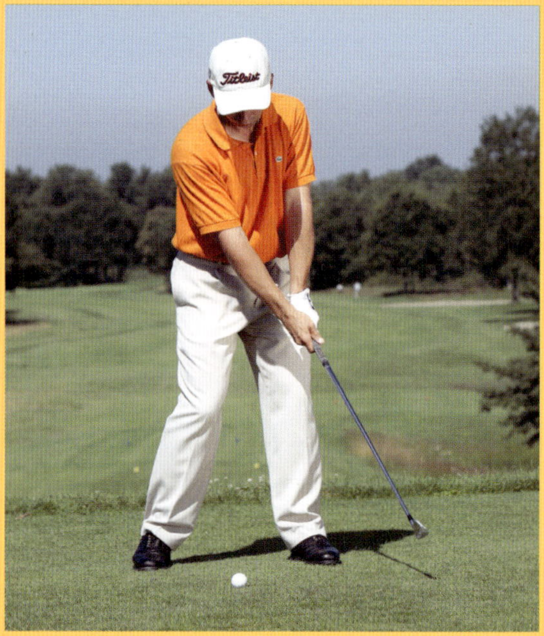

Mit und ohne Ball.

ZIEL

- *Im Treffmoment vom richtigen Durchschwung profitieren.*

BEWEGLICHKEIT VERBESSERN (2 VON 3)

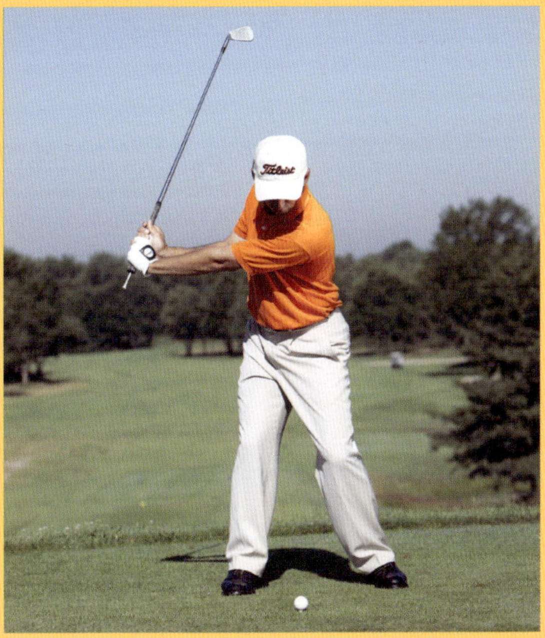

ZIEL

- *Durch den richtigen Einsatz der Hände und Handgelenke lockerer schwingen.*
- *Sie können während des Rückschwungs das linke Knie etwas beugen.*
- *Fassen Sie den Schlägergriff nicht zu fest.*

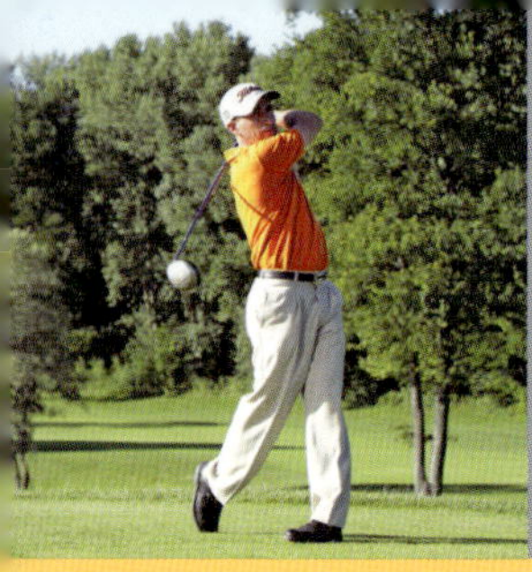

TRAININGSEINHEIT 5–7'

BEWEGLICHKEIT VERBESSERN (3 VON 3)

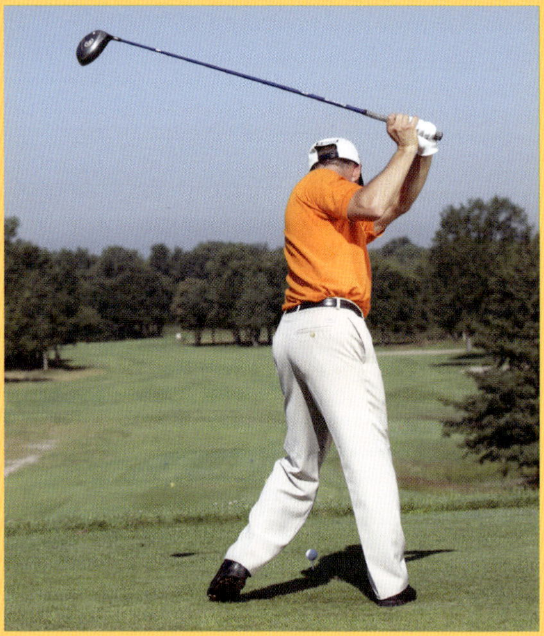

ZIEL

- *Setzen Sie die linke Körperhälfte ein, indem Sie zur Unterstützung der Drehung die linke Ferse leicht vom Boden abheben.*
- *Dadurch gelingt auch die Gewichtsverlagerung noch besser.*

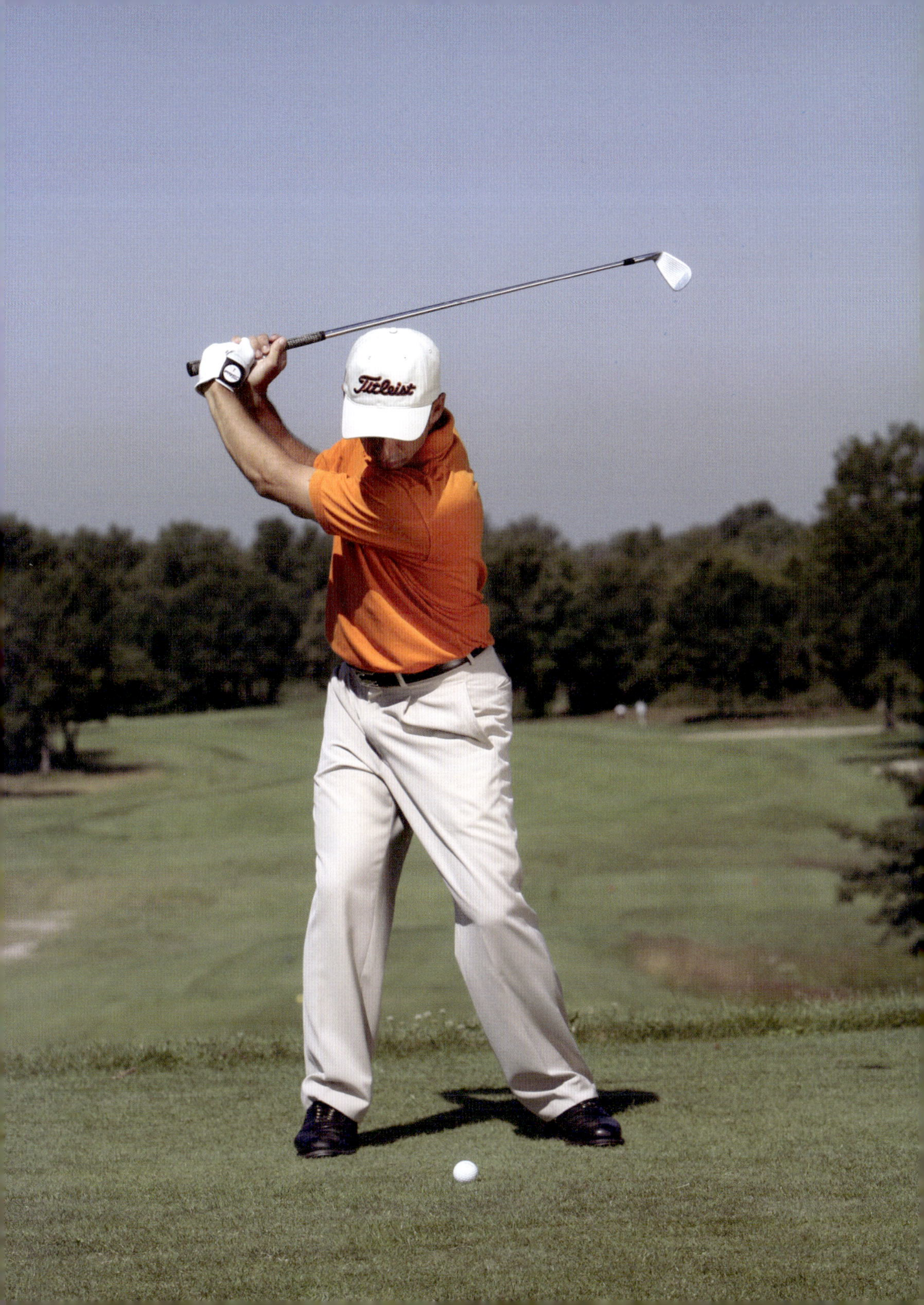
Titleist

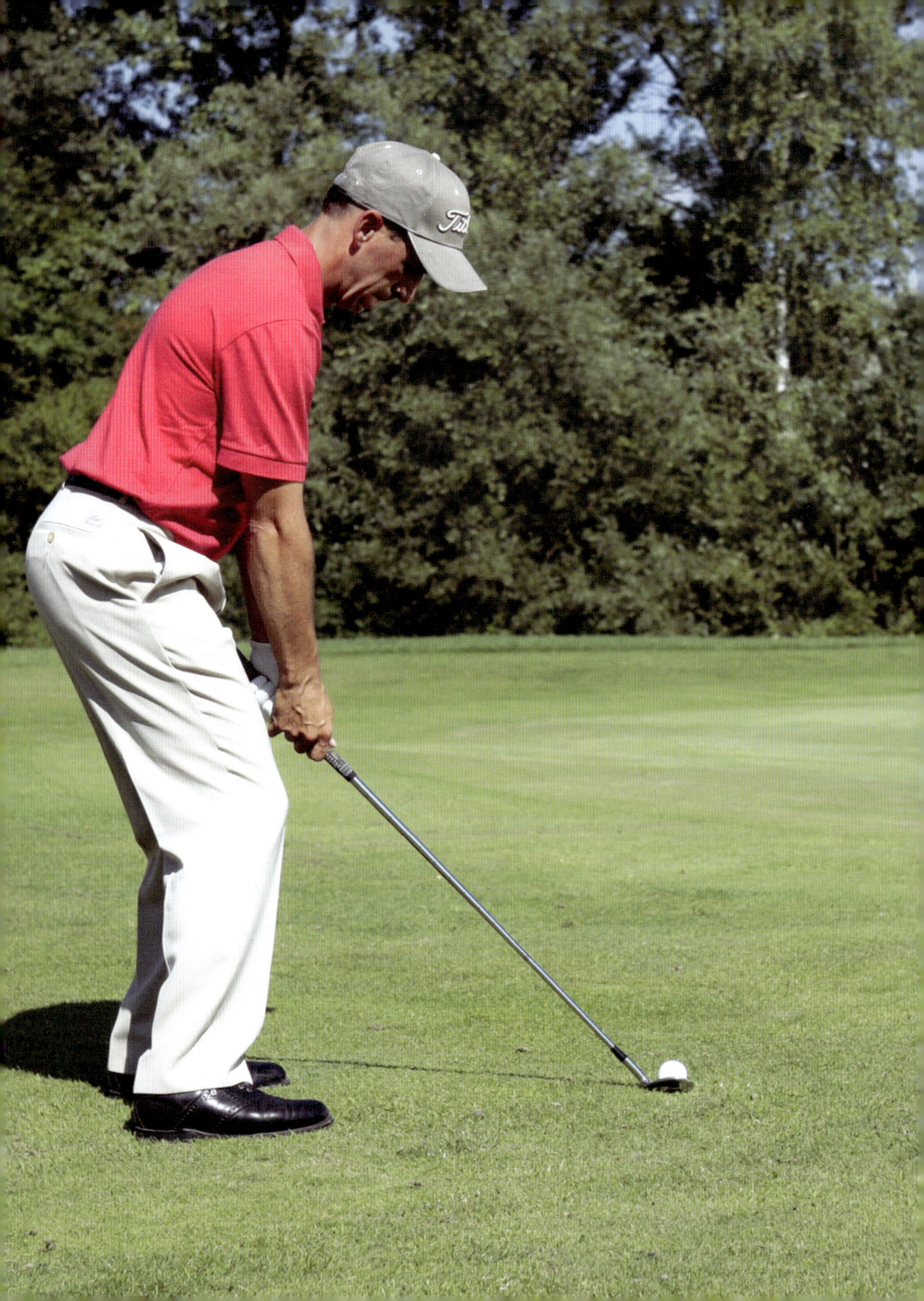

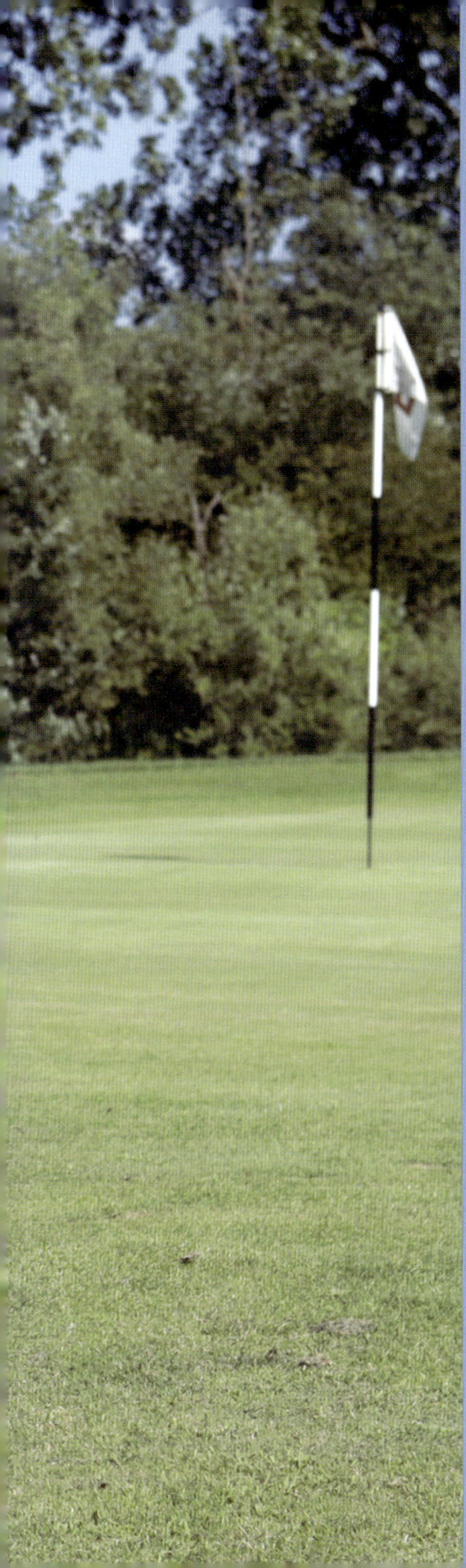

ANNÄHERUNG

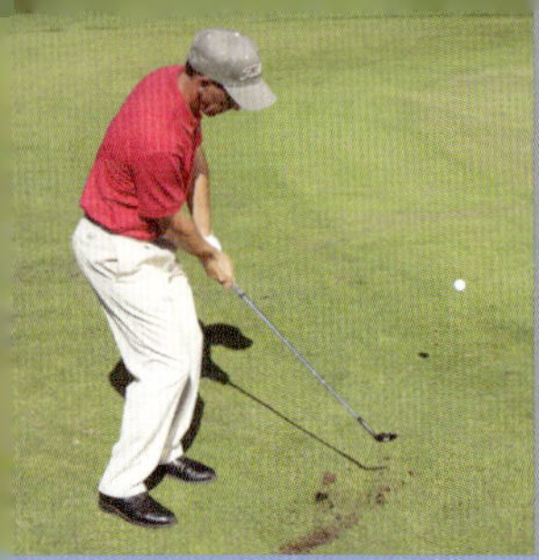

ÜBUNG LEVEL 1

FEHLER

- Falscher Weg des Schlägerkopfs.
- Schlechter Ballkontakt.
- Schläger ist zu sehr nach innen ausgerichtet.

ZIEL

- Schlagfläche ist optimal auf das Ziel ausgerichtet.
- Einfache Schlagbewegung.
- Bessere Zielgenauigkeit.

ÜBUNG

- *Legen Sie zwei Schläger parallel auf den Boden und richten Sie sie genau auf das Ziel aus.*
- *Durch die beiden Schläger wird der Weg des Schlägerkopfs bestimmt.*
- *Richten Sie die Schlagfläche korrekt aus.*

CHIP ZWISCHEN ZWEI SCHLÄGERN

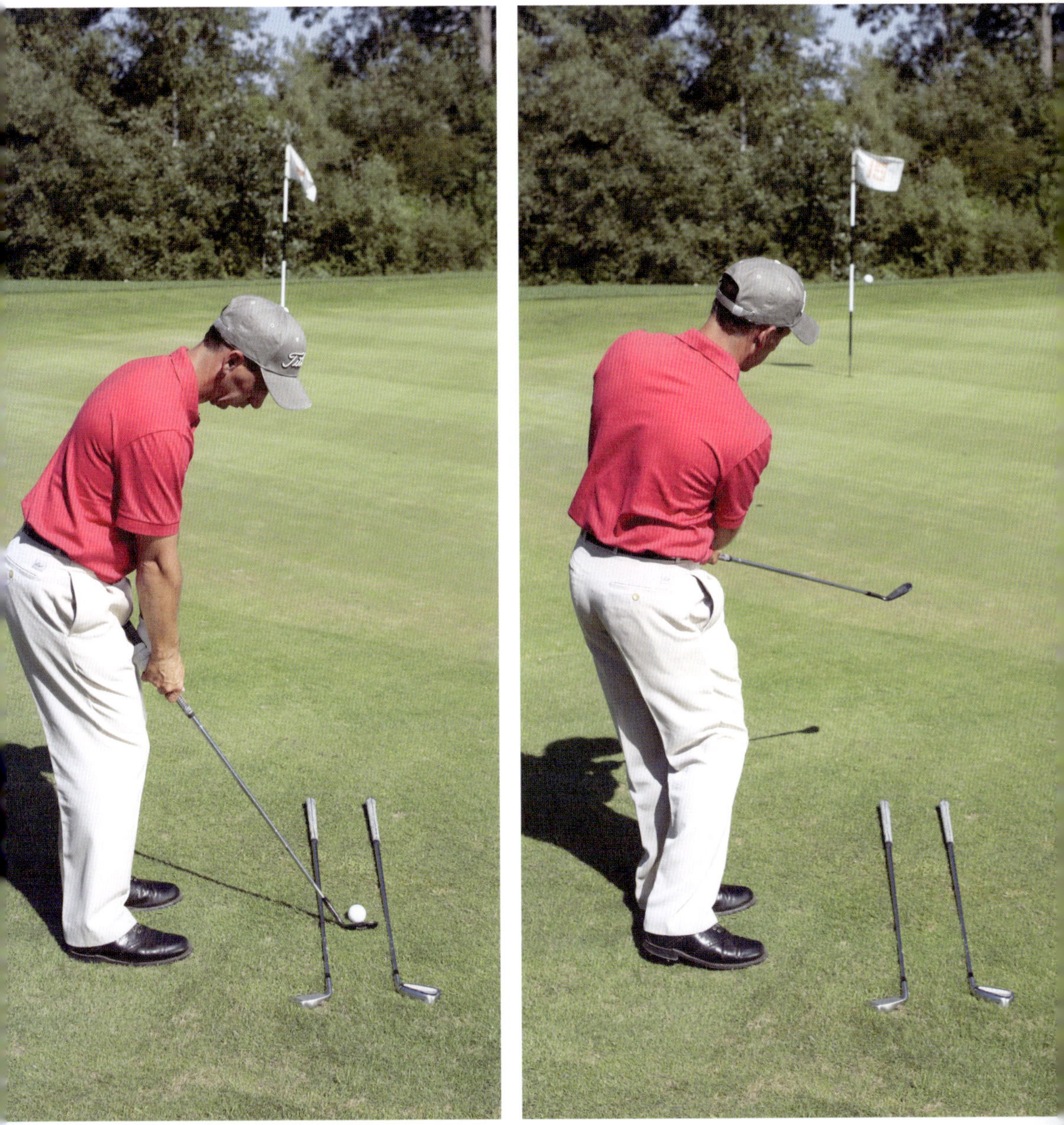

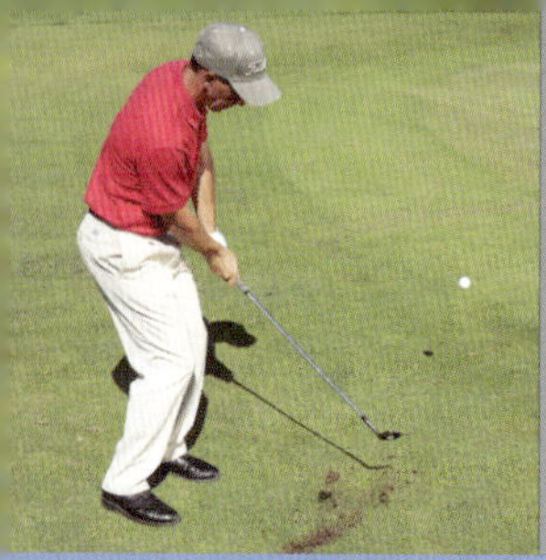

Übung Level 1

FEHLER

- Unpräzise Ausrichtung.
- Schlechte Visualisierung des Treffmoments.

ZIEL

- Korrekt ausgerichtete Schlagfläche.
- Richtiger Weg des Schlägerkopfs nach dem Treffmoment.

ÜBUNG

- *Legen Sie einen Schläger auf den Boden und richten Sie ihn genau zum Ziel aus. Der Schläger darf dabei nicht zu nahe am Ball liegen, damit der Ball ihn nicht berührt.*

CHIP GENAU AUF LINIE

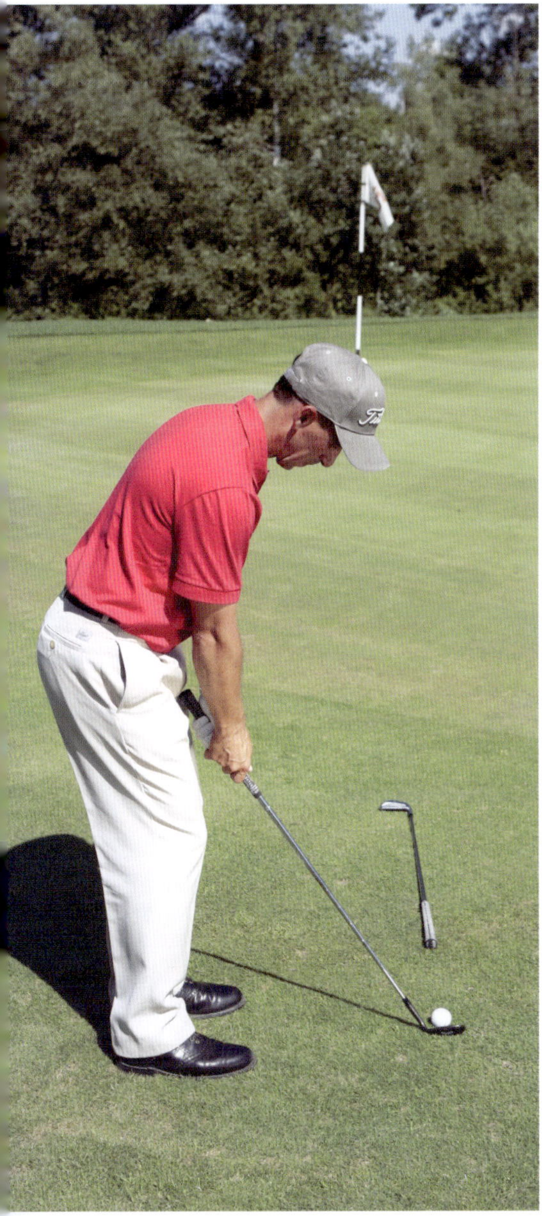

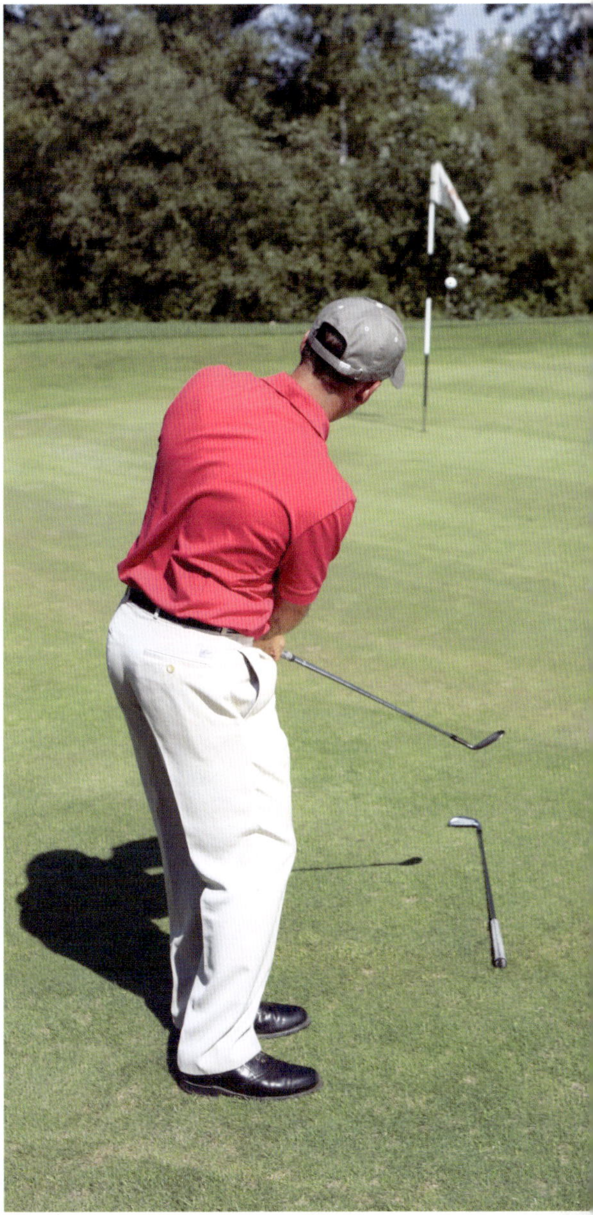

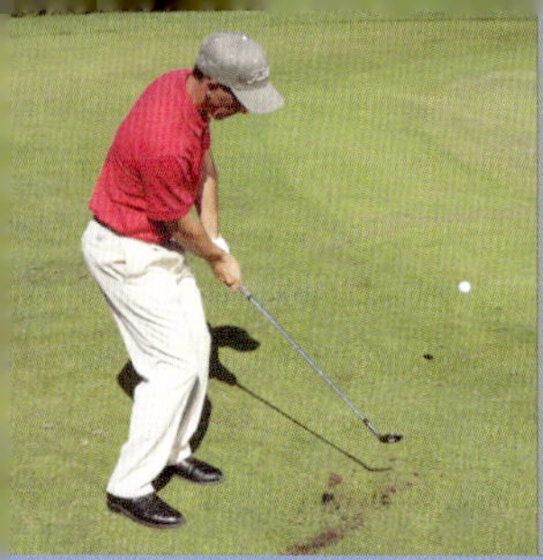

Übung Level 2

FEHLER

- Falsche Körperbewegung.
- Zu viel Aktion in den Händen.
- Falsche Dosierung.

ZIEL

- Gute Koordination von Oberkörper und Armen.
- Beständig guter Ballkontakt.
- Bessere Distanzkontrolle.

ÜBUNG

- ***Klemmen Sie ein Handtuch unter die Arme.***
- ***Der Bewegungsradius des Körpers bestimmt die Schlaglänge.***

CHIP MIT EINGEKLEMMTEM HANDTUCH

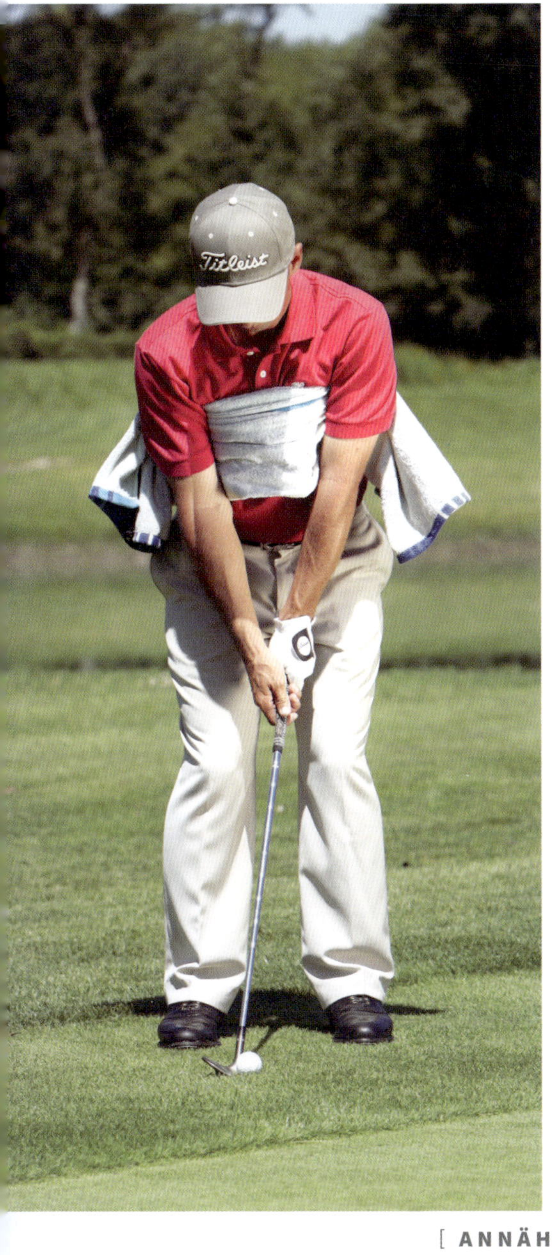

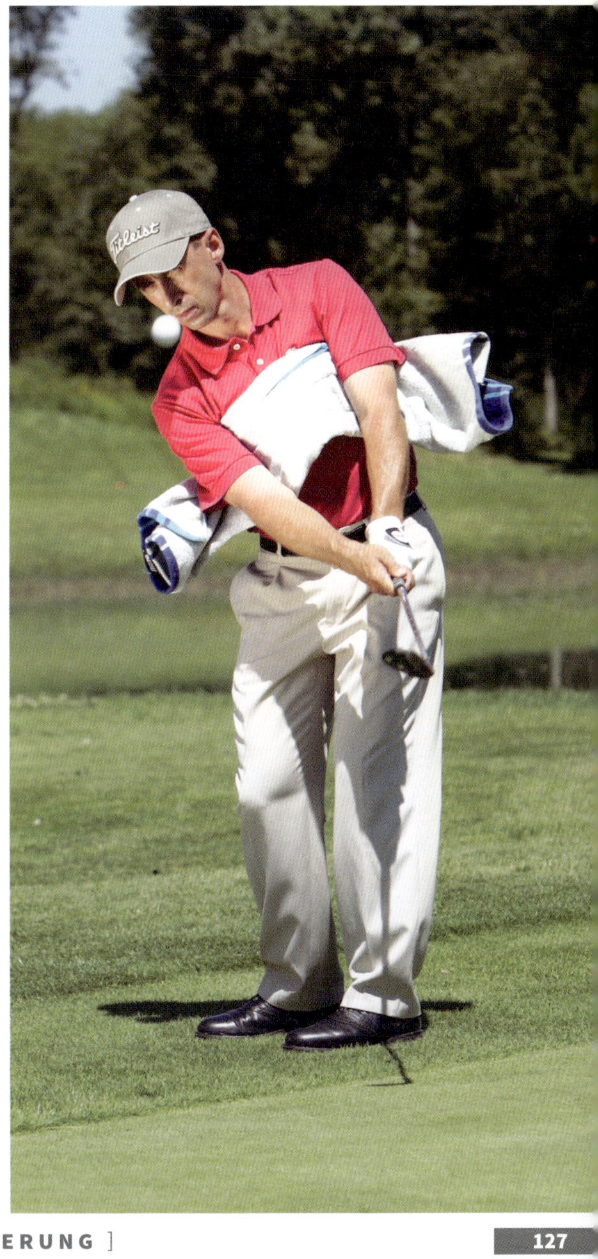

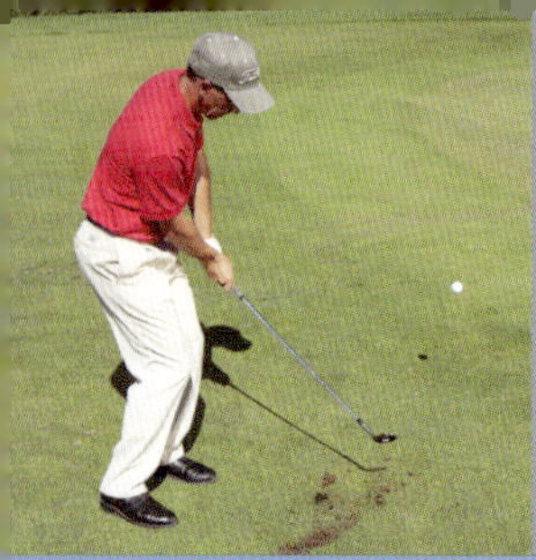

Übung Level 2

FEHLER

- Schnelle Bewegung der Hände.
- Passiver Oberkörper.

ZIEL

- Arme bleiben vor dem Oberkörper, Hände bleiben neutral.
- Guter Ballkontakt.
- Den Schlag mit der Bewegung des Oberkörpers dosieren.

ÜBUNG

- *Klemmen Sie einen Schaumstoffball zwischen die Arme.*
- *Die Bewegung kommt aus dem gesamten Körper.*

CHIP MIT SCHAUMSTOFFBALL

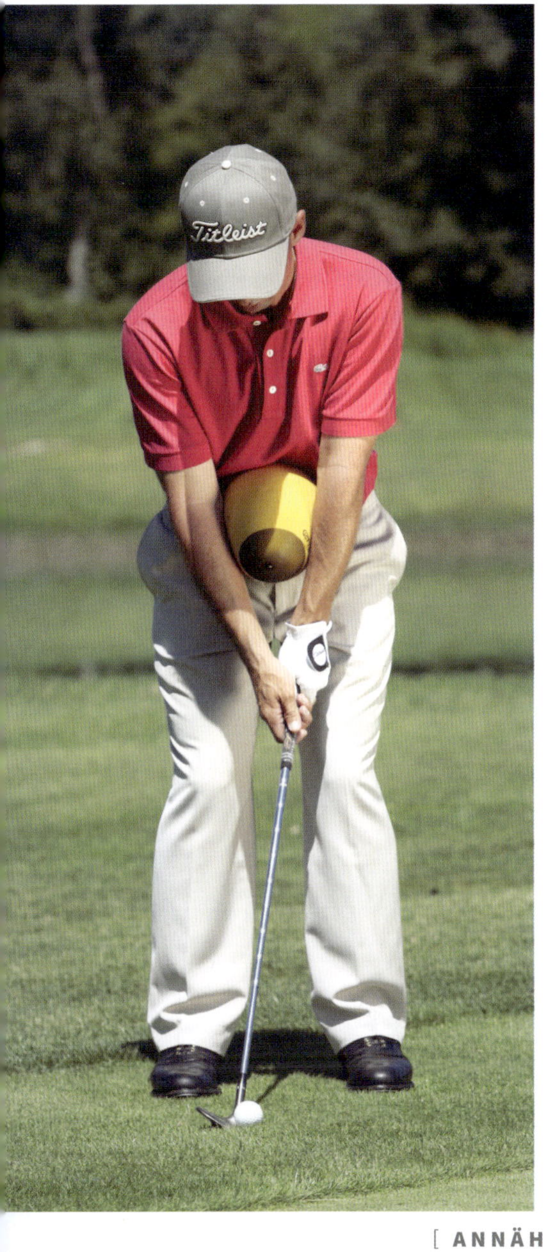

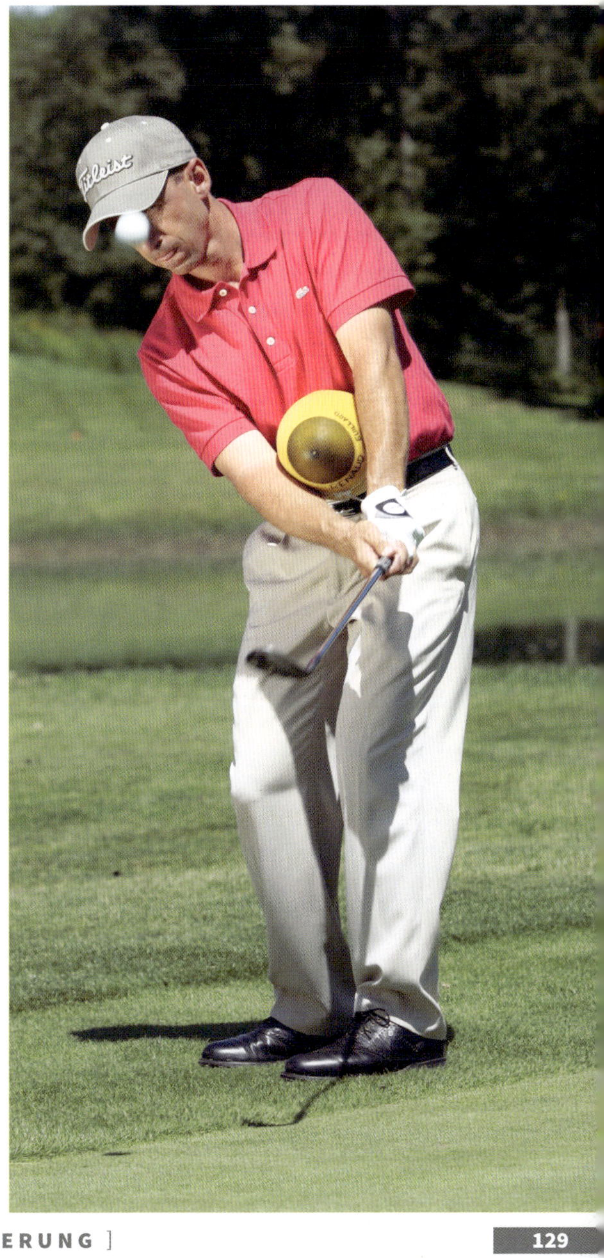

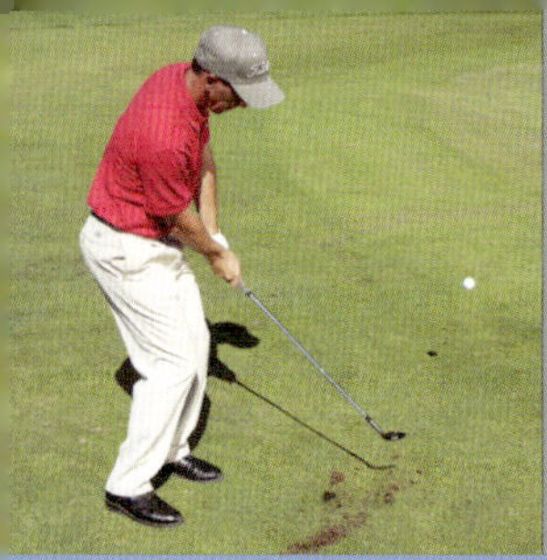

Übung Level 3

Fehler

- Schwung nach innen.
- Zu dünn getroffener Ball.
- Schlechter Ballkontakt.

Ziel

- Schlägerkopf bewegt sich korrekt auf den Ball zu.
- Gleichgewicht halten.

Übung

- *Beim Chip schräg bergab muss der Körper – und besonders die Schultern – parallel zur Schräge ausgerichtet sein.*
- *Bei diesem Schlag liegt etwas mehr Gewicht auf dem vorderen Bein.*

CHIP SCHRÄG NACH UNTEN

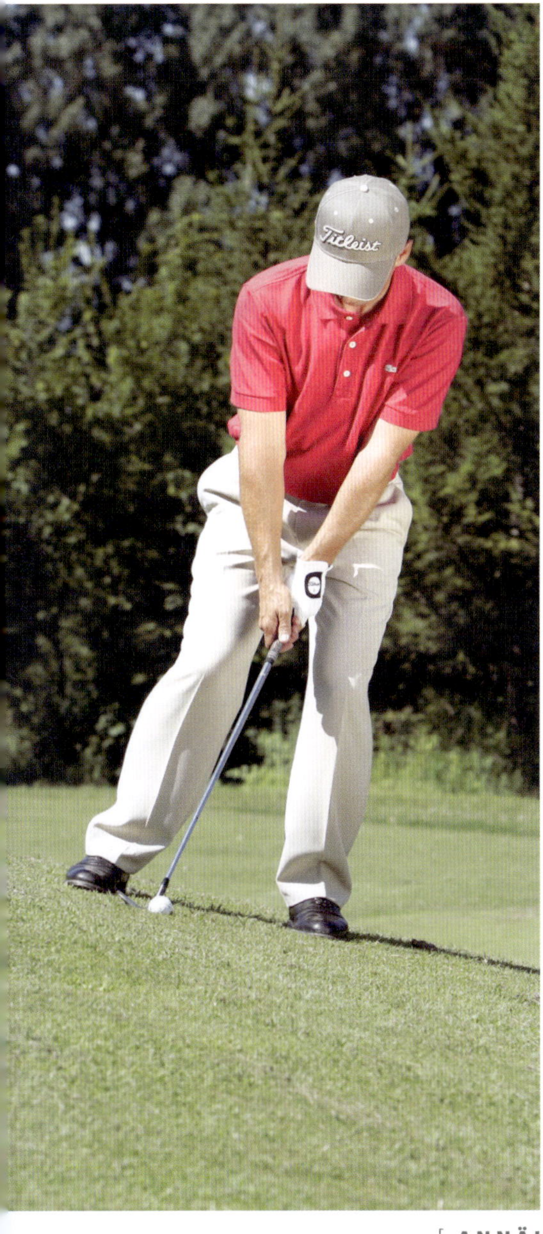

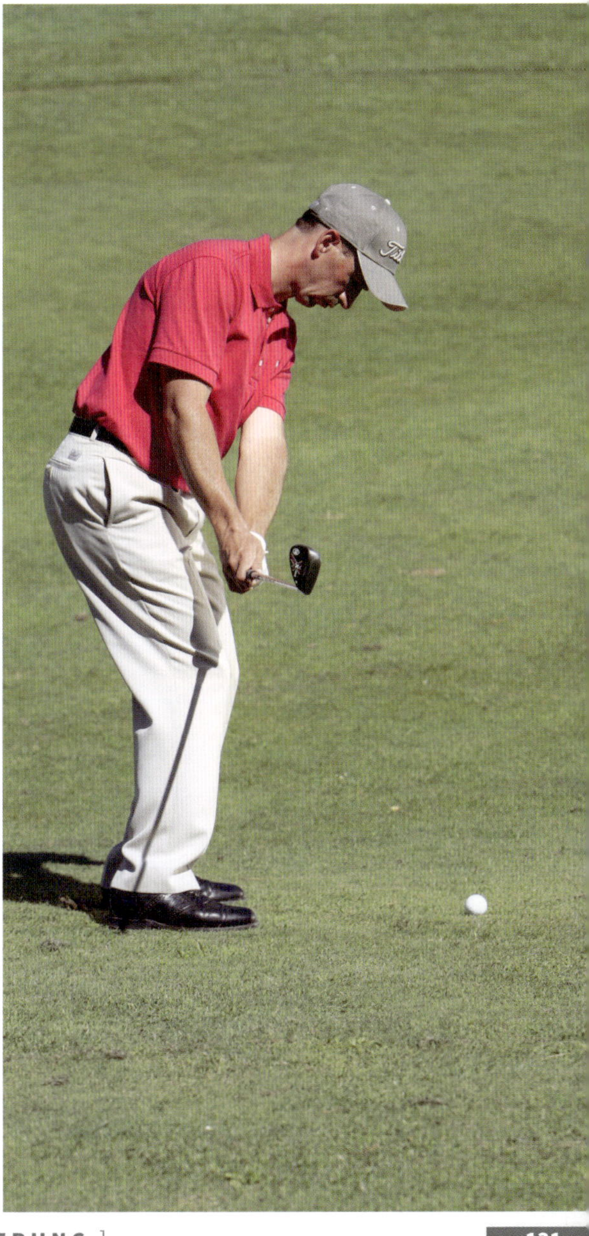

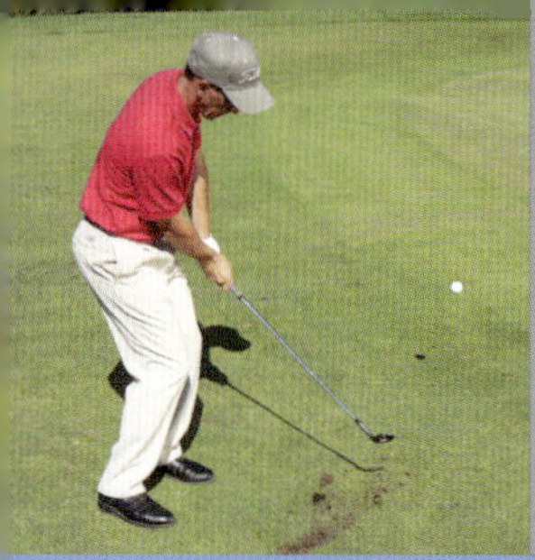

Übung Level 1

FEHLER

- Schlechte Körperbewegung.
- Falsche Dosierung.

ZIEL

- Bewegung von Körper und Schläger spüren.
- Kontrollierte Flugbahn des Balls.

ÜBUNG

- *Legen Sie das Griffende an den Bauchnabel.*
- *Fühlen Sie, wie sich Schläger und Brust mit der gleichen Geschwindigkeit von rechts nach links bewegen.*
- *Übung ohne Ball.*

CHIP AUS DEM BAUCHNABEL HERAUS

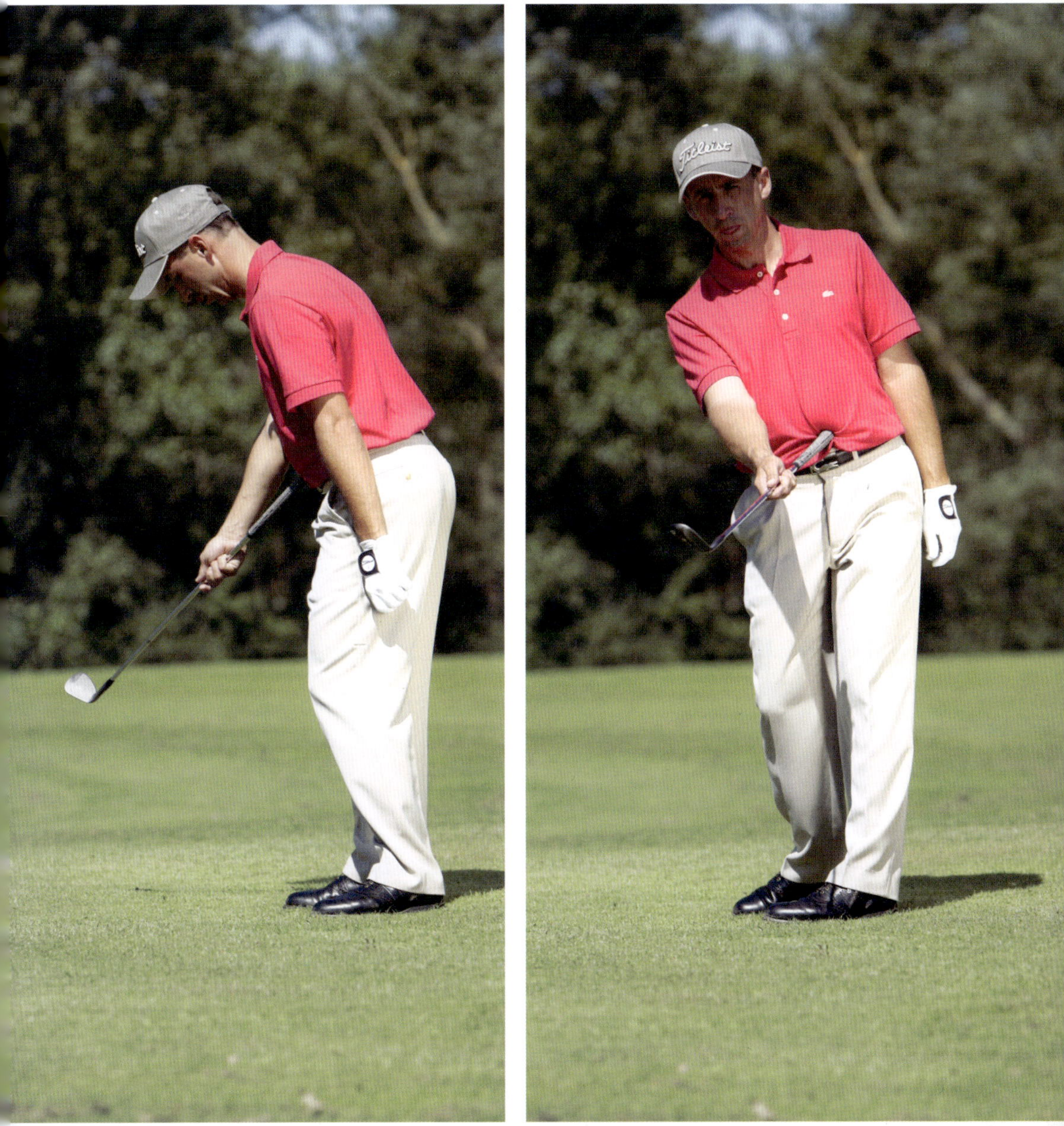

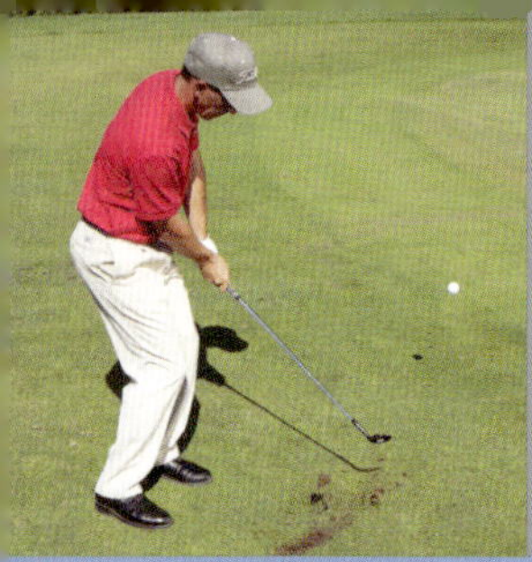

Übung Level 2

FEHLER

- Falsches Ansprechen und mangelndes Ballgefühl.
- Versuch, den Schläger zu sehr zu kontrollieren.

ZIEL

- Ein besseres Ballgefühl entwickeln.
- Die Bewegung des Schlägers spüren.
- Die Schlagfläche über die Körperbewegung kontrollieren.

ÜBUNG

- ***Fassen Sie den Schläger nur mit der rechten Hand im unteren Bereich des Griffs, dann lässt er sich leichter bewegen.***
- ***Führen Sie den Chip mit einer kleinen Körperdrehung aus, damit sich die Schlagfläche nicht zu schnell schließt.***

CHIP MIT DER RECHTEN HAND

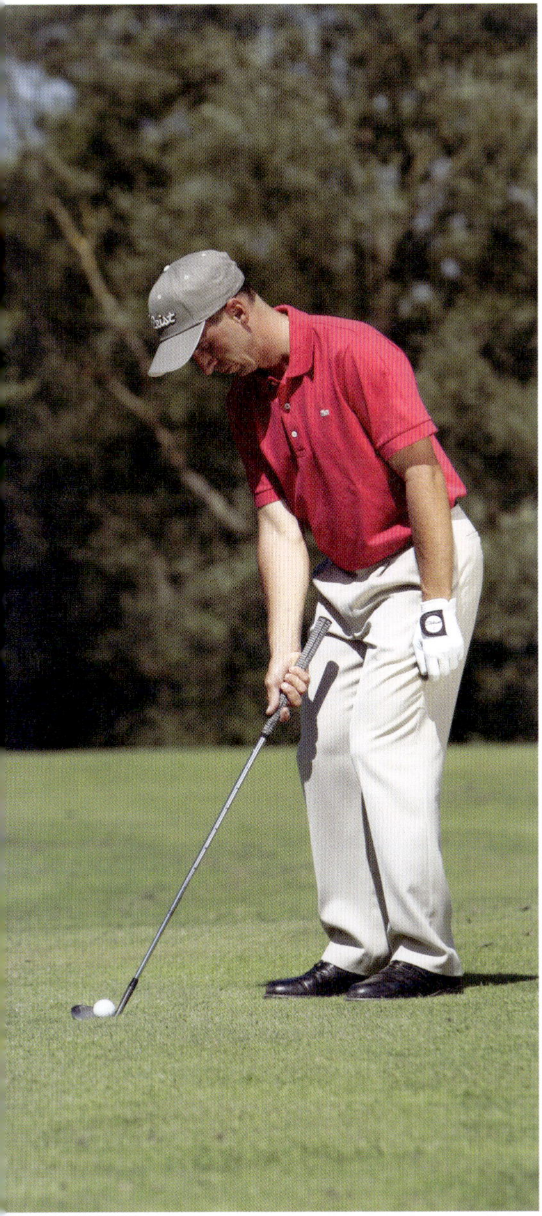

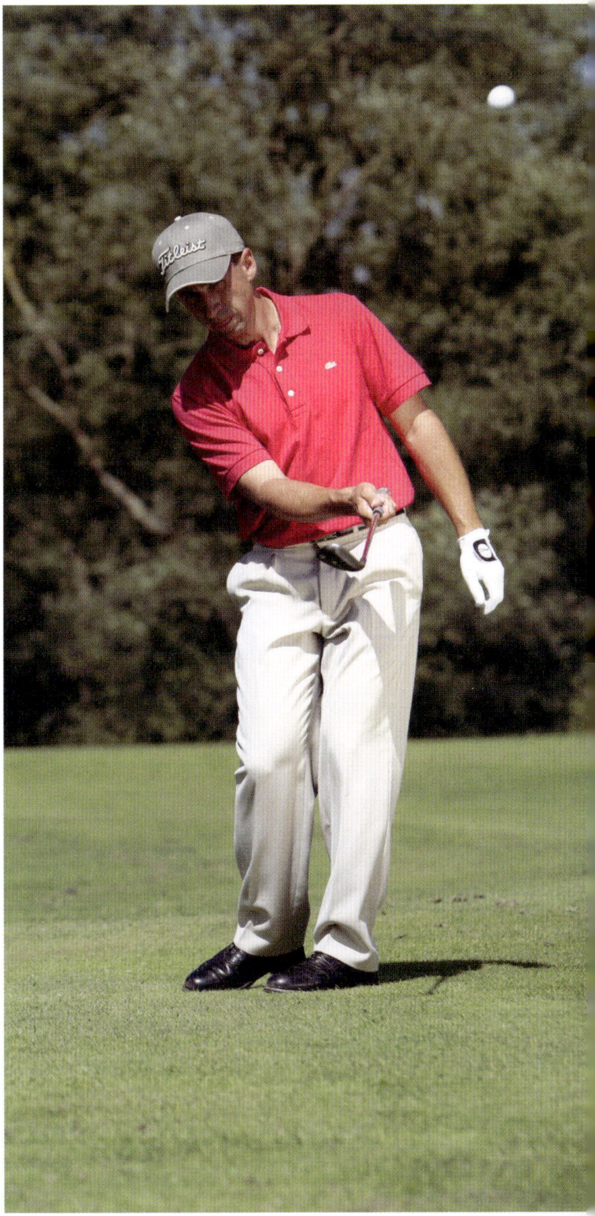

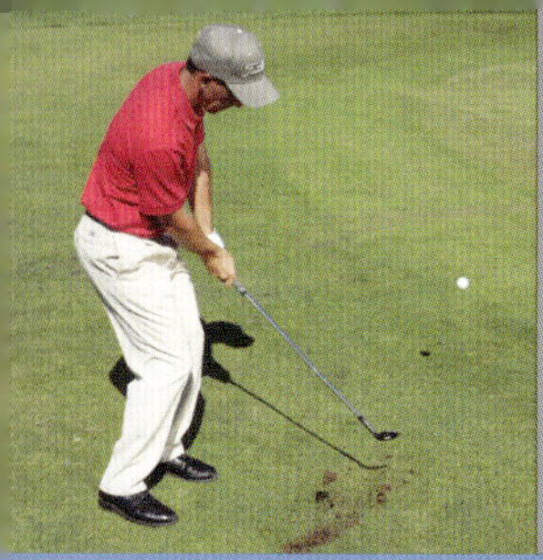

Übung Level 3

FEHLER

- Bei Rechtshändern: schlechtes Ballgefühl in der linken Hand.
- Falsche Ausrichtung.

ZIEL

- Richtige Position der linken Seite beim Ansprechen.
- Bessere Richtungskontrolle.

ÜBUNG

- ***Fassen Sie den Schläger nur mit der linken Hand im unteren Bereich des Griffs.***
- ***Schwingen Sie mit gestrecktem Arm.***

CHIP MIT DER LINKEN HAND

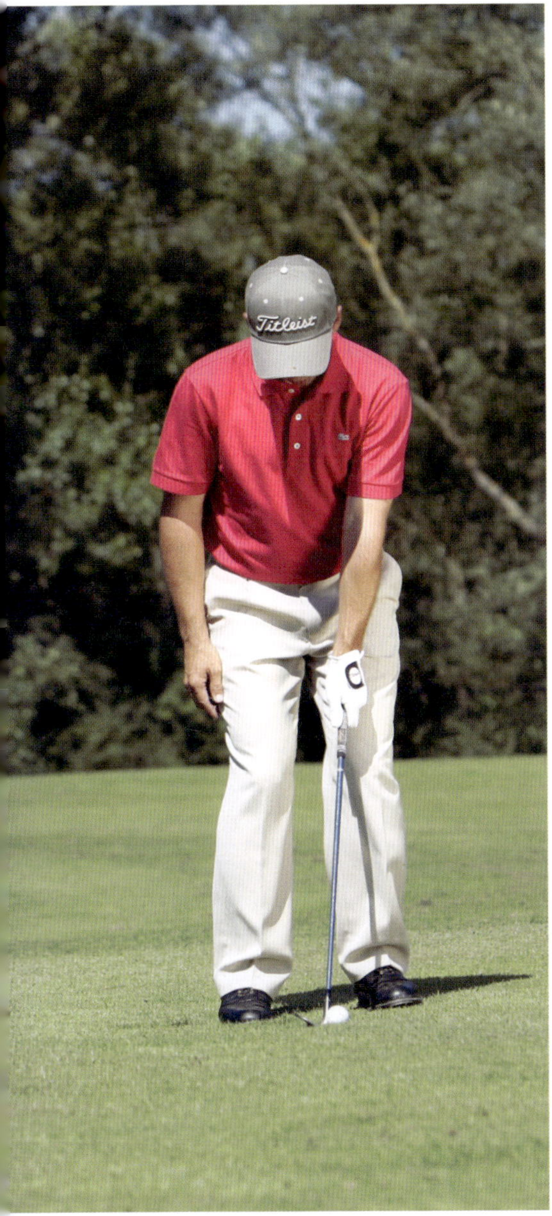

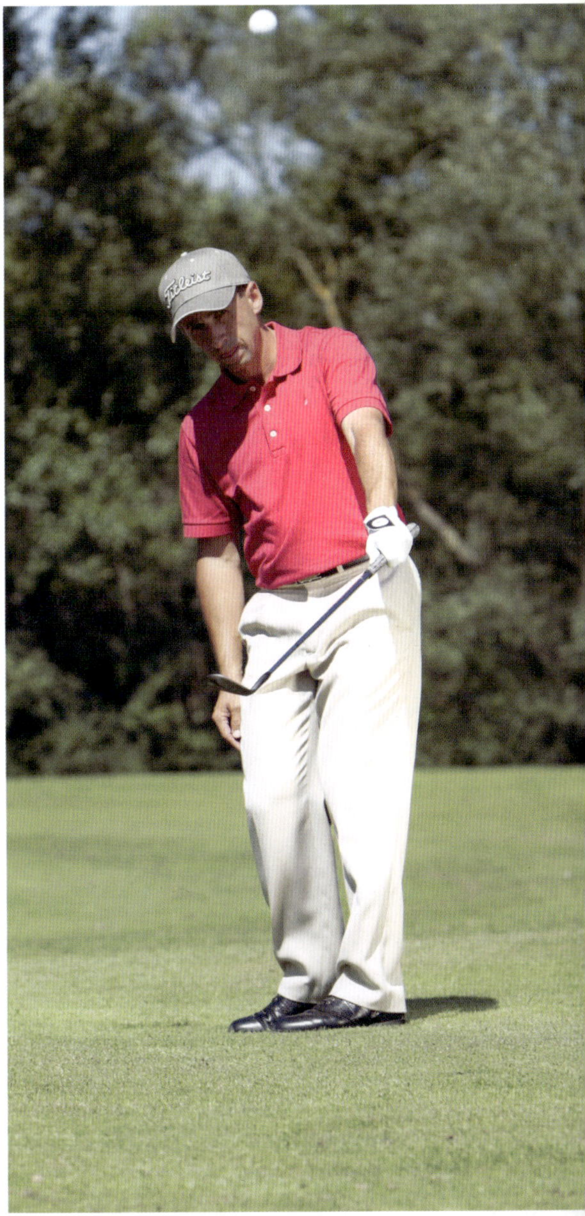

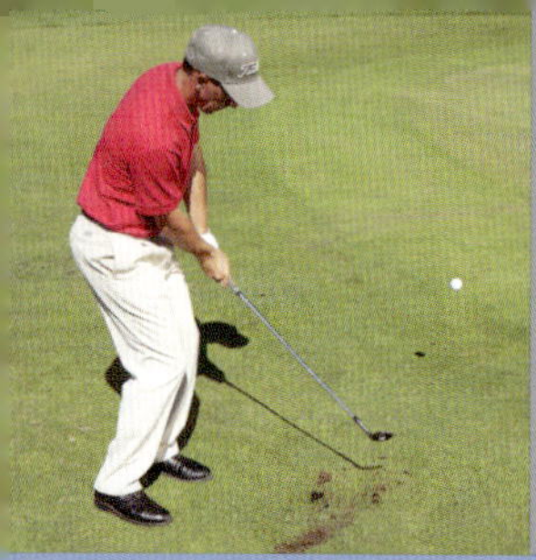

ÜBUNG LEVEL 2

FEHLER

- Seitwärtsbewegung des Körpers.
- Zu dünn getroffener Ball.
- Schlechter Ballkontakt.

ZIEL

- Das Körpergewicht an der Längsachse stabilisieren.
- Den Ball im Abschwung treffen.
- Ausbalancierter Schwung.

ÜBUNG

- *Sprechen Sie den Ball an und legen Sie dabei das gesamte Gewicht auf das vordere Bein.*
- *Schlagen Sie den Ball und halten Sie bis zum Ende des Durchschwungs das Gleichgewicht.*

CHIP AUF DEM LINKEN BEIN

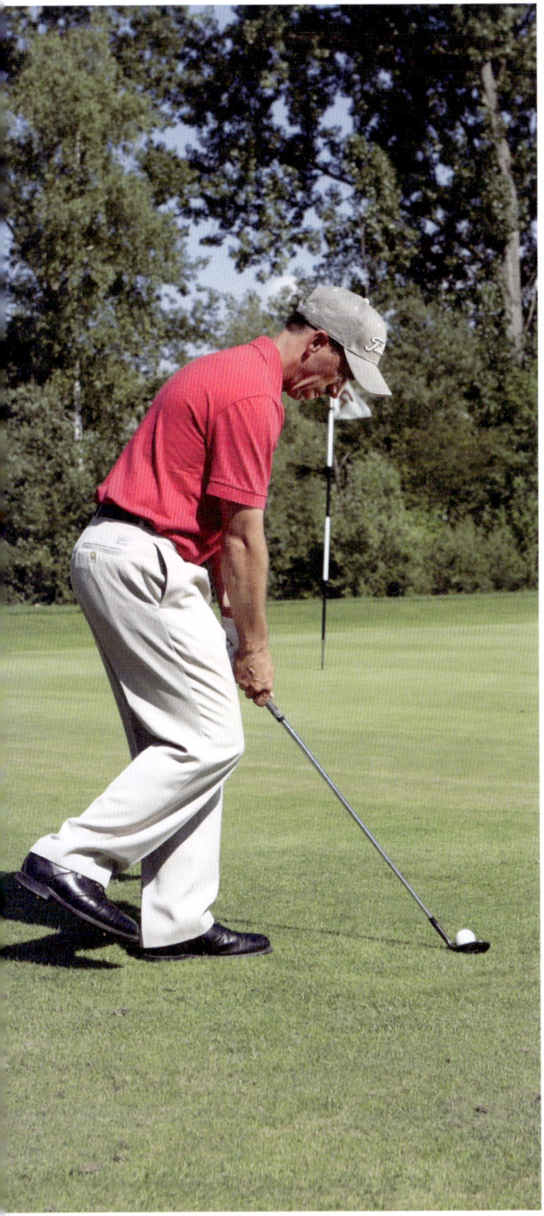

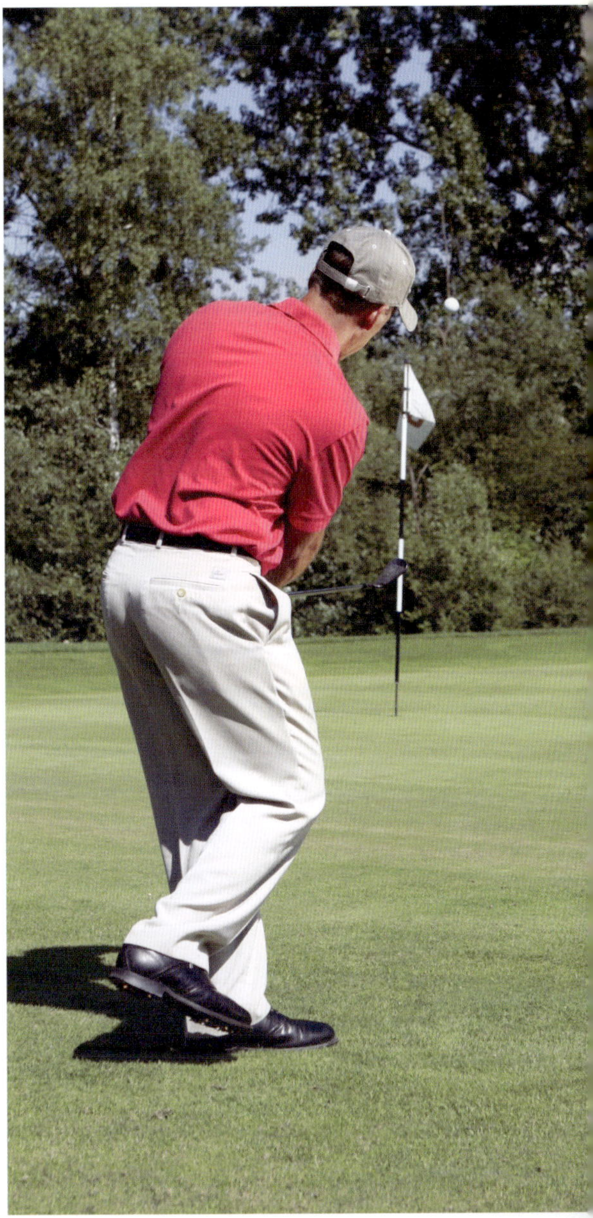

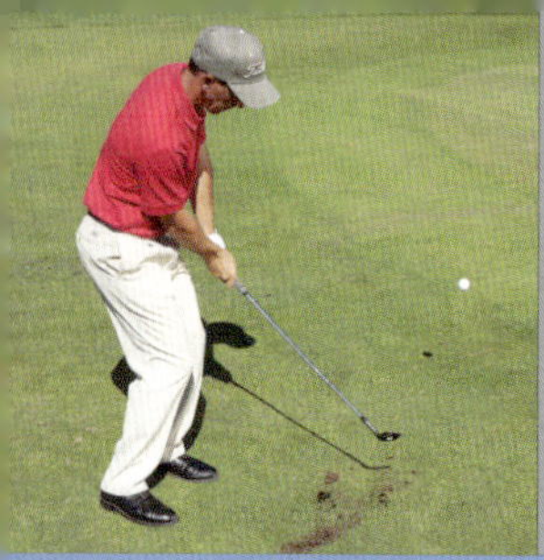

ÜBUNG LEVEL 1

FEHLER

- Zu viel Bewegung aus den Händen und den Handgelenken.
- Schwierigkeiten bei der Dosierung.
- Eine zu kreisförmige Bewegung.

ZIEL

- Einfacher Bewegungsablauf.
- Bessere Schlägerkontrolle.
- Optimale Schlagrichtung.

ÜBUNG

- *Fassen Sie den Schläger kurz und mit Ihrem Puttinggriff. Der Griffdruck ist dabei relativ schwach.*
- *Machen Sie eine Bewegung wie beim Putten.*

CHIP MIT PUTTINGGRIFF

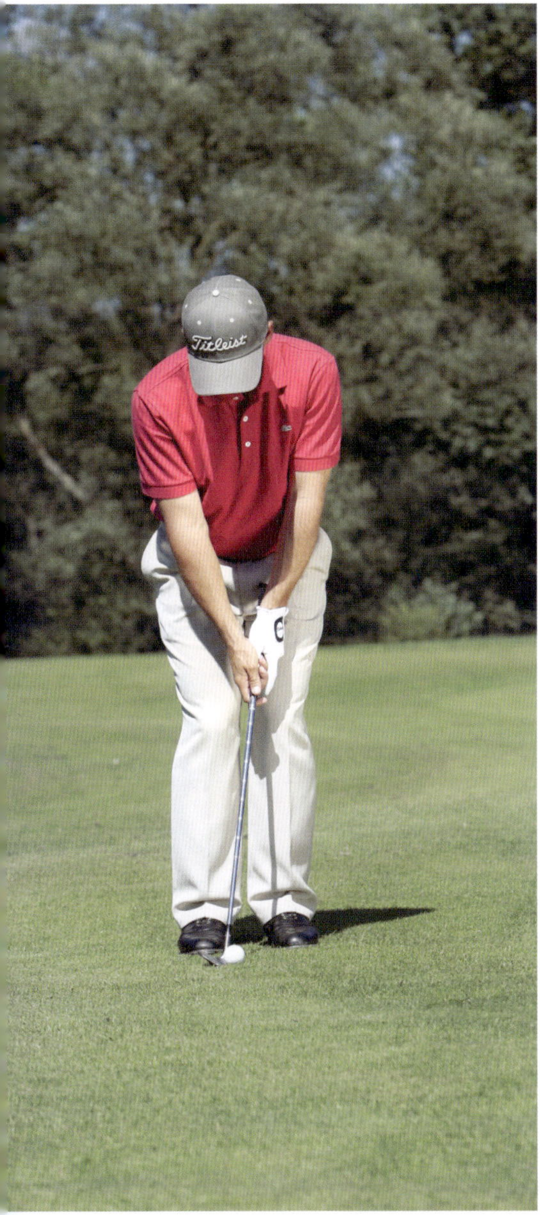

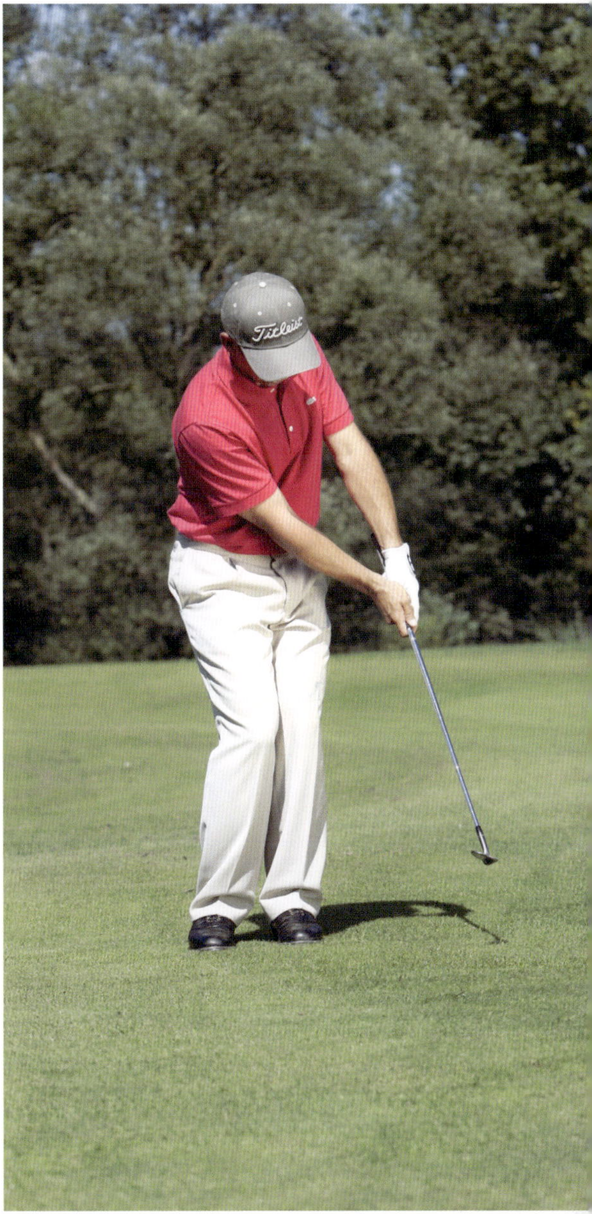

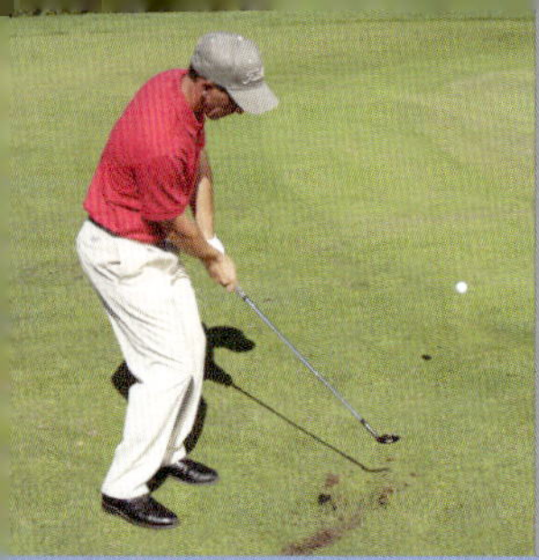

ÜBUNG LEVEL 1

FEHLER

- Die Hände sind zu weit hinter dem Ball.
- Die Schlagfläche schließt sich im Treffmoment zu schnell.

ZIEL

- Besserer Ballkontakt.
- Nur wenig Bewegung aus den Händen.
- Genauere Schlagrichtung.

ÜBUNG

- *Lehnen Sie einen Schläger an das vordere Bein.*
- *Die beiden Schläger sollten nach dem Treffmoment parallel sein.*
- *Der Schlägerkopf überholt dabei die Hände nie.*

LOCKERER CHIP-AND-RUN

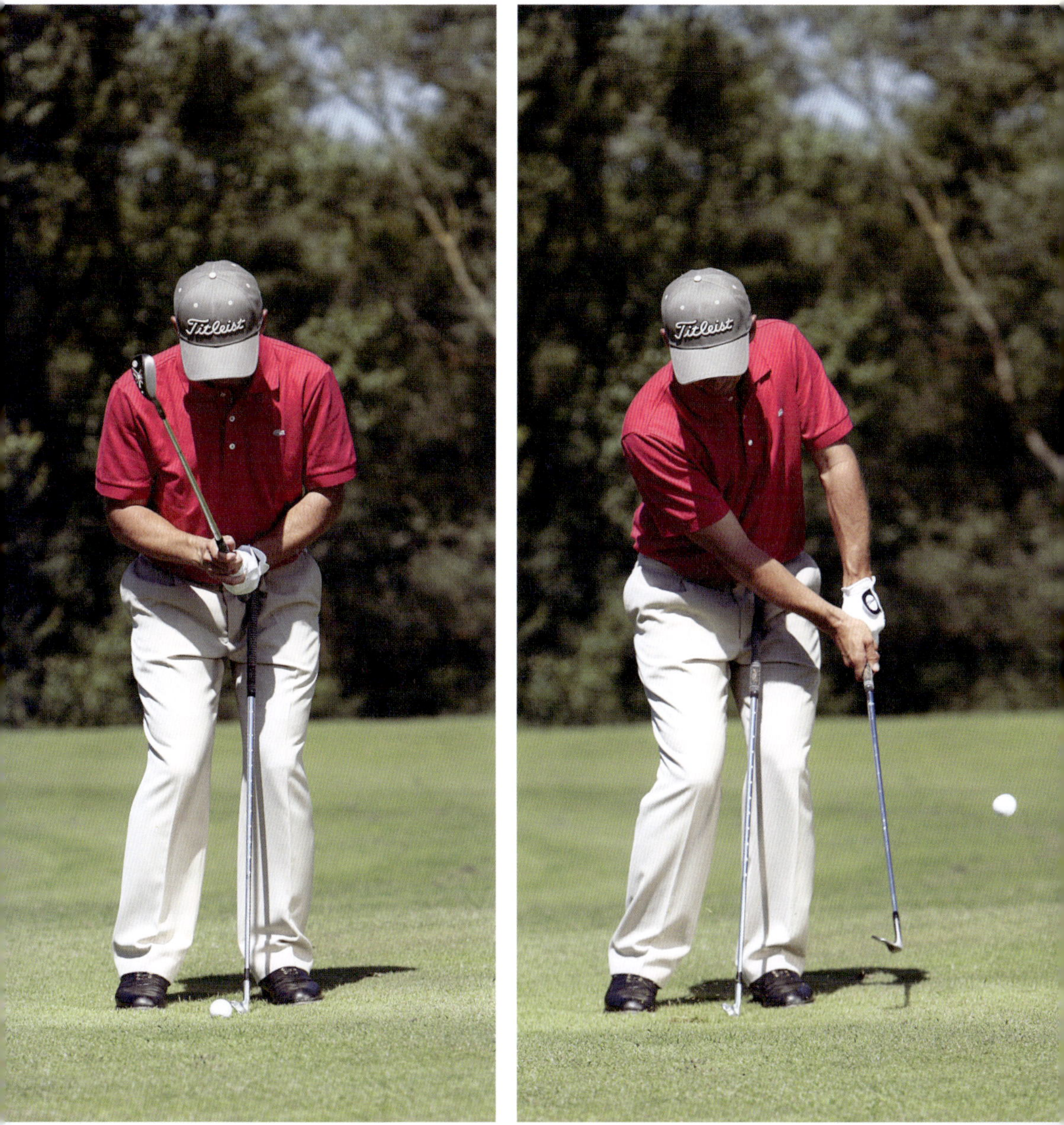

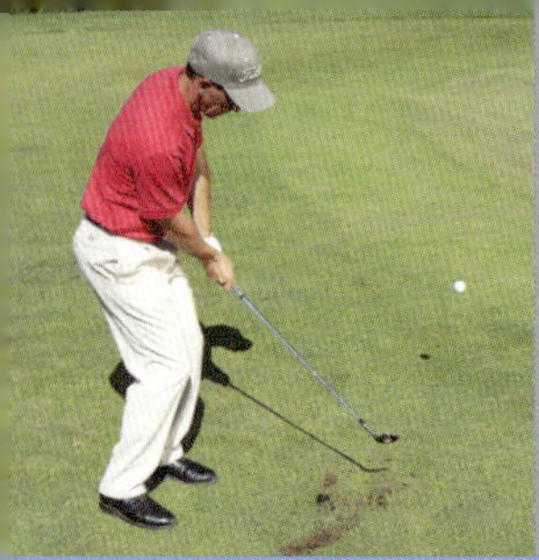

Übung Level 1

FEHLER

- Zu viel Bewegung aus den Händen.
- Zu dünn getroffener Ball.
- Die Schlagfläche schließt sich zu schnell.

ZIEL

- Festes linkes Handgelenk.
- Passive Hände.
- Bessere Schlagrichtung.

ÜBUNG

- *Klemmen Sie am linken Handrücken einen Stift unter das Uhrband.*
- *Am Ende des Schwungs zeigt der linke Handrücken zum Ziel.*

CHIP MIT STIFT

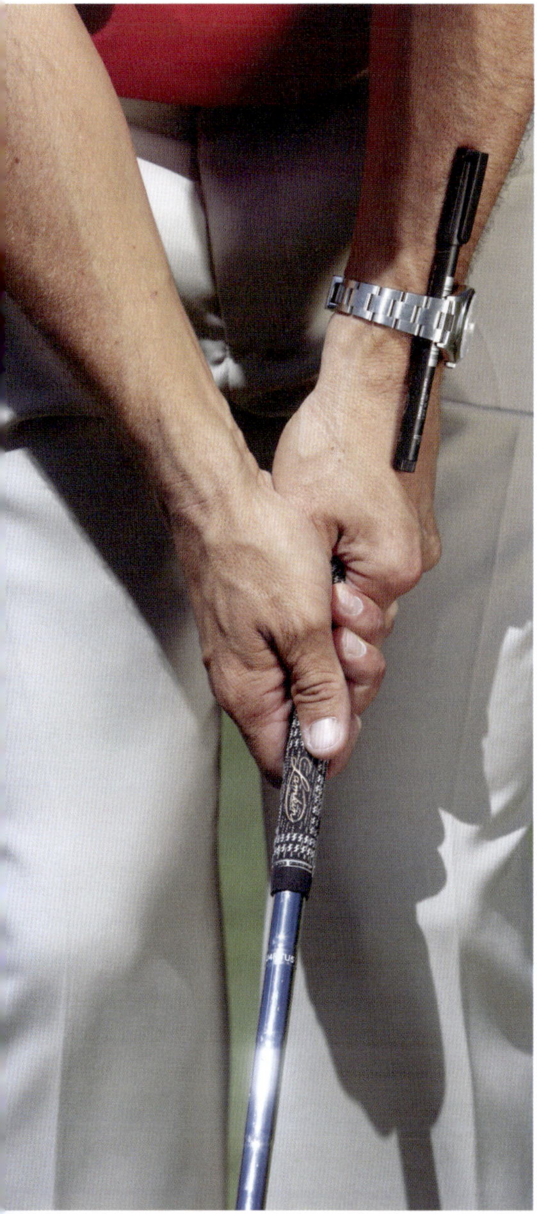

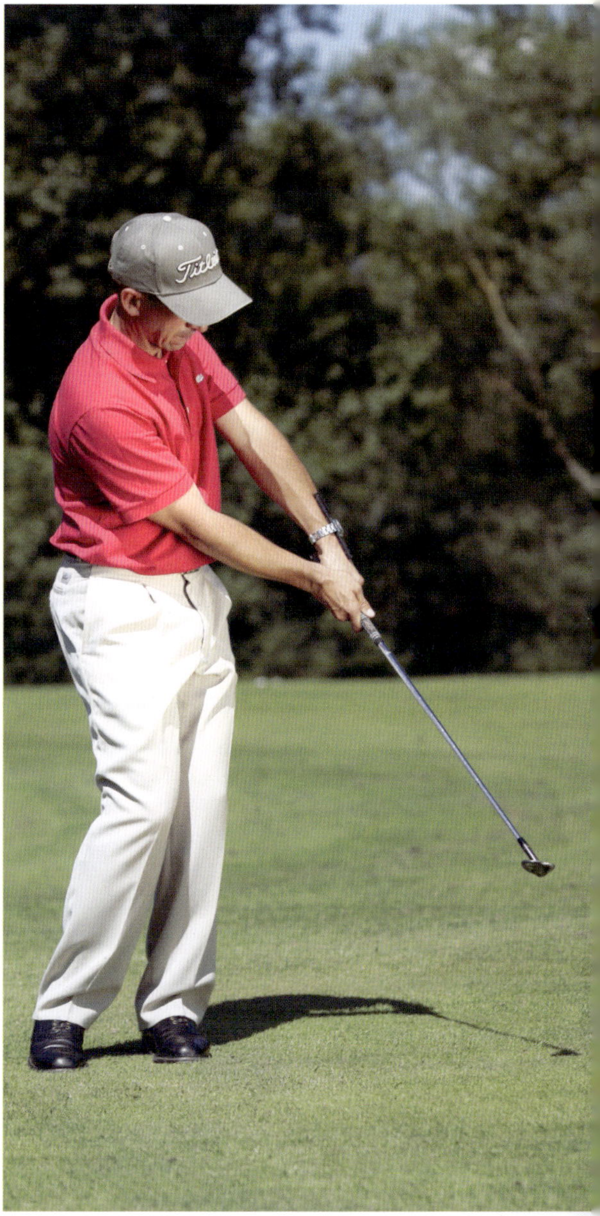

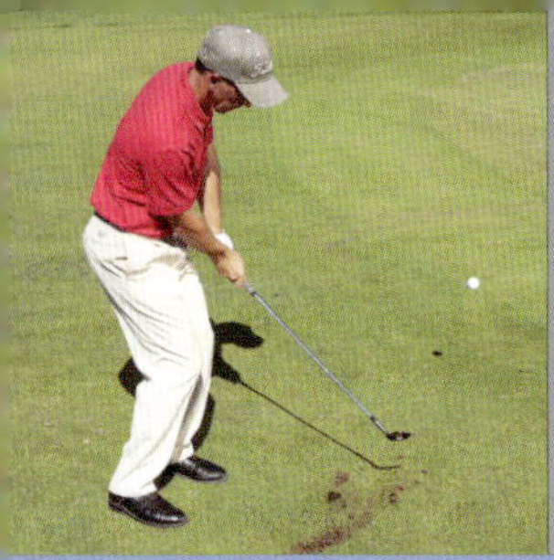

ÜBUNG LEVEL 2

FEHLER

- Ungleichmäßige Dosierung der Schläge.
- Schlechtes Gefühl für die Chiplänge.

ZIEL

- Bessere Dosierung.
- Besserer Bewegungsablauf durch Chips auf ein größeres Ziel.
- Konstante Schlaglänge.

ÜBUNG

- *Legen Sie ein Handtuch auf den Boden, auf dem die Chips landen sollen.*
- *Machen Sie die Übung mit verschiedenen Schlägern und mehreren Bällen, um den Bewegungsablauf zu verinnerlichen.*

CHIP AUF EIN HANDTUCH

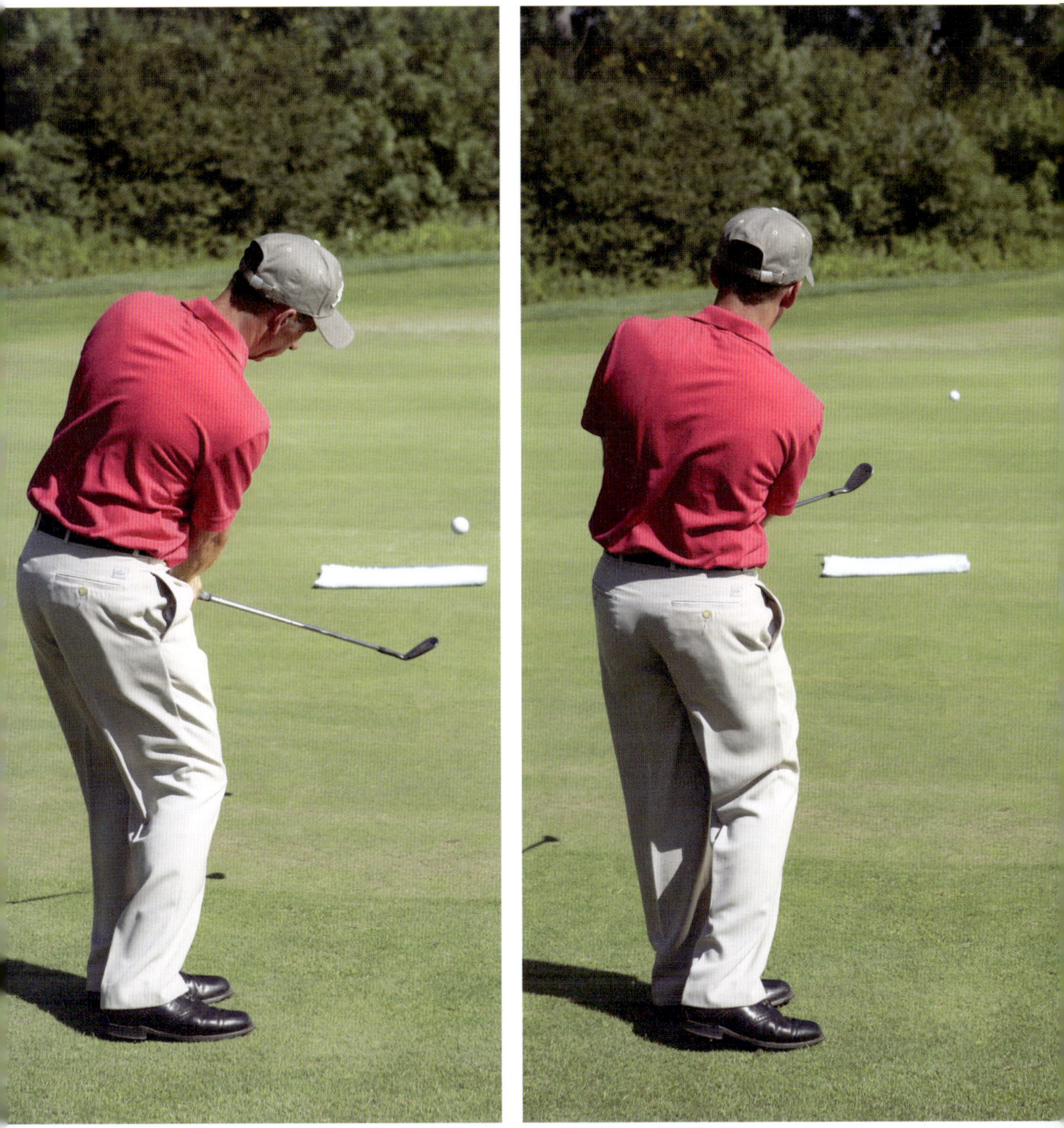

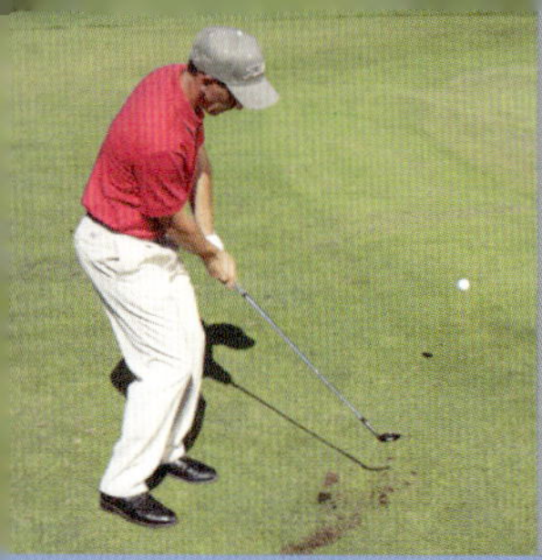

Übung Level 2

FEHLER

- Schlechte Dosierung der Schläge.
- Ungünstiger Bewegungsablauf.
- Schlechte Einschätzung der Distanz.

ZIEL

- Bessere Dosierung und flüssiger Bewegungsablauf.
- Visualisierung von Zielen in unterschiedlicher Entfernung.

ÜBUNG

- *Legen Sie mehrere Ziele (Handtücher, Golfmützen, Handschuhe etc.) auf den Boden, auf denen die Chips landen sollen.*
- *Machen Sie die Übung mit unterschiedlichen Schlägern und variieren Sie die Distanzen.*

CHIP AUF MEHRERE HANDTÜCHER

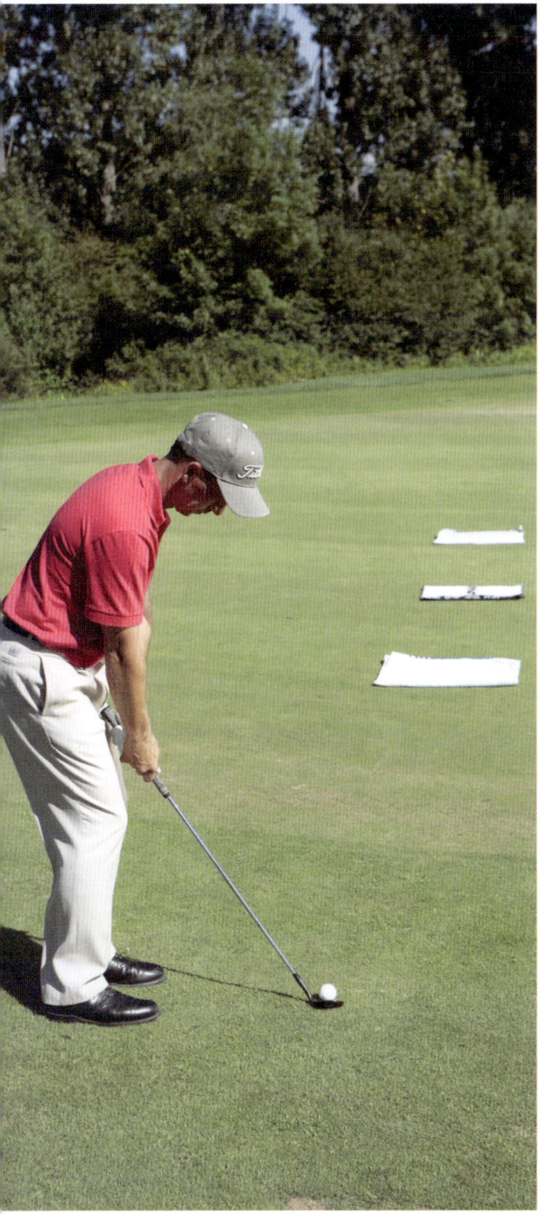

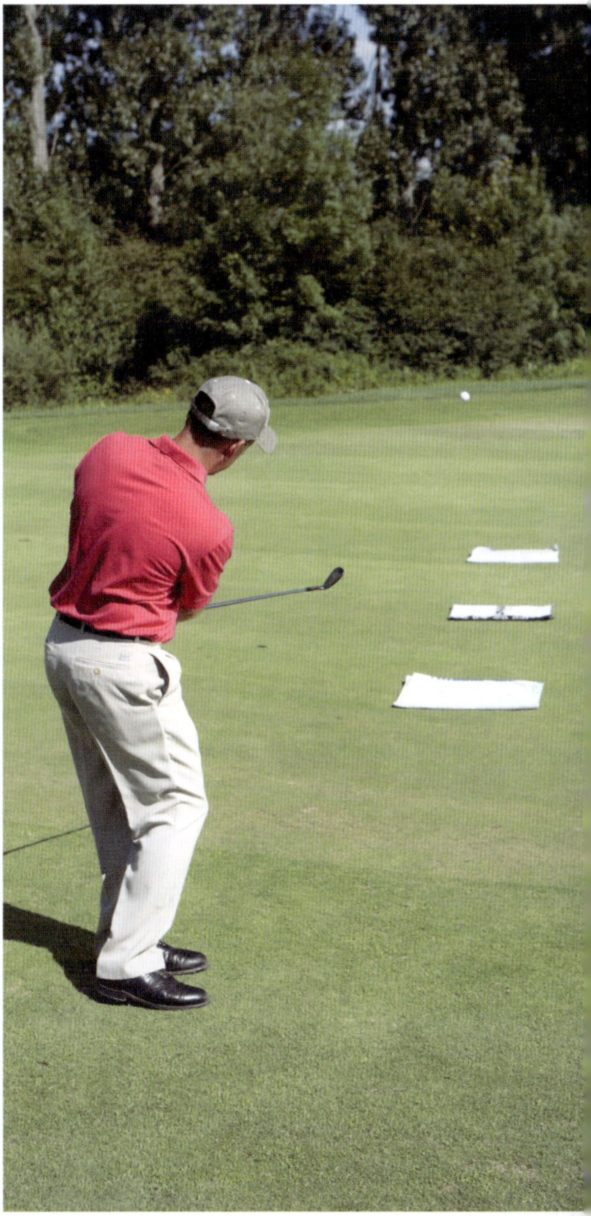

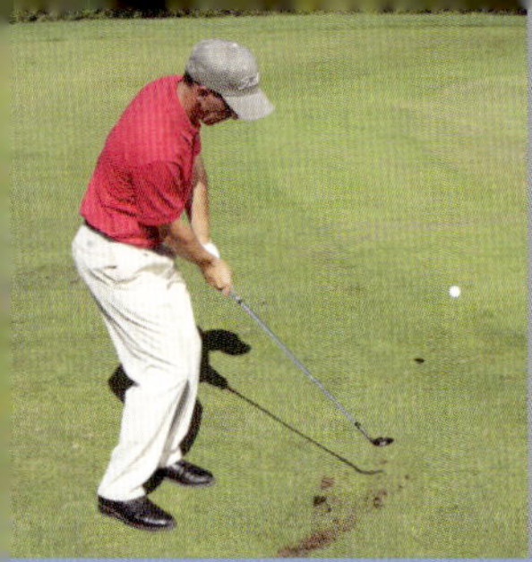

Übung Level 2

FEHLER

- Zu viel Bewegung aus den Händen.
- Zu passiver Körper beim Schwung.

ZIEL

- Der Schlägerkopf soll hinter den Händen bleiben.
- Ballkontakt und Dosierung sollen gleichmäßiger werden.

ÜBUNG

- *Legen Sie einen Schaft an den Schlägergriff und greifen Sie den Schläger dann wie gewohnt.*
- *Sie können die richtige Bewegung auch fühlen, wenn Sie in der Griffmitte ein Stück Holz anlegen und mit den Händen fassen.*

SANDWEDGE MIT VERLÄNGERTEM SCHAFT

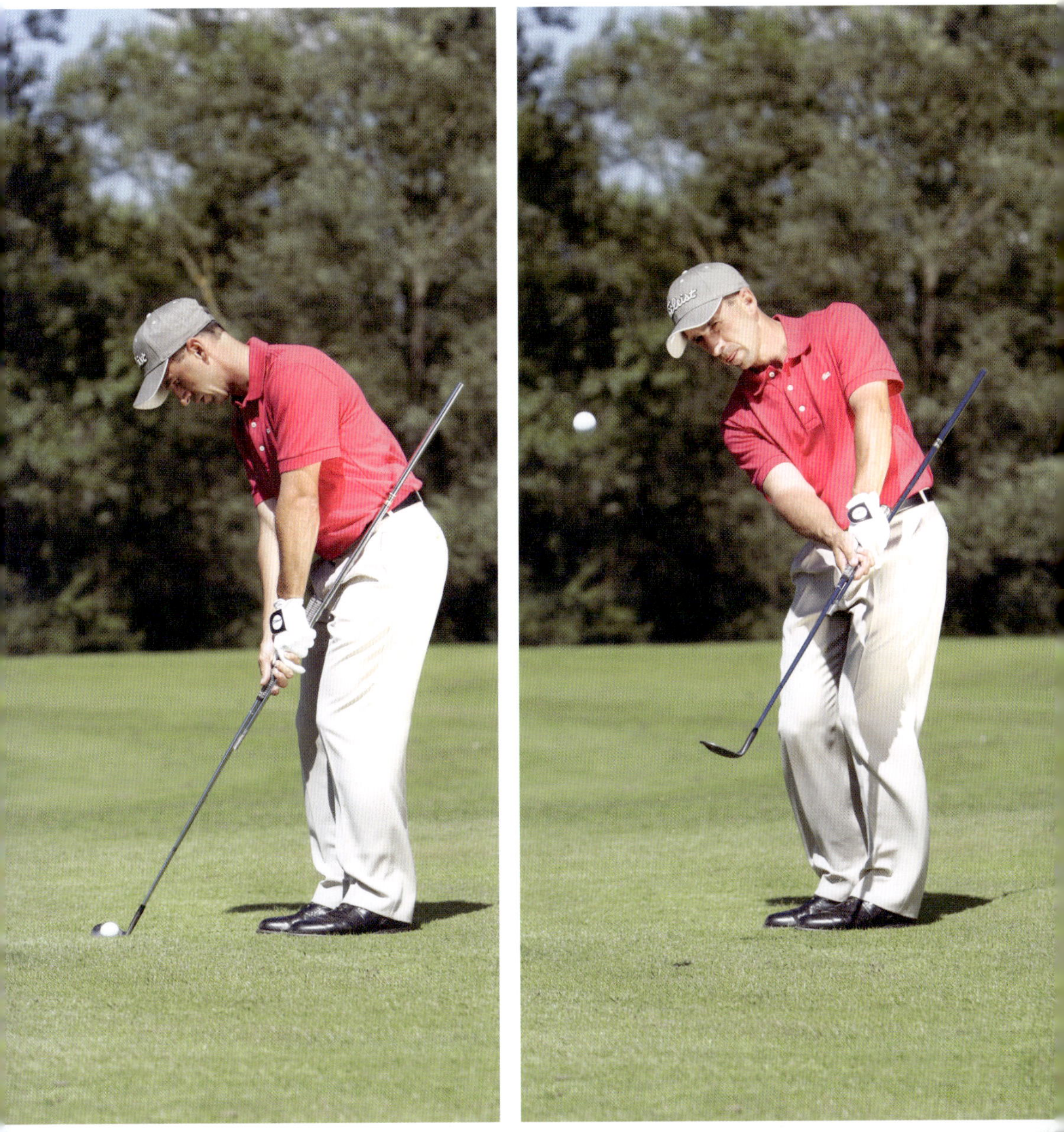

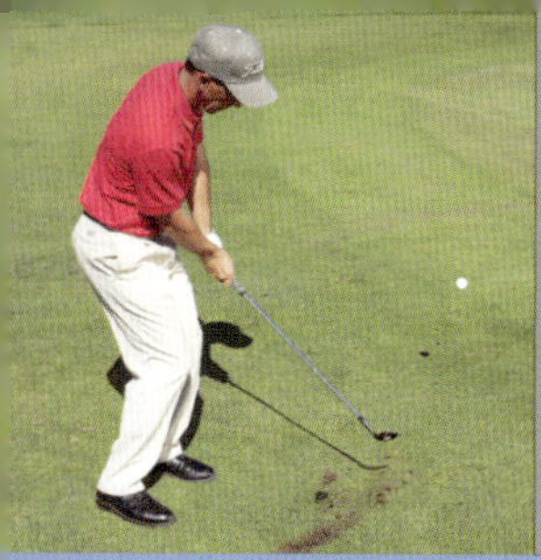

ÜBUNG LEVEL 2

FEHLER

- Zu dünn getroffener Ball.
- Chip aus den Händen heraus.
- Zu wenig Körperdrehung im Durchschwung.

ZIEL

- Kurzes Finish.
- Solider Ballkontakt.
- Optimale Körperbewegung.

ÜBUNG

- *Stecken Sie links vom Körper einen Schlägerschaft in den Boden.*
- *Der Schläger soll den Schaft im Durchschwung nicht oder nur leicht berühren.*
- *Je mehr sich der Körper zum Ziel dreht, desto leichter wird ein kurzes Finish.*

CHIP GEGEN EINEN STAB

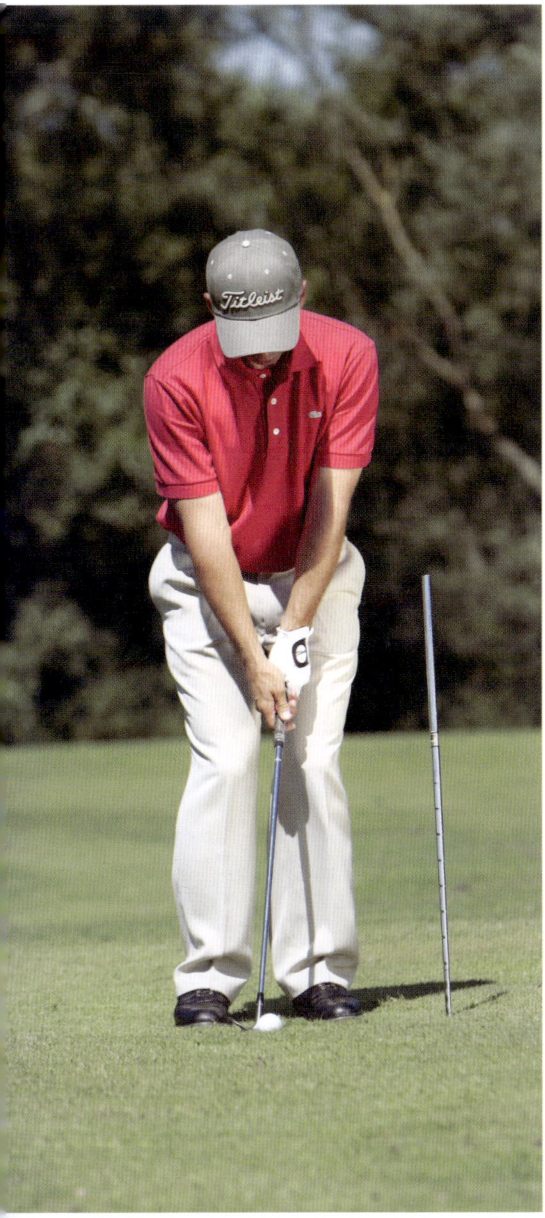

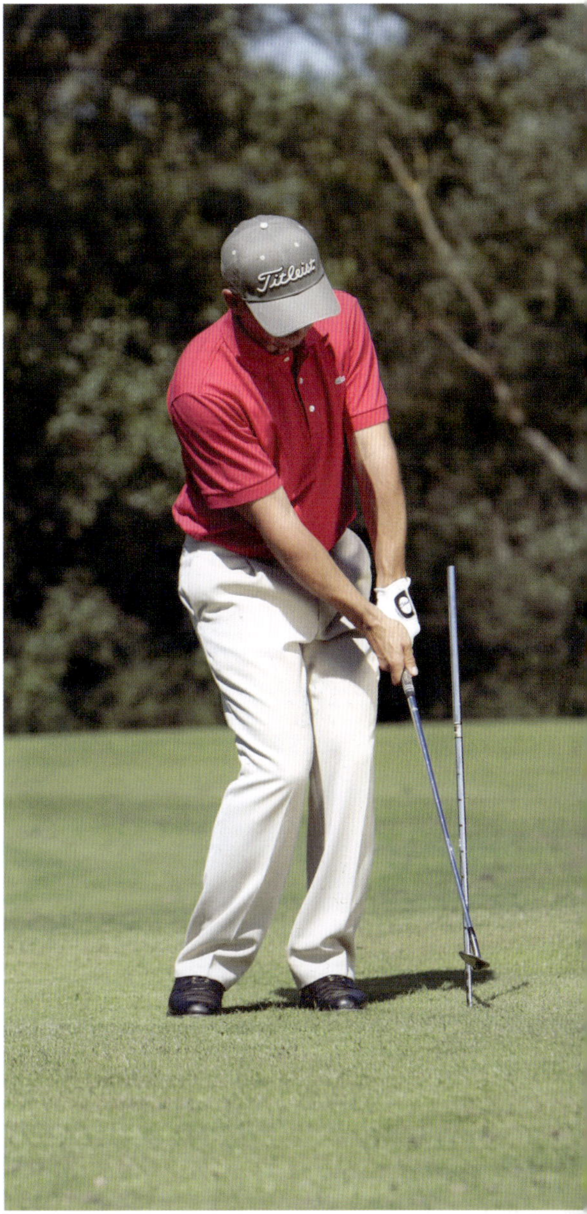

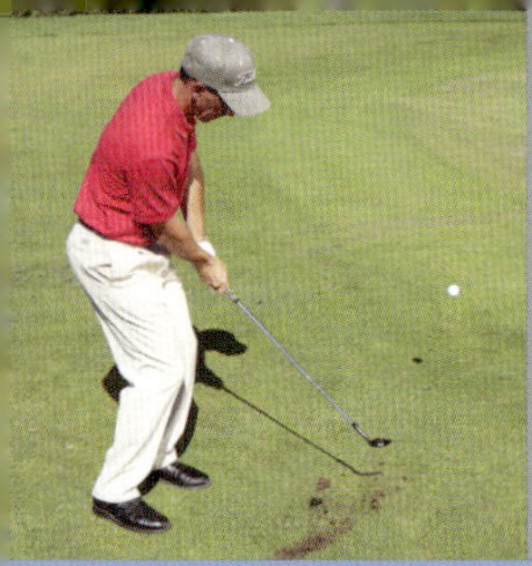

Übung Level 3

Fehler

- Zu dünn getroffener Ball.
- Shank.
- Zu niedriger Chip.

Ziel

- Besserer Ballkontakt.
- Höherer Chip.
- Sauberer Chip aus dem Rough.

Übung

- ***Stecken Sie ein Tee in das Griffende.***
- ***Am Ende des Rückschwungs zeigt das Tee zum Ball.***

SCHLAG MIT HILFSTEE

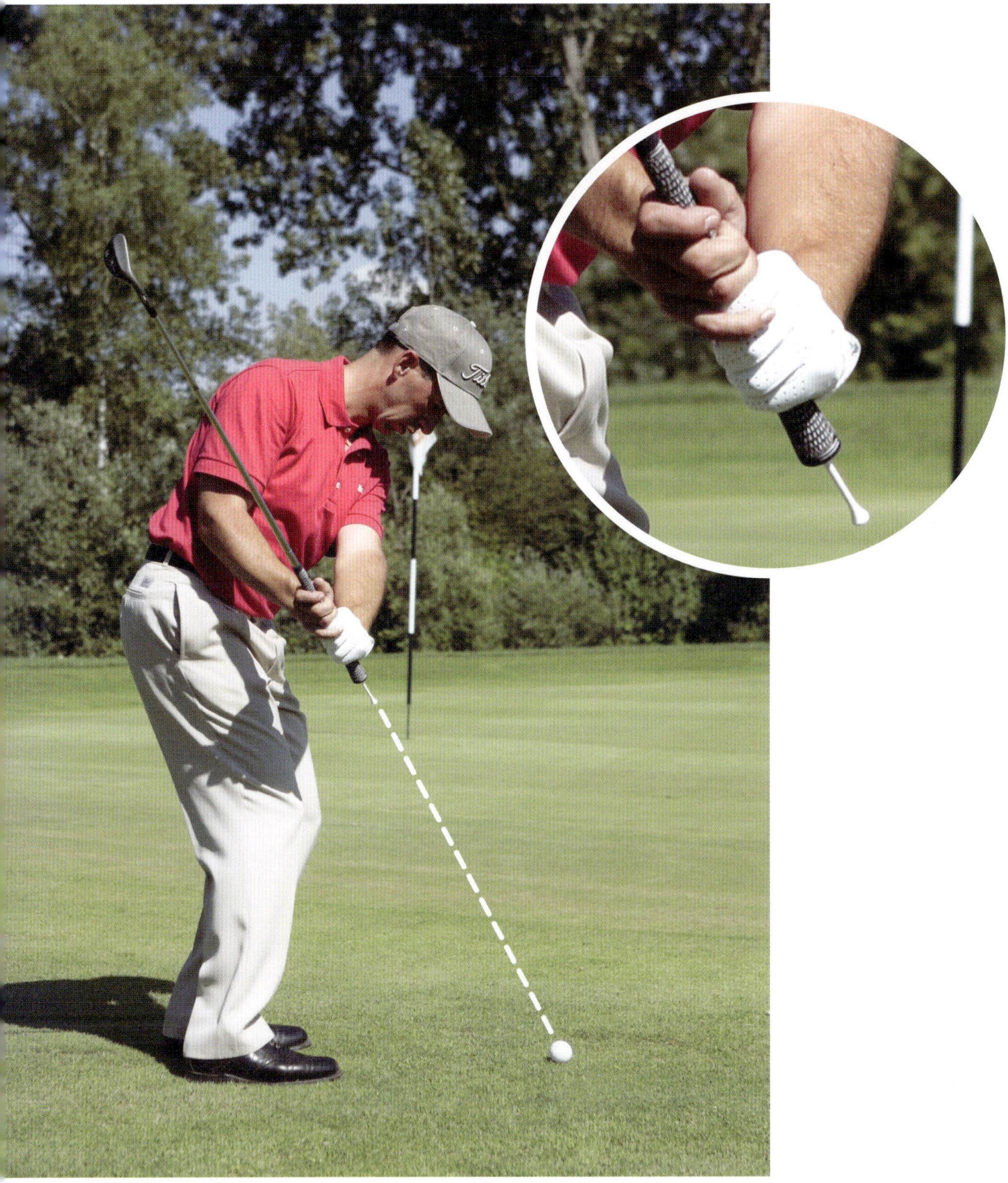

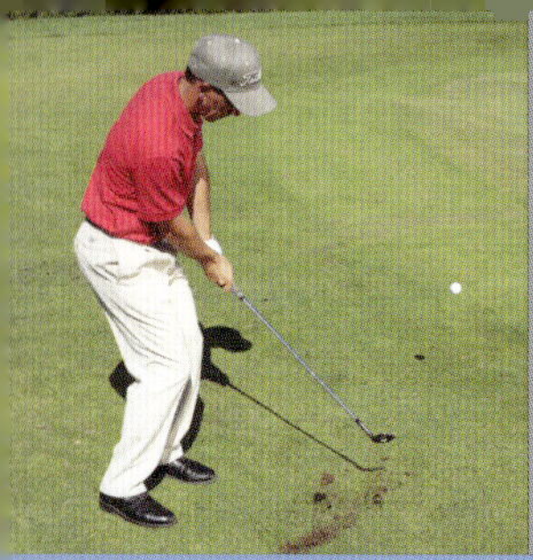

Übung Level 3

FEHLER

- Zu dünn getroffener Ball.

ZIEL

- Sauberer Schlag.
- Beschleunigung im Treffmoment.
- Präziser Ballkontakt.

ÜBUNG

- *Legen Sie den Ball in einem Divot ab.*
- *Der Ball wird durch das geöffnete Schlägerblatt aus dem Divot befördert und nicht zu dünn getroffen.*

SCHLAG AUS EINEM DIVOT

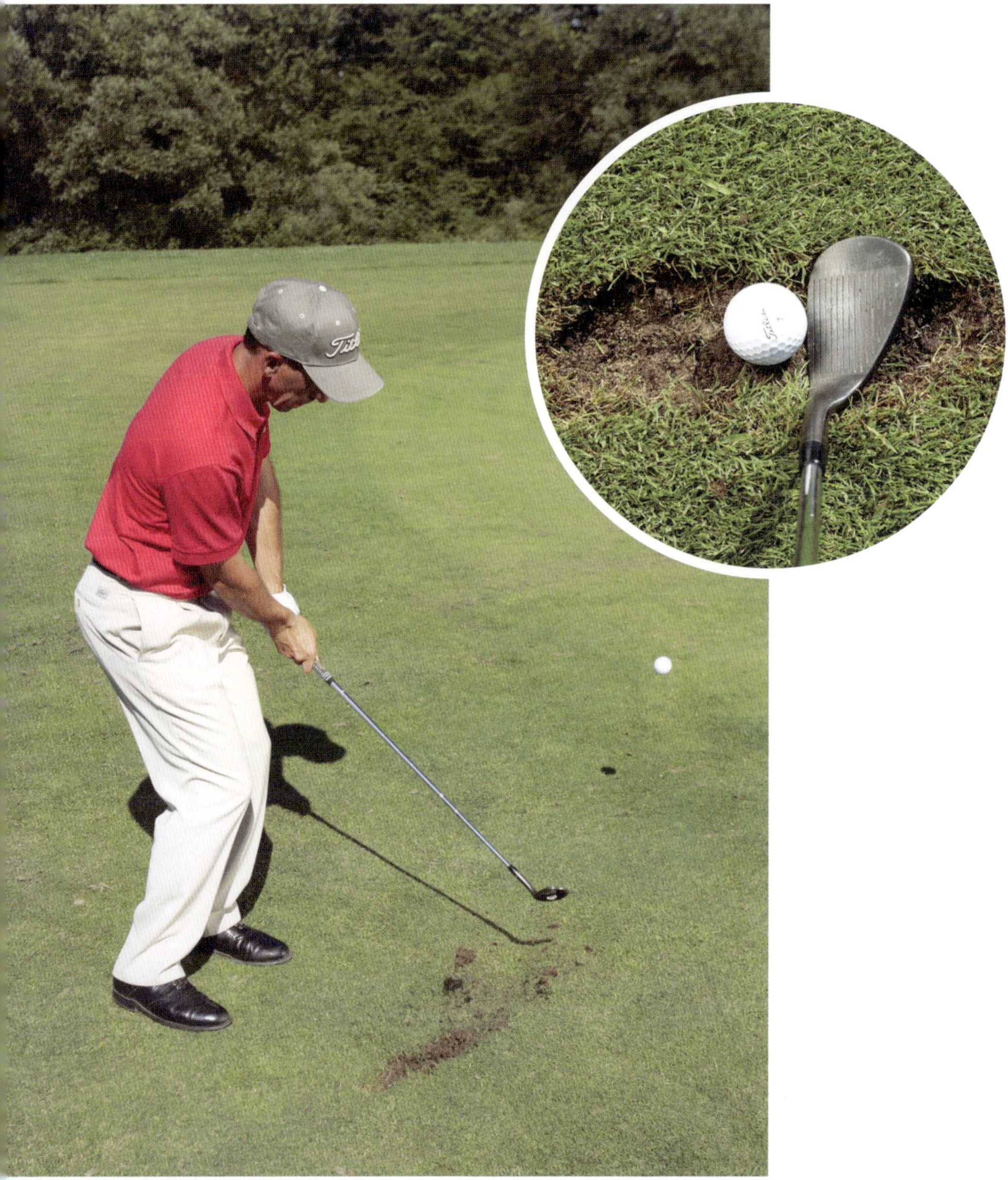

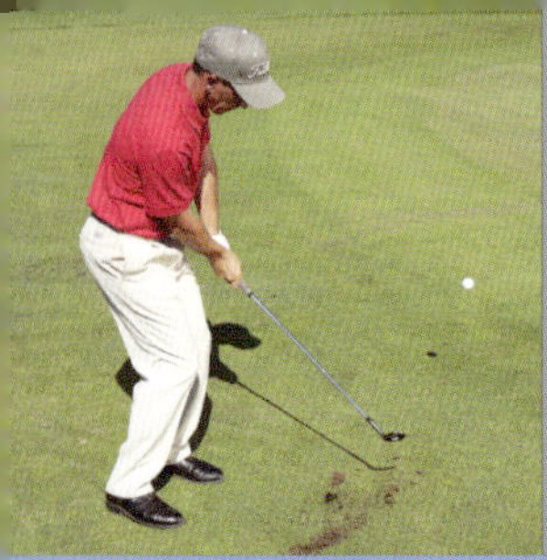

Übung Level 3

FEHLER

- Kein lockerer Schwung.
- Ruckartige Bewegung.
- Schlechter Ballkontakt.

ZIEL

- Zügiger und kontrollierter Schwung.
- Präziser Schlag und guter Ballkontakt.
- Besserer Schwungrhythmus.

ÜBUNG

- *Machen Sie einen normalen Rückschwung und einen möglichst langen Durchschwung nach dem Treffmoment.*
- *Variieren Sie die Rückschwunglänge, aber behalten Sie das lange Finish bei.*

ÜBUNG „LANGES FINISH“

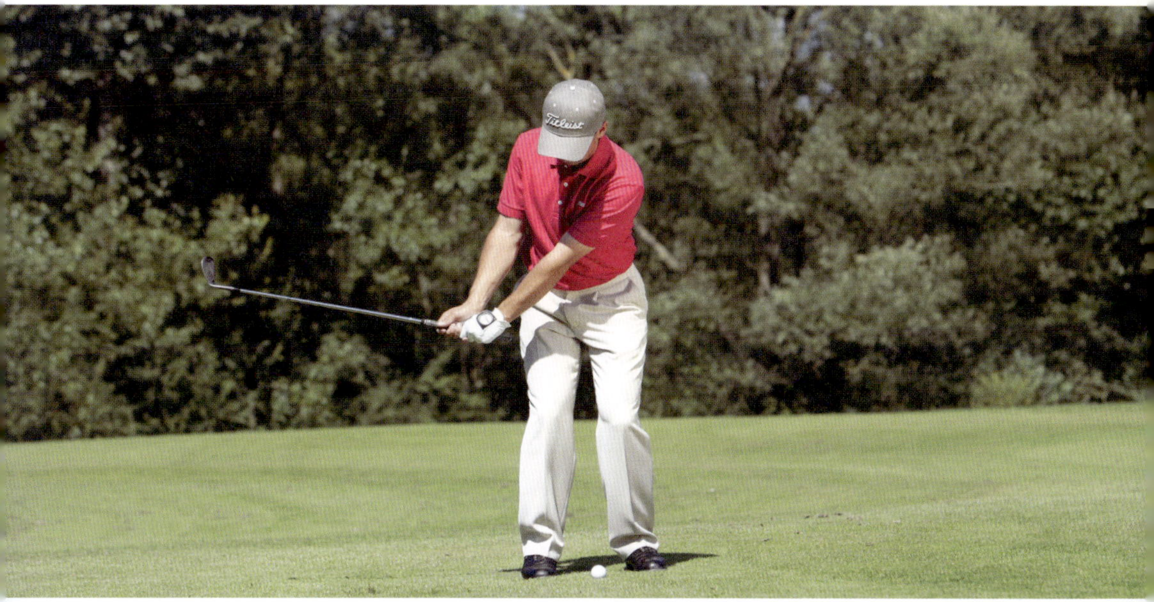

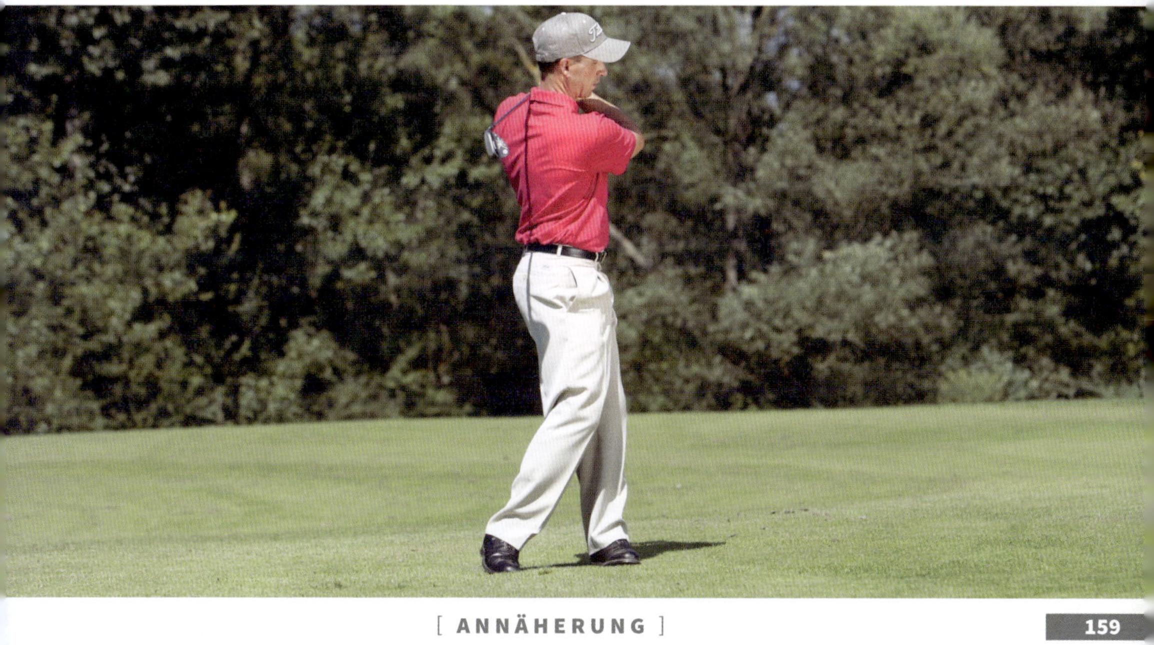

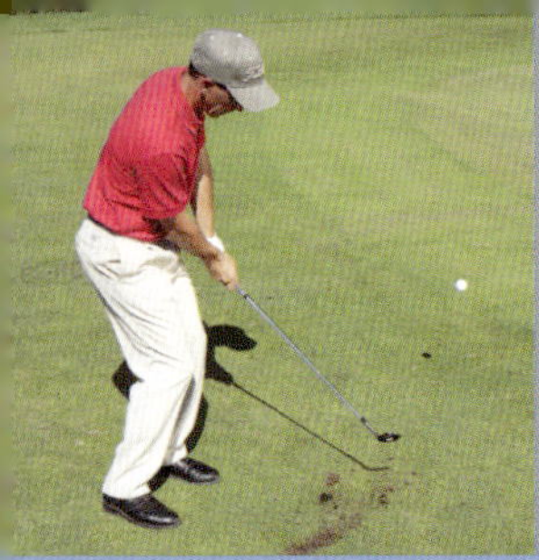

ÜBUNG LEVEL 3

FEHLER

- Schlechte Hand-Auge-Koordination.
- Kein lockerer Schlag.

ZIEL

- Weniger Gedanken an die Technik.
- Konzentration auf das Ziel.
- Bessere Distanzkontrolle.

ÜBUNG

- ***Sprechen Sie den Ball an und schauen Sie dann während des Schwungs immer zum Ziel.***

CHIP MIT BLICK AUF DAS ZIEL

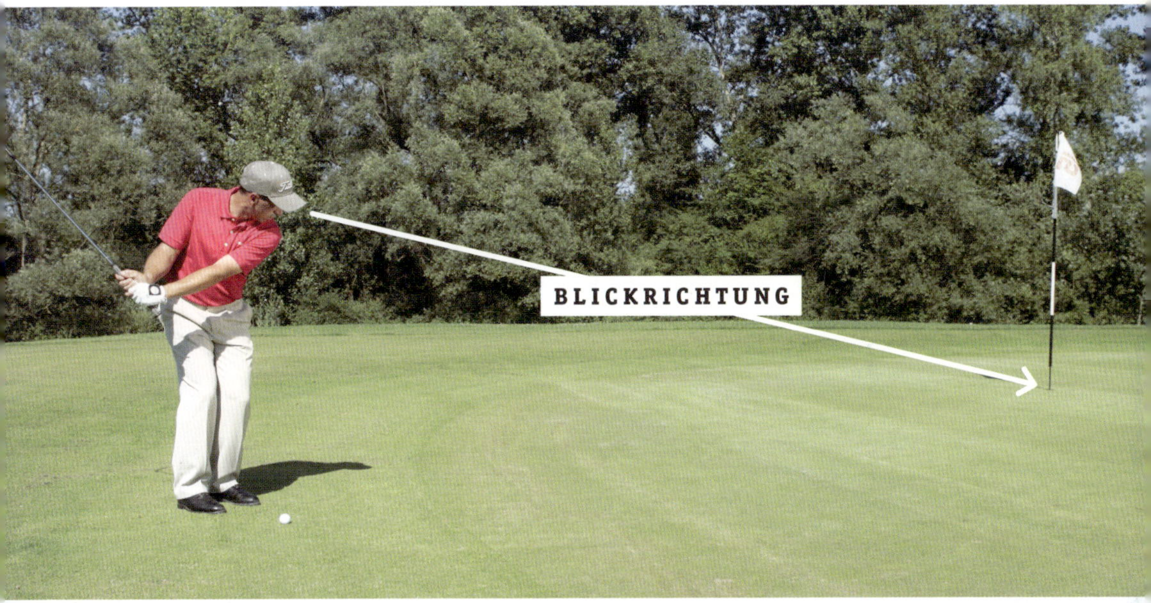

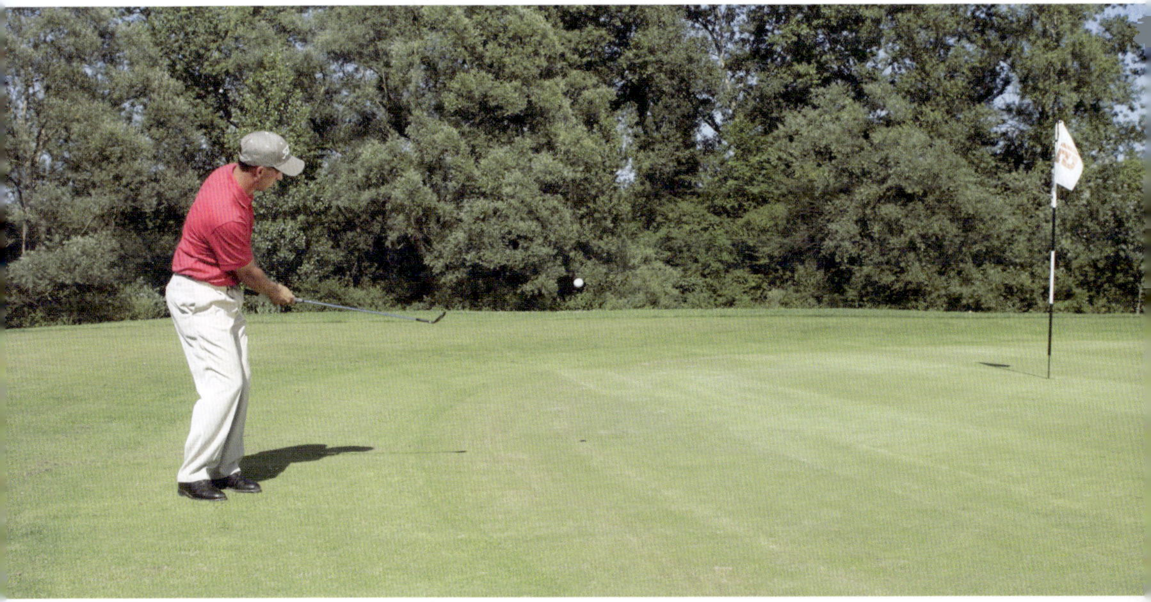

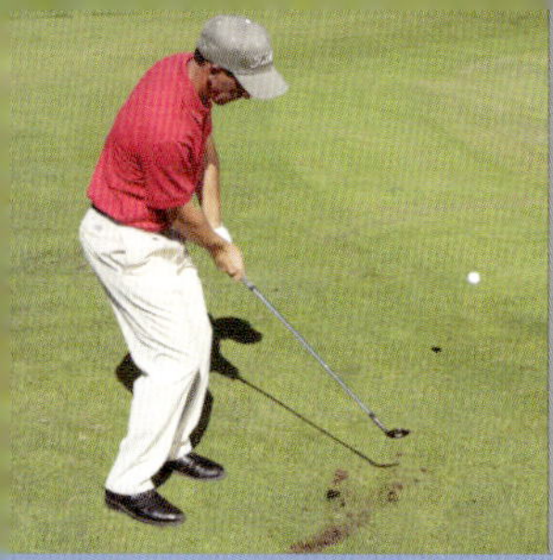

Übung Level 2–3

FEHLER

- Schlechte Visualisierung der Ballflugkurve.
- Angst vor einem Hindernis.

ZIEL

- Variable Flugkurve.
- Visualisieren des Schlags.
- Kreative Schläge.

ÜBUNG

- *Stellen Sie das Golfbag vor sich hin.*
- *Nehmen Sie einen Schläger mit hohem Loft für Schläge über die Tasche und einen Schläger mit geringem Loft für Schläge unter der Tasche durch.*
- *Sie können die Schläge auch mit nur einem Schläger ausführen und jeweils die Ansprechposition ändern.*

CHIP DARÜBER UND DARUNTER

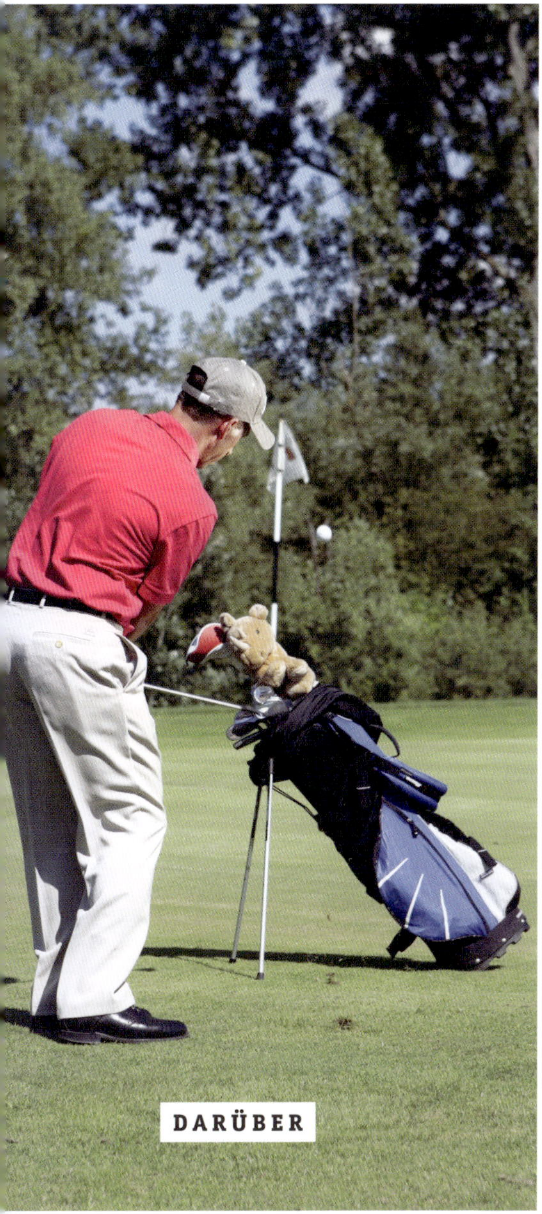

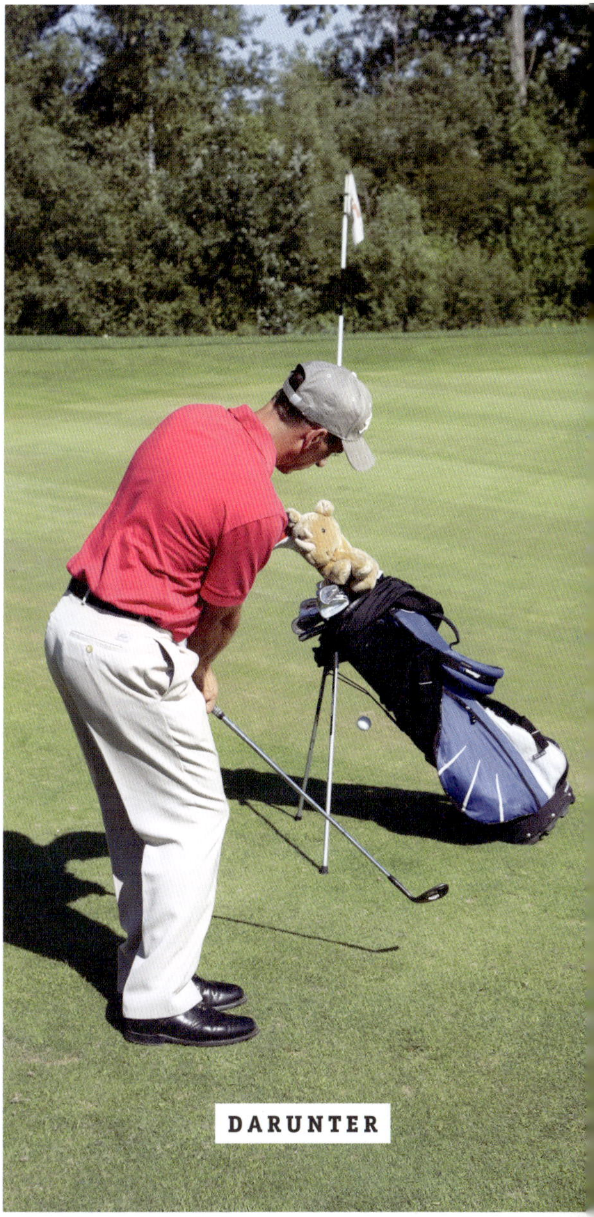

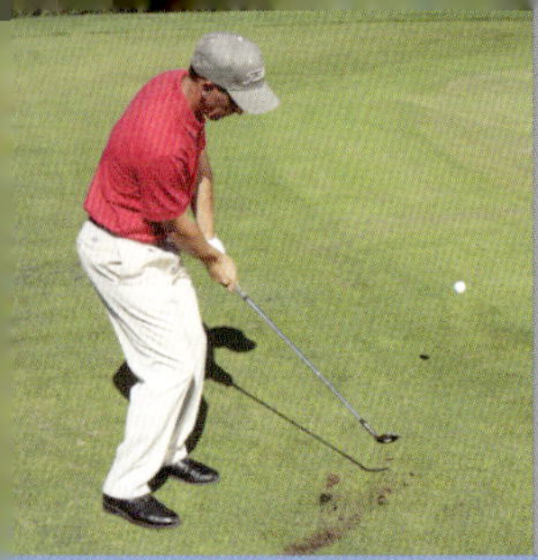

Übung Level 3

FEHLER

- Wenig Körperdrehung.
- Zu niedriger Ball.
- Schwung zu sehr nach innen.

ZIEL

- Schwung mit optimaler Körperdrehung.
- Ausrichtung des Oberkörpers zum Ziel nach dem Treffmoment, damit die Schlagfläche offen bleibt.

ÜBUNG

- ***Schlagen Sie mit einem Eisen 8 oder 7 einen hohen, relativ kurzen Ball.***
- ***Das Körpergewicht liegt dabei mehr auf dem vorderen Bein.***
- ***Der Körper ist zum Ziel hin offen ausgerichtet.***

CHIP MIT OFFENEM SCHLÄGERBLATT

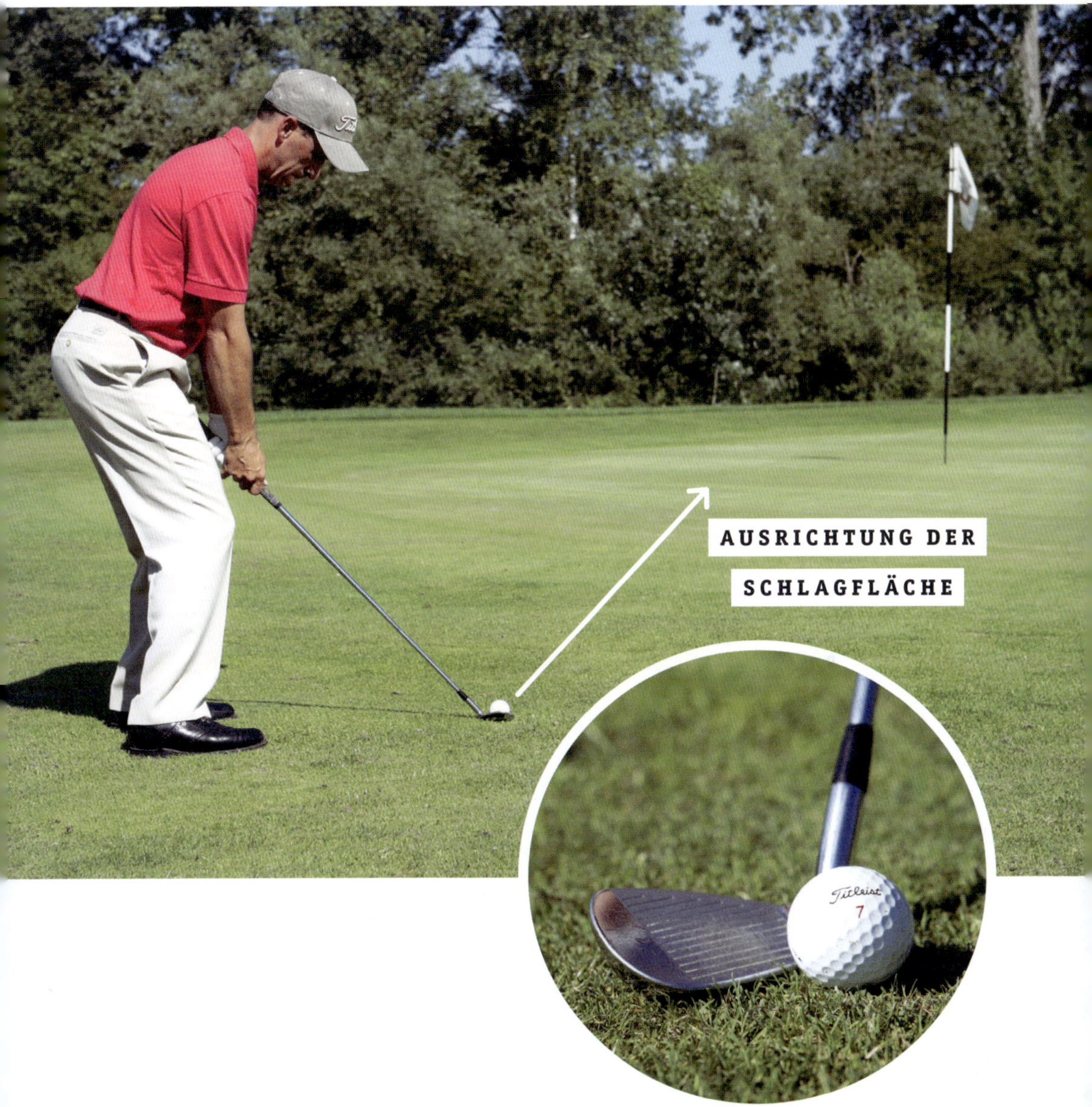

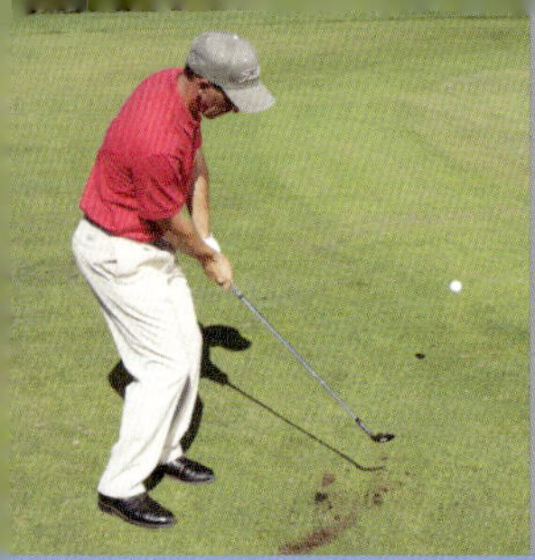

Trainingseinheit

5–7'

BALLKONTAKT (1 VON 3)

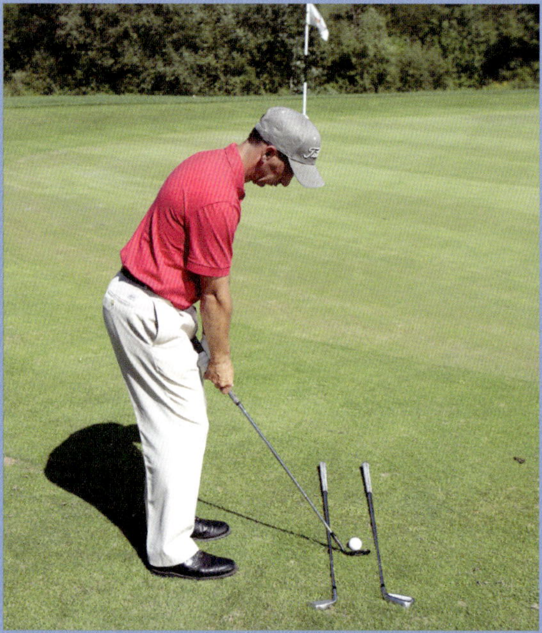

ZIEL

- *Optimale Bewegungslinie des Schlägerkopfs durch korrekte Ausrichtung.*
- *Der Schlägerkopf bewegt sich im Rück- und Durchschwung zwischen den beiden am Boden platzierten Schlägern.*

TRAININGSEINHEIT 5–7'

BALLKONTAKT (2 VON 3)

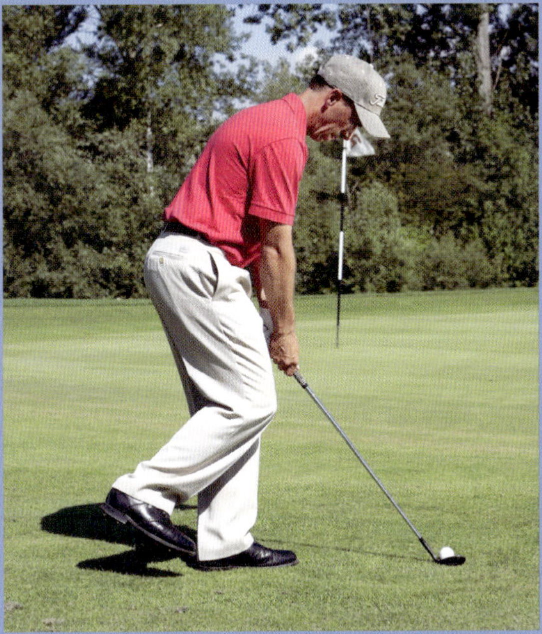

ZIEL

- *Besserer Angriffswinkel des Schlägerkopfs auf den Ball.*
- *Besseres Gefühl für die seitliche Stabilität und Drehung des Körpers hin zum Ziel.*

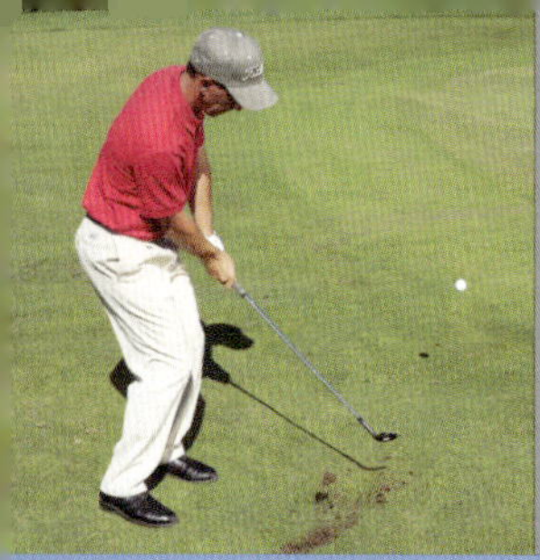

Trainingseinheit

5–7'

BALLKONTAKT (3 VON 3)

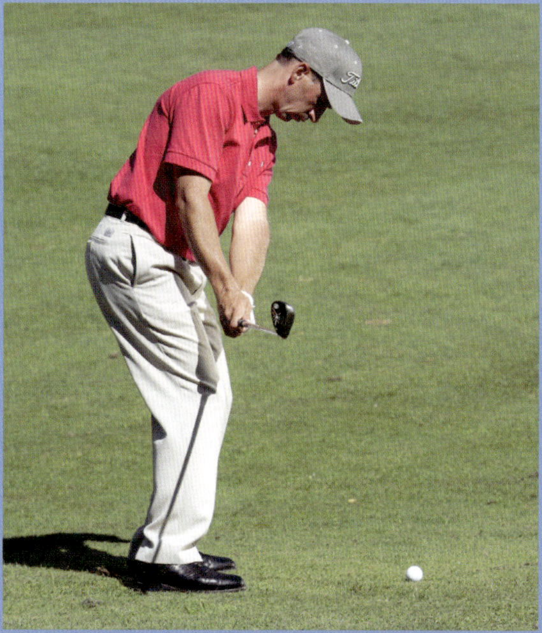

ZIEL

- *In dieser Position müssen Schwungkurve und Angriffswinkel optimal sein, um den Ball sauber zu treffen.*
- *Korrekte Ausrichtung der Schultern im Verhältnis zur Schräge und etwas mehr Körpergewicht auf dem vorderen Bein.*

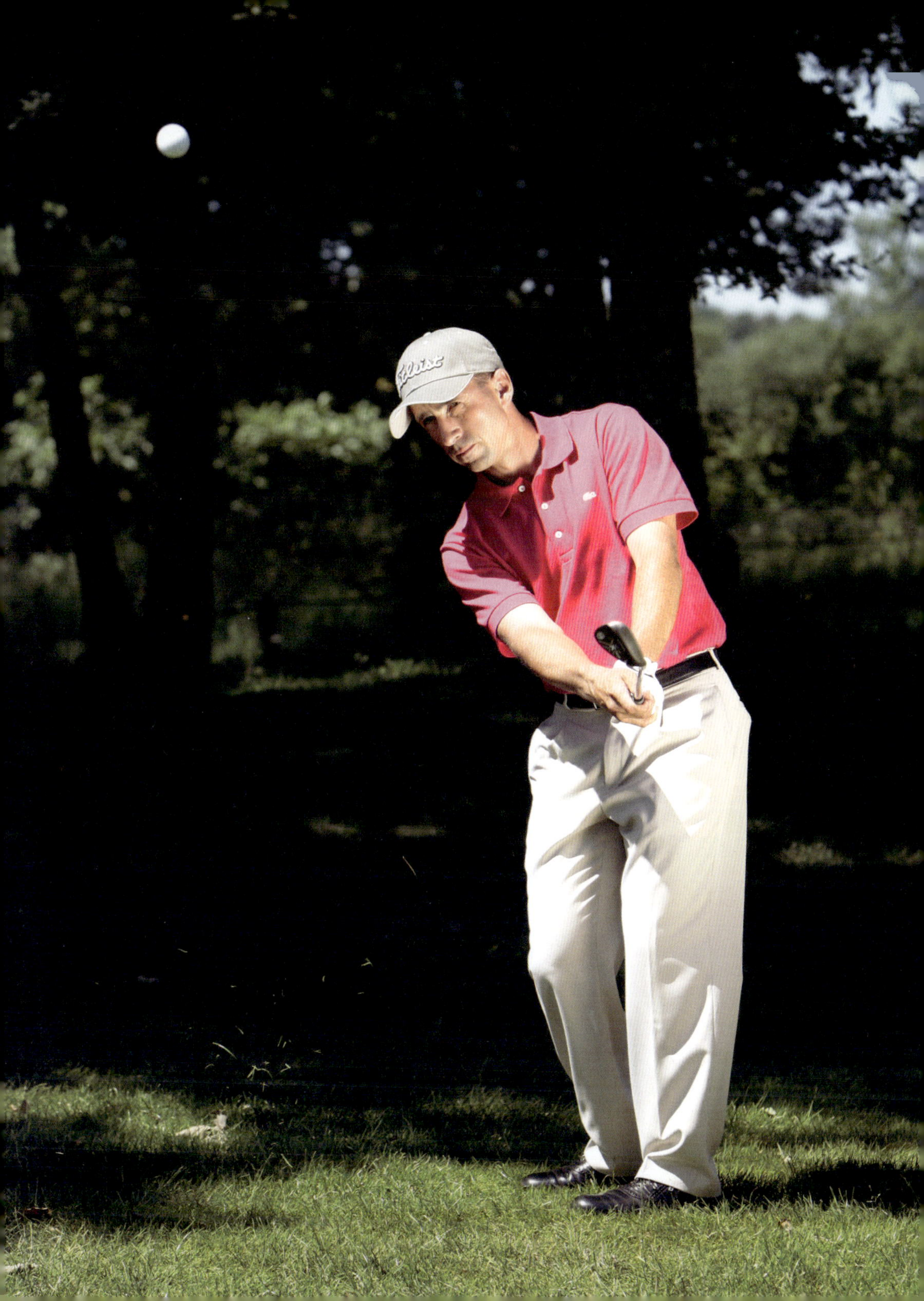

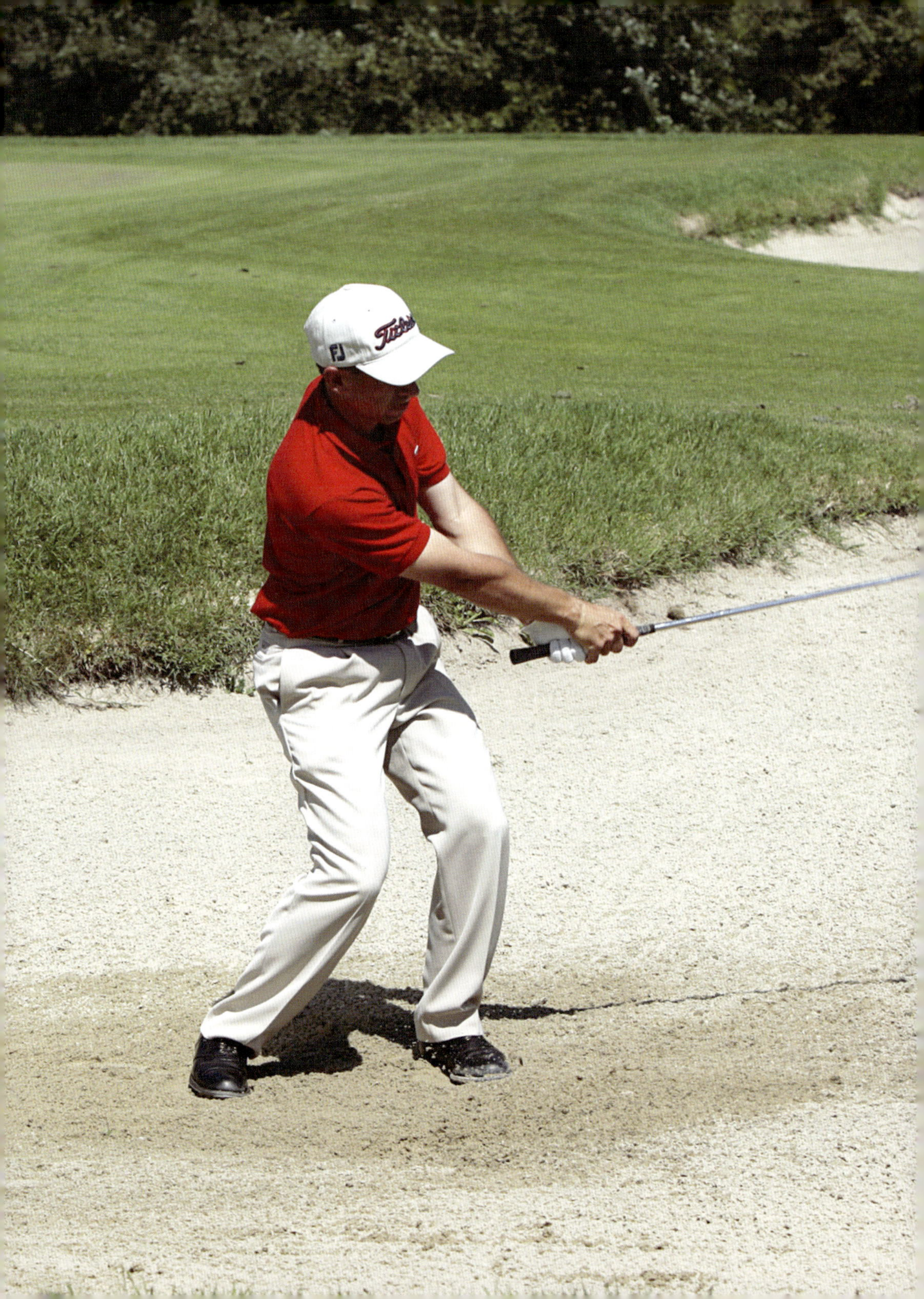
FJ

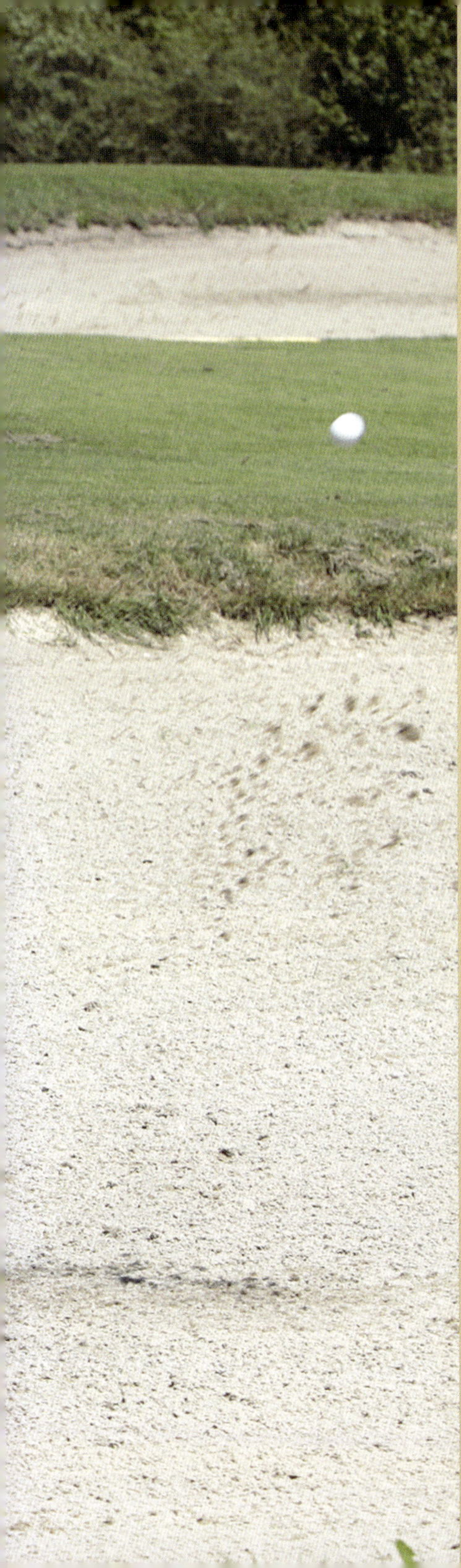

BUNKERSPIEL

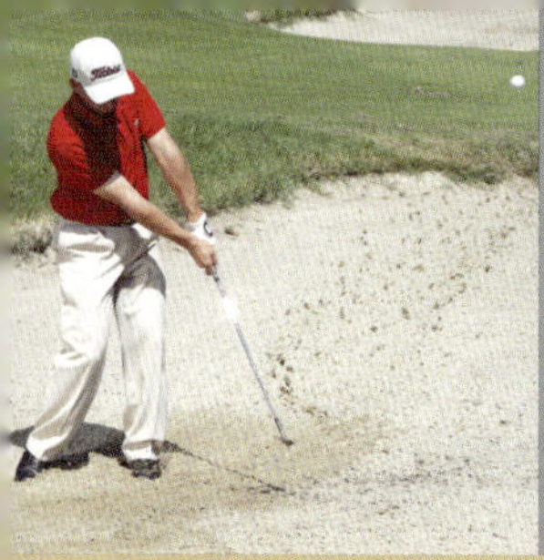

Übung Level 1

FEHLER

- Zu dünn getroffener Ball.
- Zu kurzer Ball.
- Getoppter Ball.

ZIEL

- Guter Schlag durch den Sand.
- Stabile Beine.
- Konstantere Schläge aus dem Bunker.

ÜBUNG

- ***Schieben Sie die Knie leicht in Schlagrichtung, damit etwas mehr Gewicht auf dem vorderen Bein liegt.***

GUTE POSITION IM BUNKER

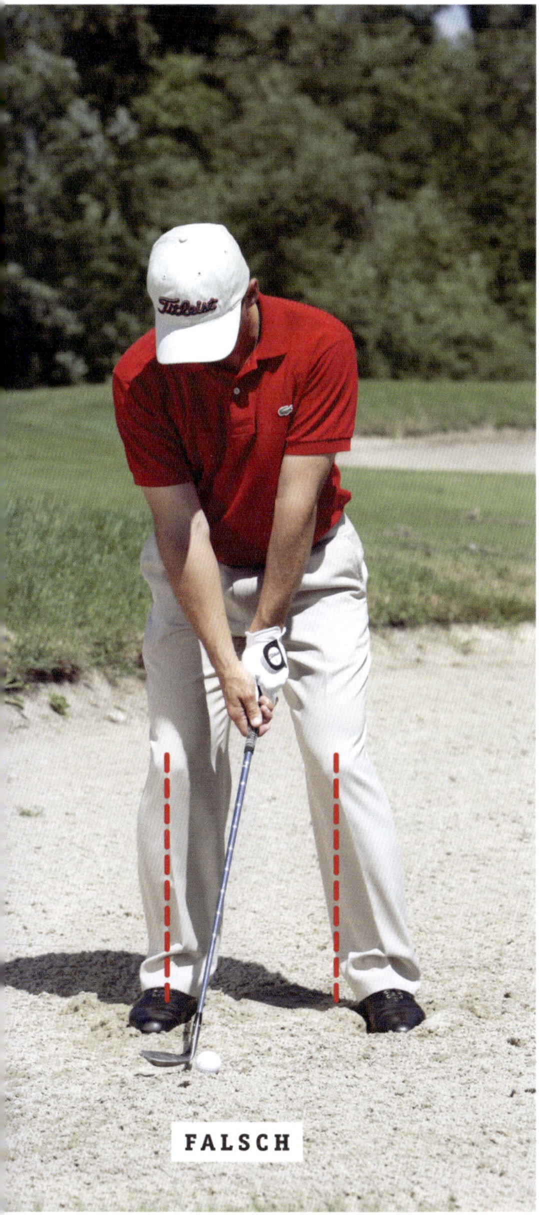

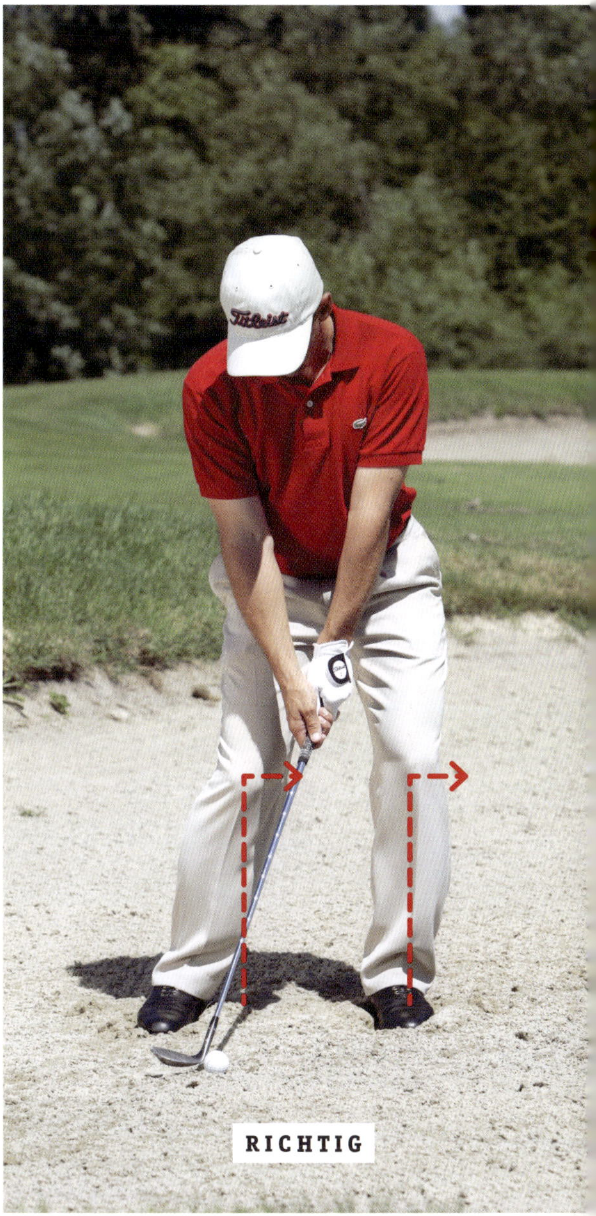

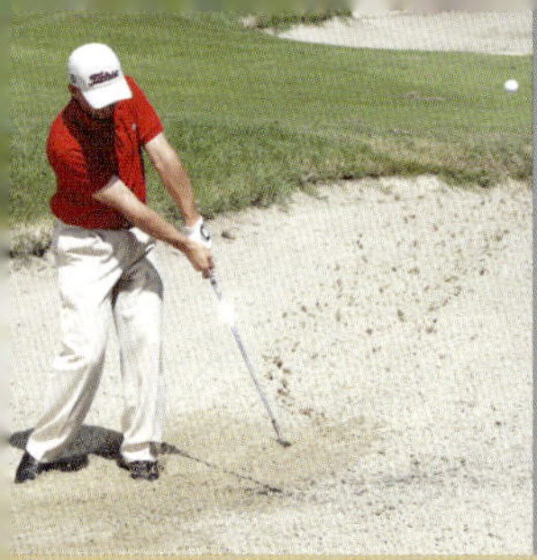

Übung Level 1

FEHLER

- Angst vor dem Sand.
- Zu wenig Beschleunigung.
- Zu dünn getroffener Ball.

ZIEL

- Richtiger Schlag durch den Sand.
- Ball wird durch die offene Schlagfläche aus dem Bunker gehoben.
- Optimale Schwunggeschwindigkeit.

ÜBUNG

- *Legen Sie den Ball knapp neben die Bunkerkante.*
- *Richten Sie die Schlagfläche zum Ziel aus und lassen Sie den Schlägerkopf einige Zentimeter vor dem Ball in den Sand gleiten.*

SCHLAG AN DER BUNKERKANTE

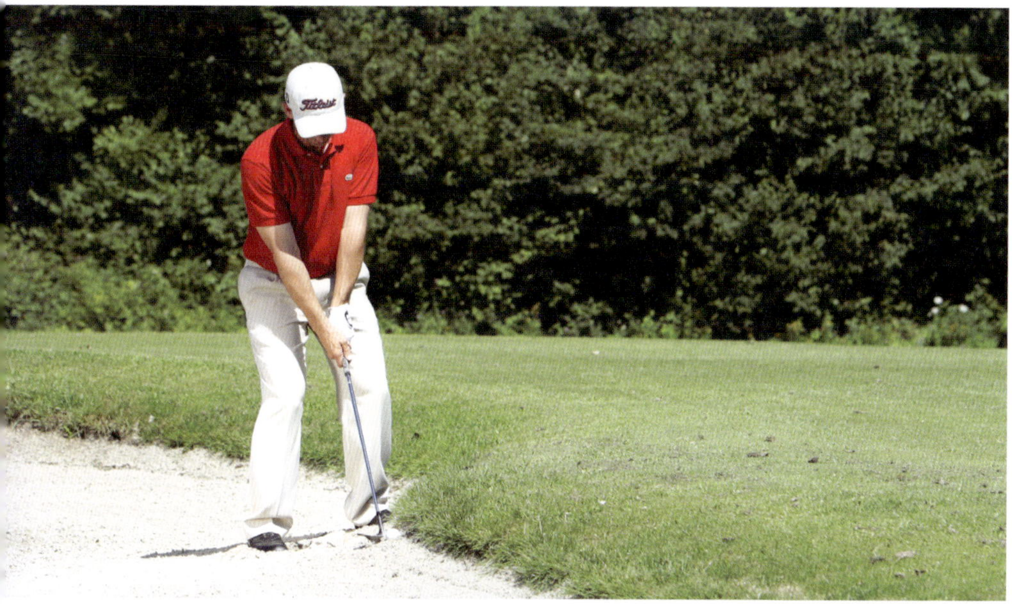

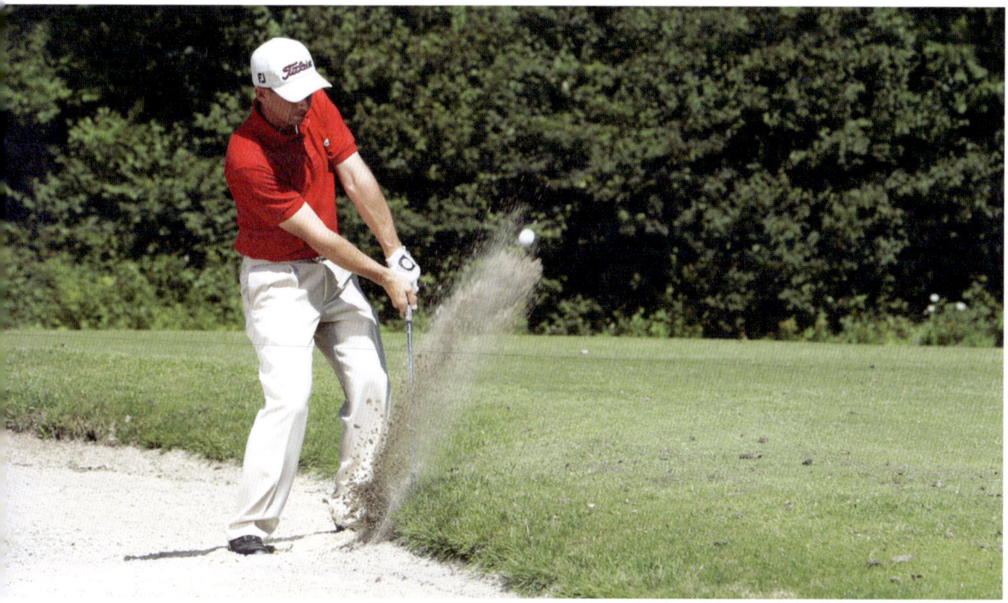

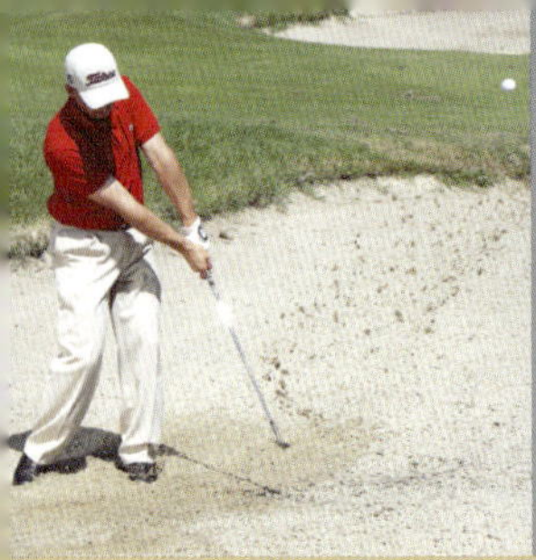

Übung Level 2

FEHLER

- Angst vor dem Sand.
- Zu geringe Beschleunigung.

ZIEL

- Aggressiverer Schlag.
- Besserer Angriffswinkel.

ÜBUNG

- *Drücken Sie den Ball etwas in den Sand.*
- *Bei diesem Schlag ist keine Rotation der Handgelenke nötig.*
- *Schwingen Sie kurz und mit Selbstvertrauen.*
- *Mit der richtigen Beschleunigung befördern Sie jeden Ball aus dem Bunker.*

EINGEGRABENER BALL

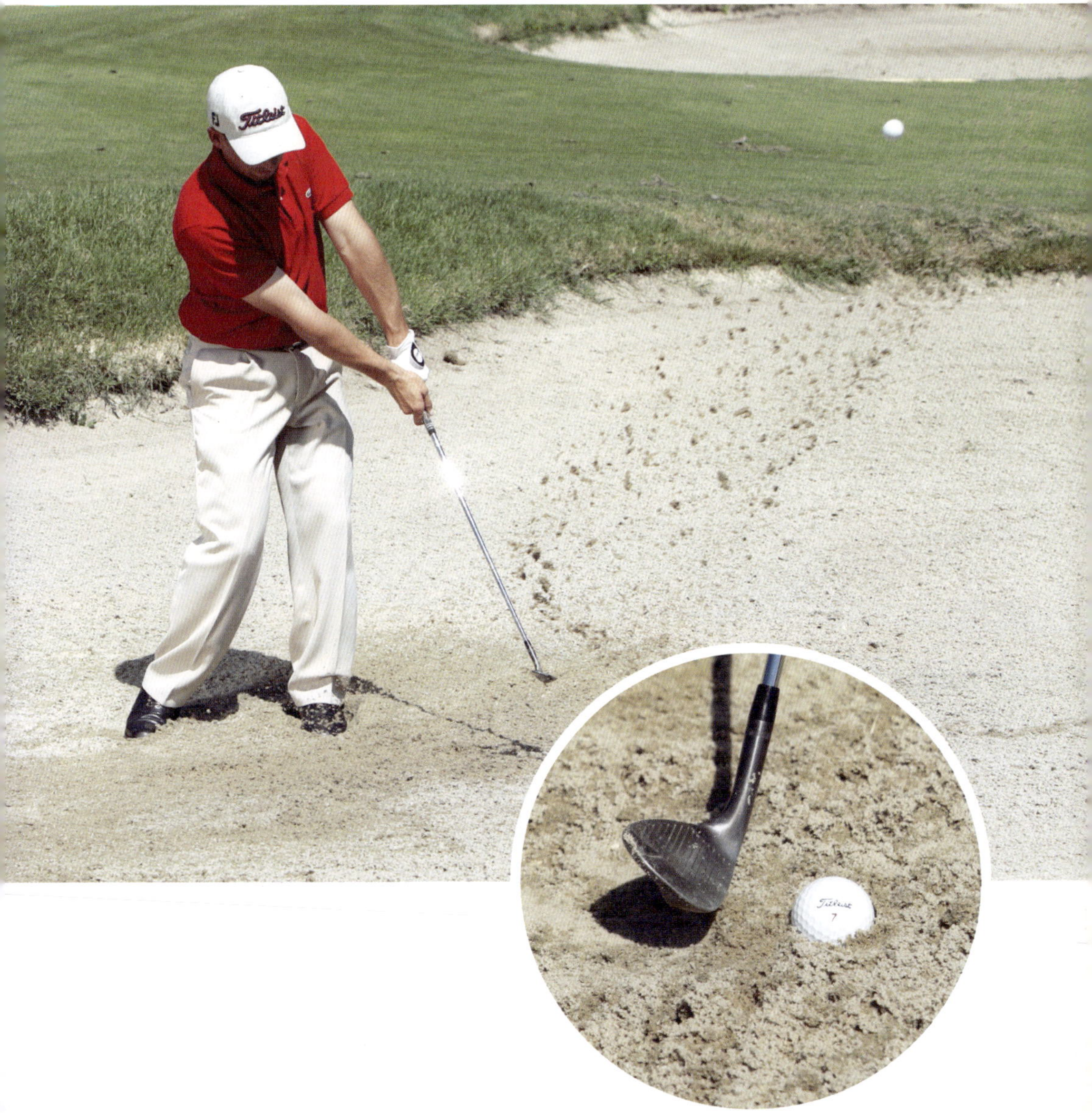

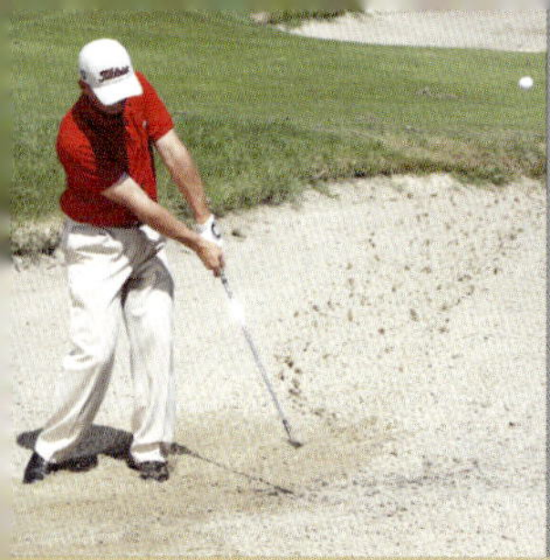

ÜBUNG LEVEL 3

FEHLER

- Geschlossene Schlagfläche.
- Zu wenig Rotation der Handgelenke.
- Zu niedriger Ball.

ZIEL

- Im Durchschwung gute Ausrichtung des Oberkörpers hin zum Ziel, damit die Schlagfläche offen bleibt.
- Den Schläger durch den Sand gleiten lassen.
- Längere Distanzen aus dem Bunker überwinden.

ÜBUNG

- ***Nehmen Sie ein Eisen 9 oder 8.***
- ***Öffnen Sie den Stand und die Schlagfläche und achten Sie darauf, dass die Schlagfläche bis zum Schwungende offen bleibt.***

BUNKERSCHLAG MIT OFFENEM SCHLÄGERBLATT

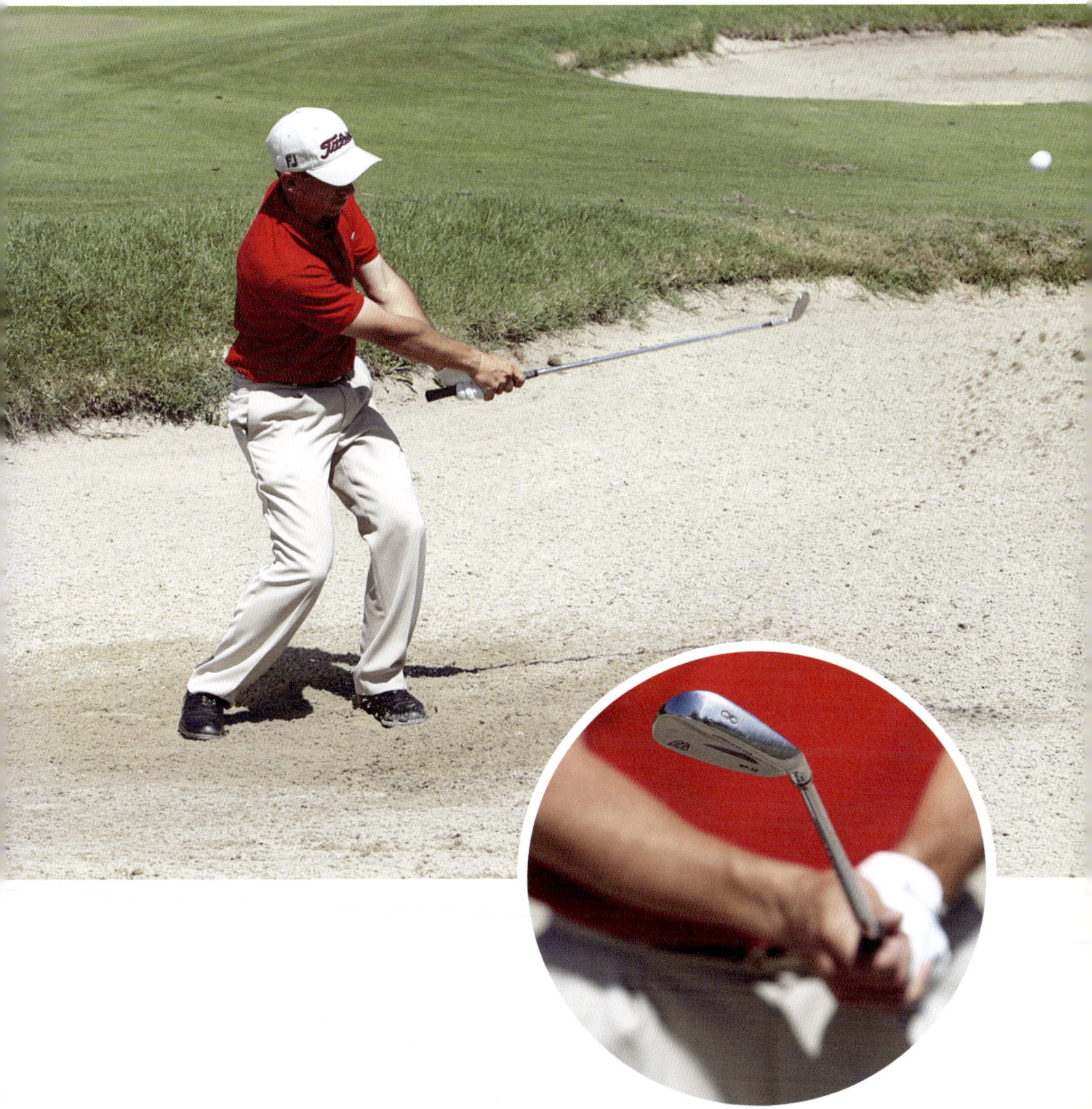

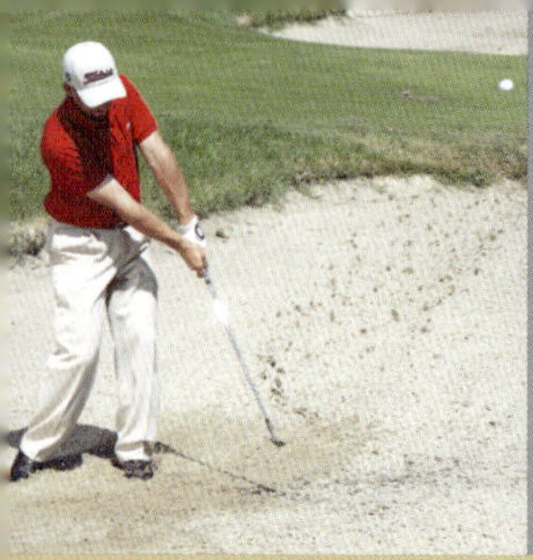

Übung Level 2

FEHLER

- Seitwärtsbewegung des Körpers.
- Schlechter Ballkontakt.
- Zu viel Gewicht auf dem hinteren Bein.

ZIEL

- Guter Schwung durch den Sand.
- Korrekte Rotation der Handgelenke.
- Gleichmäßig gute Bunkerschläge.

ÜBUNG

- ***Beim Stand auf einem Bein kann sich der Körperschwerpunkt nicht seitwärts bewegen.***
- ***Dadurch wird es leichter, den Schlägerkopf an der richtigen Stelle in den Sand eintauchen zu lassen.***

GEWICHT AUF EINEM BEIN

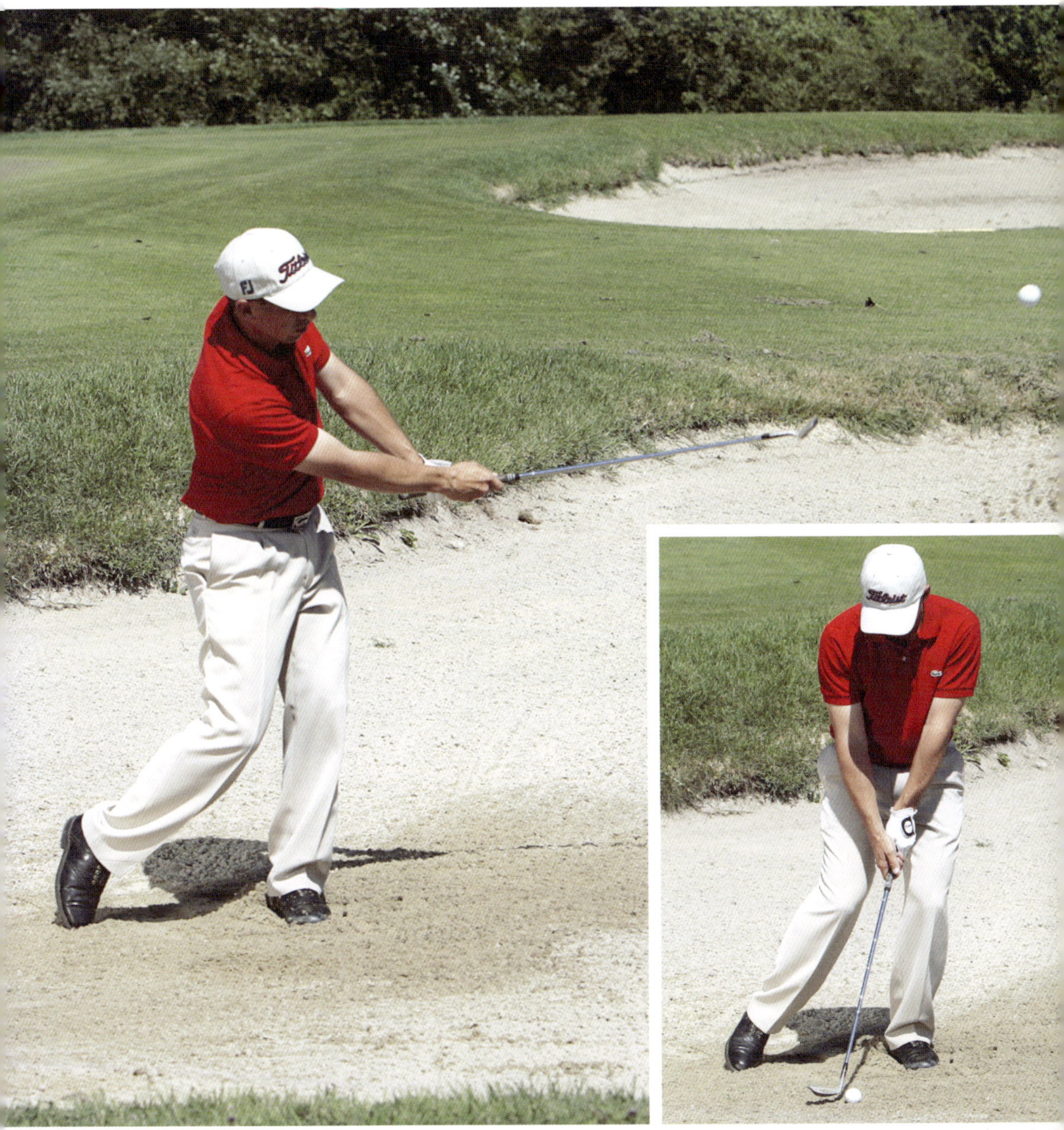

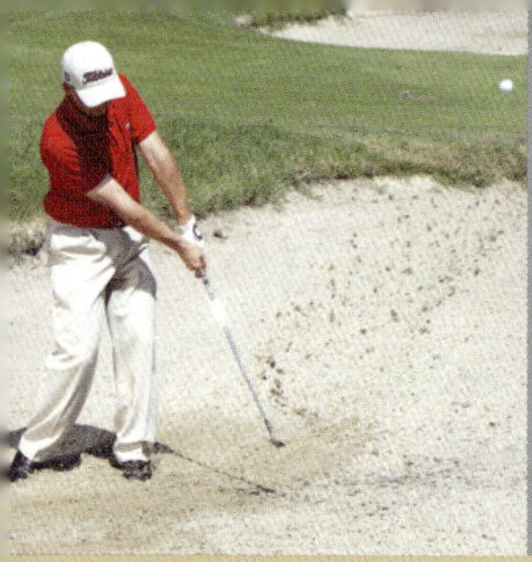

TRAININGSEINHEIT

5'

GUTE BUNKERSCHLÄGE (1 VON 3)

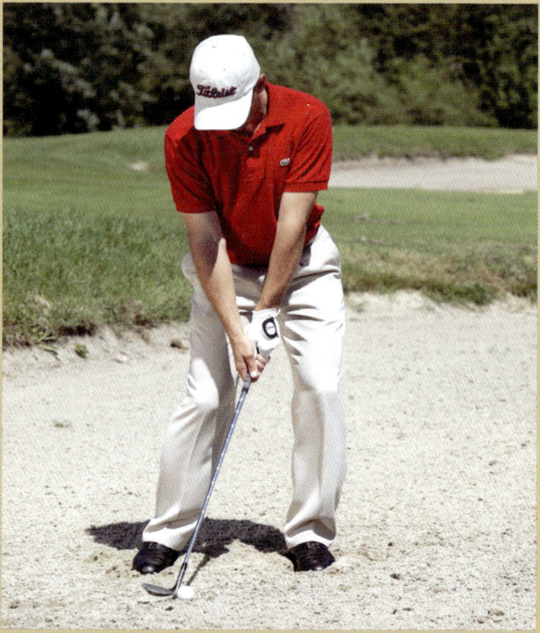

ZIEL

- *Korrekter und stabiler Stand, damit der Schlägerkopf leicht in den Sand gleiten kann.*
- *Den guten Stand auch im Treffmoment beibehalten, nicht nach hinten kippen und nicht versuchen, den Ball aus dem Sand zu heben.*

5–7'

GUTE BUNKERSCHLÄGE (2 VON 3)

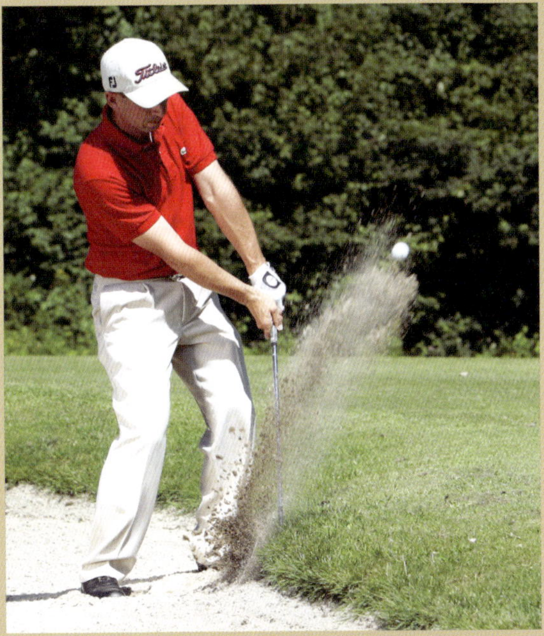

ZIEL

- *Verstehen, dass die offene Schlagfläche dazu führt, dass der Ball hoch in die Luft geht.*
- *Den Schlägerkopf einige Zentimeter vor dem Ball in den Sand eintauchen lassen und mit genügend Energie schlagen.*
- *Der Bunkerschlag braucht Selbstvertrauen, weil man eine relativ hohe Geschwindigkeit erreichen muss, damit der Ball nicht zu kurz bleibt.*

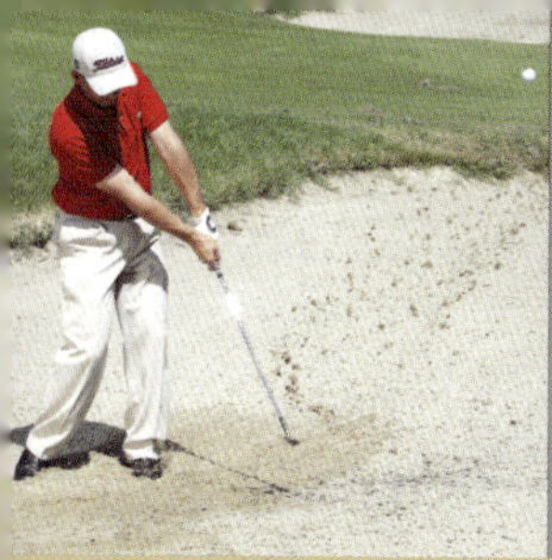

TRAININGSEINHEIT 5–7'

GUTE BUNKERSCHLÄGE (3 VON 3)

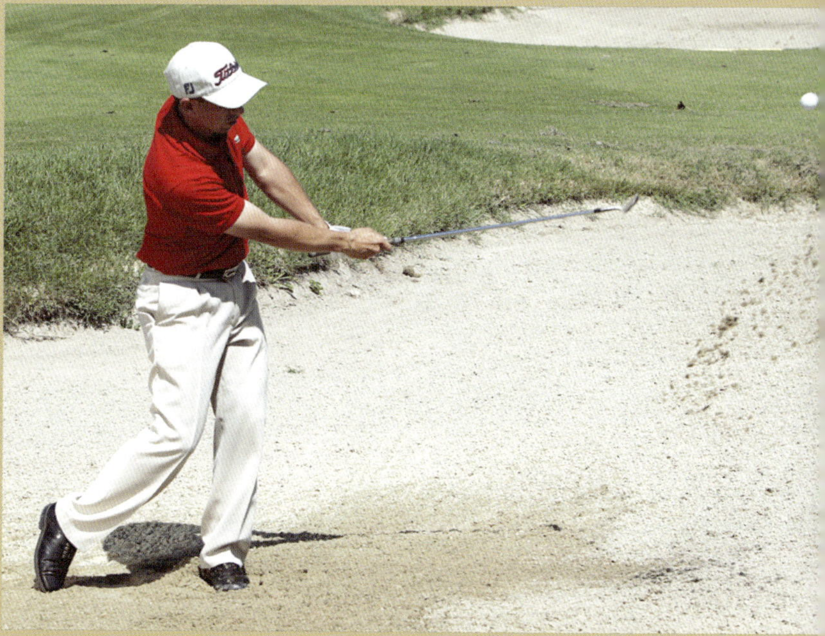

ZIEL

- *Den Schlägerkopf an der richtigen Stelle in den Sand eintauchen und durch den Sand gleiten lassen, dabei den Oberkörper im Durchschwung zum Ziel hin ausrichten.*

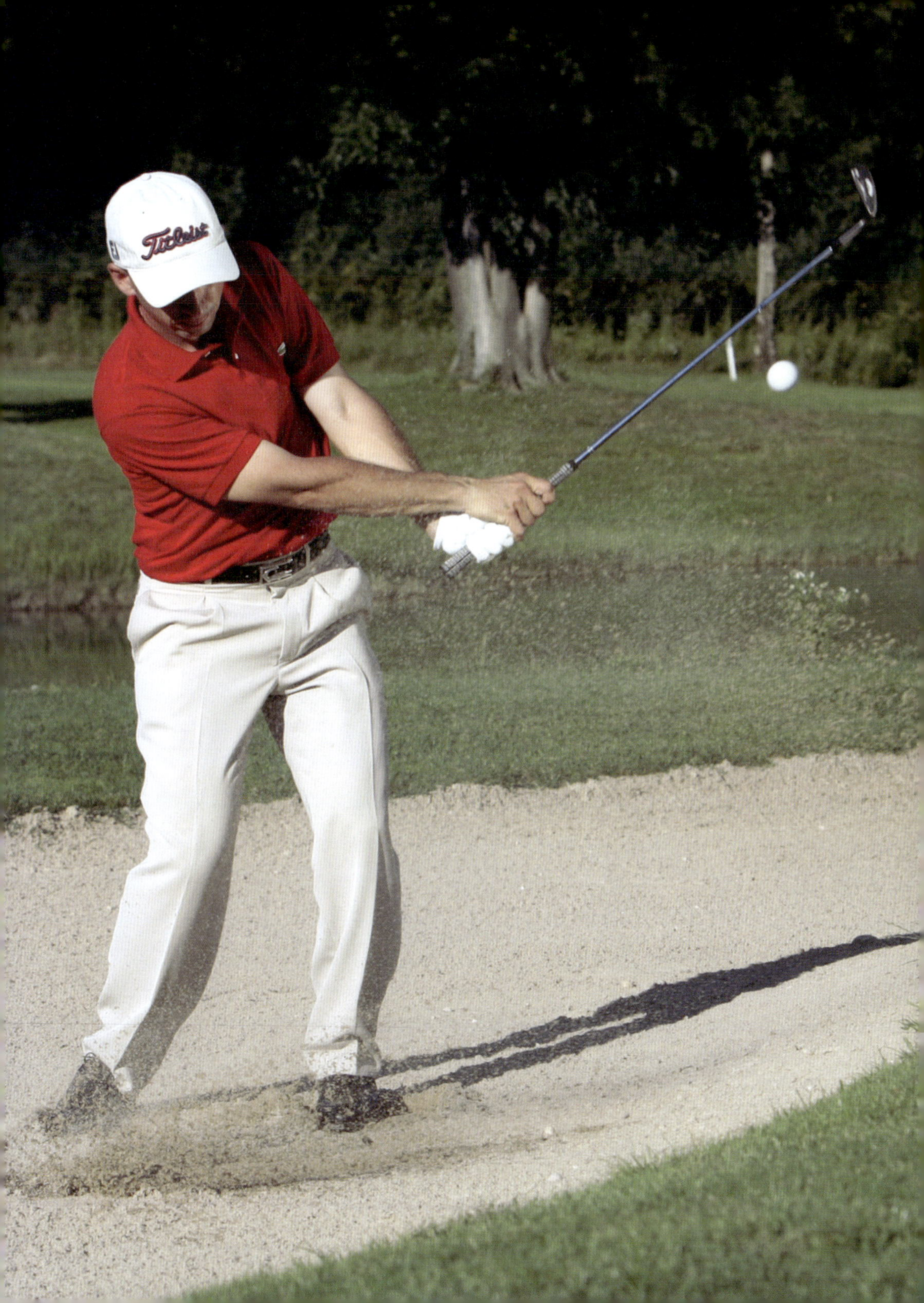

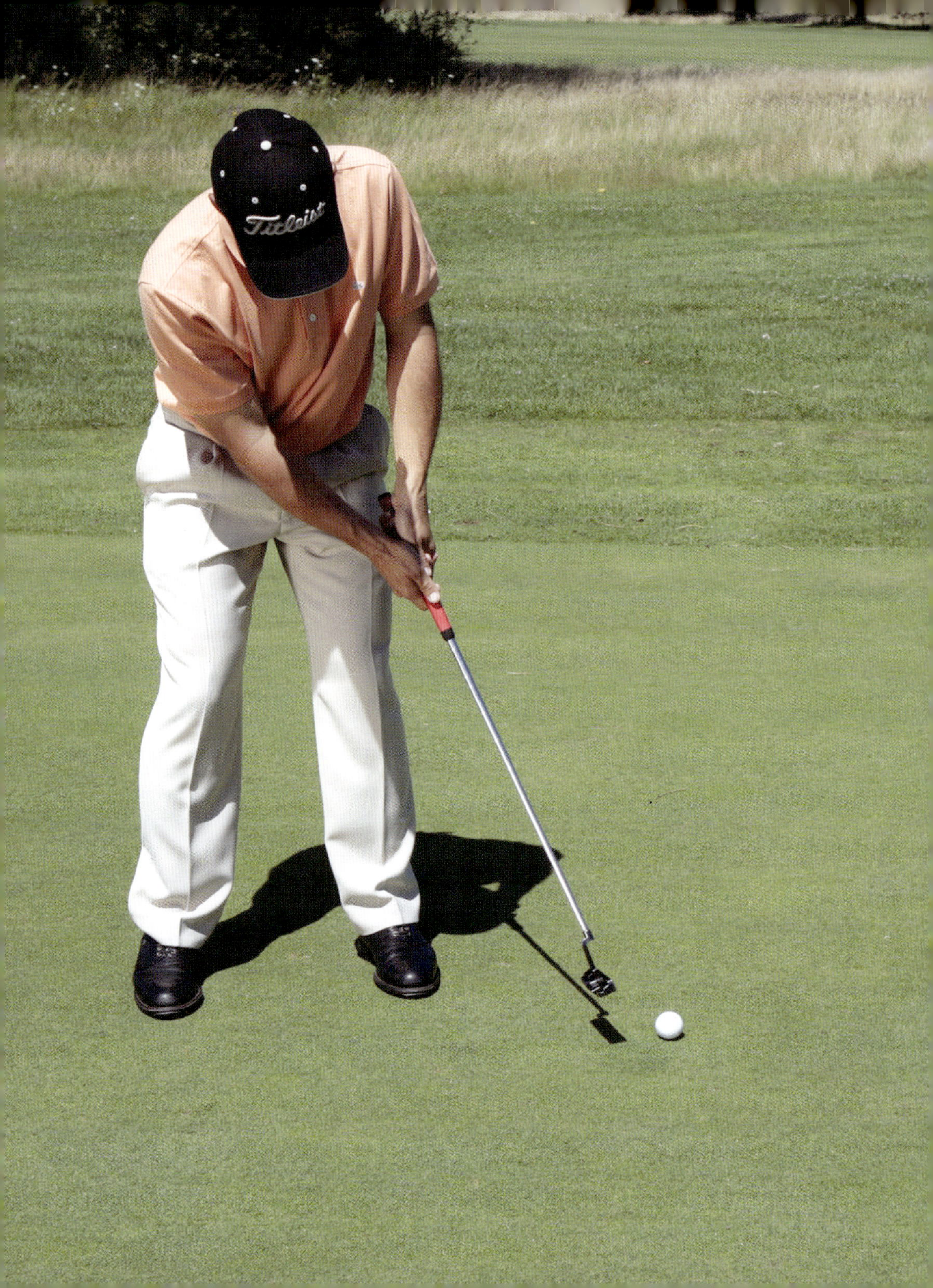
Titleist

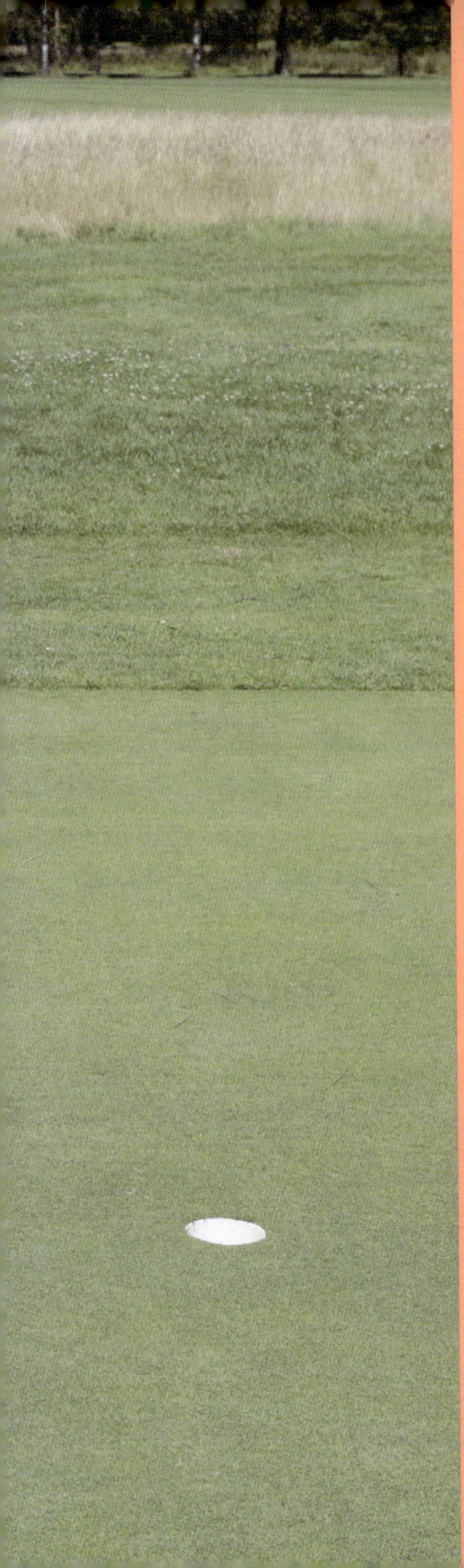

PUTTEN

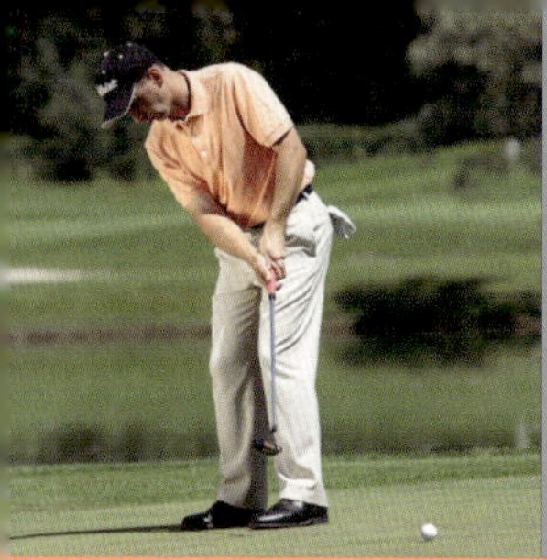

Übung Level 1

FEHLER

- Falsche Schwunglinie.
- Mangelndes Selbstvertrauen bei kurzen Putts.

ZIEL

- Optimale Schwunglinie.
- Bessere Ausrichtung.
- Mehr Selbstvertrauen.

ÜBUNG

- *Legen Sie zwei Schläger parallel auf den Boden und richten Sie sie in die gewünschte Richtung aus, wobei der Abstand zwischen den Schlägern kaum größer sein sollte als der Putterkopf.*
- *Diese Übung funktioniert auch bei Putts in der Schräge.*
- *Legen Sie ein Handtuch unter die Füße, um das Grün zu schonen.*

PUTTEN ZWISCHEN ZWEI SCHLÄGERN

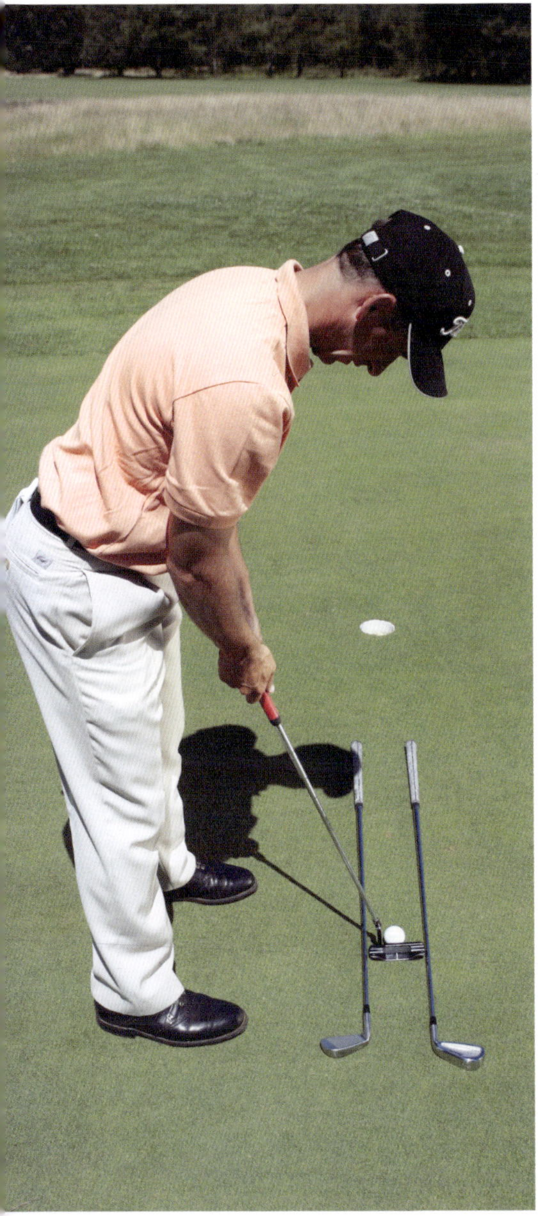

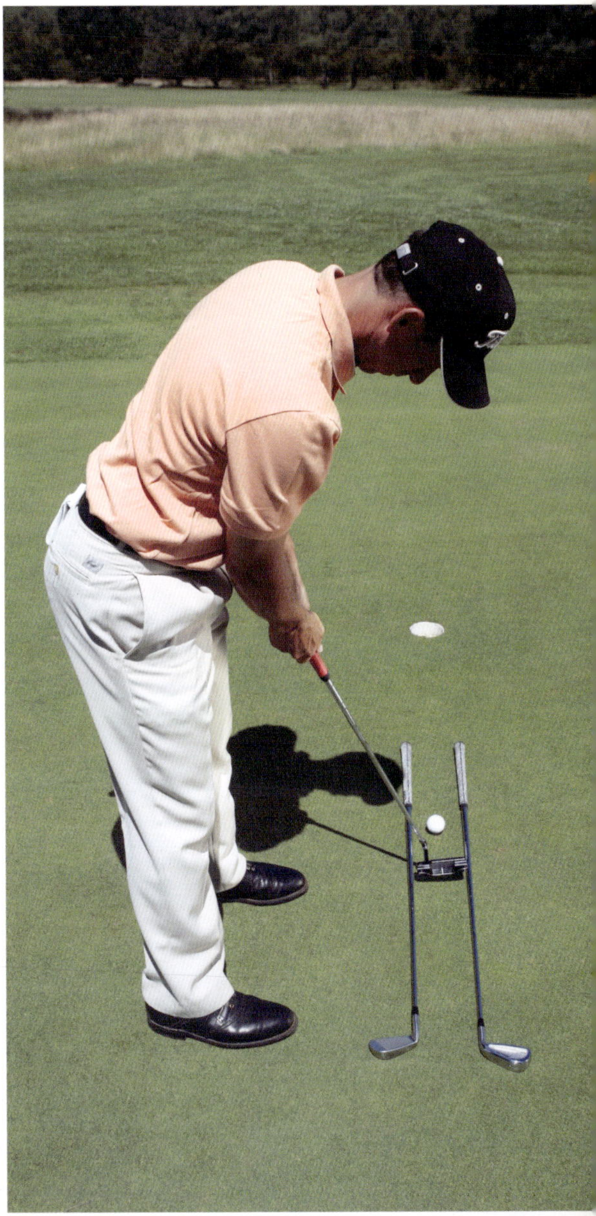

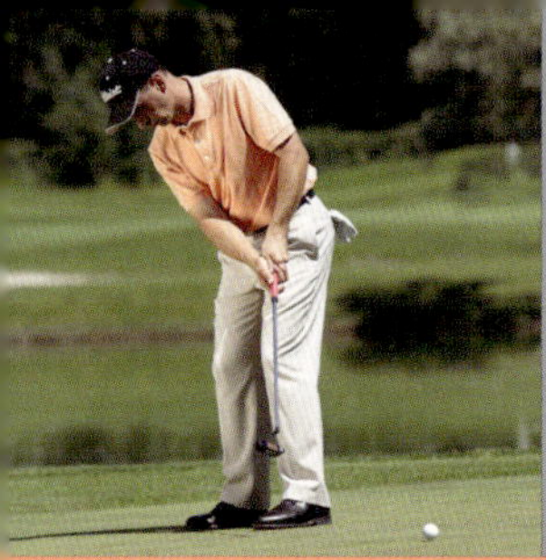

Übung Level 3

Fehler

- Ruckartige Bewegungen.
- Zu heftige Beschleunigung.
- Zu kurzer Durchschwung.

Ziel

- Guter Rhythmus.
- Längerer Durchschwung.

Übung

- ***Legen Sie eine kleine Münze auf den flachen Teil hinter dem Schlägerblatt.***
- ***Die Münze soll während des gesamten Putts dort liegen bleiben.***
- ***Dadurch werden kurze und mittellange Putts sicherer.***

PUTTEN MIT EINER MÜNZE

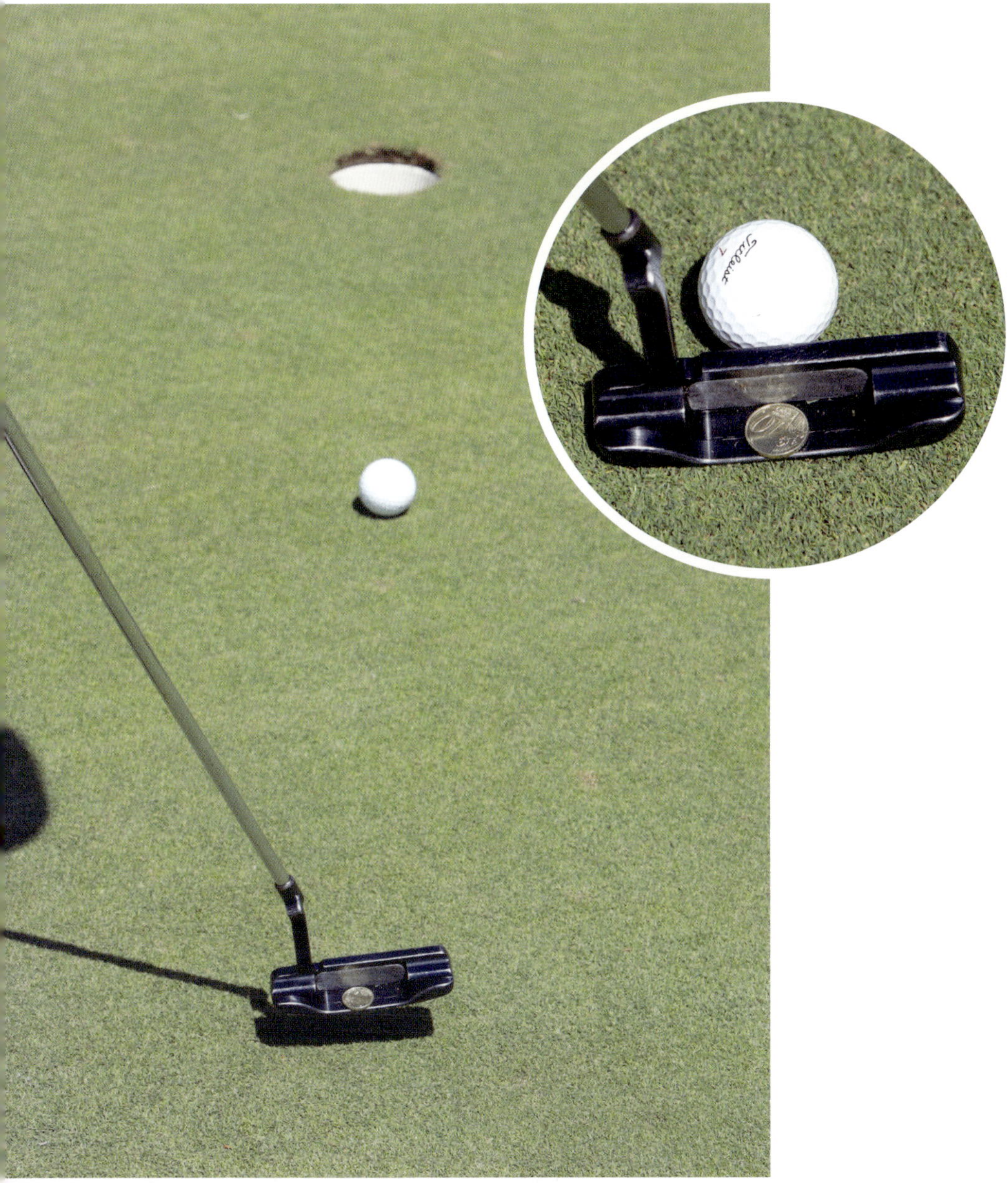

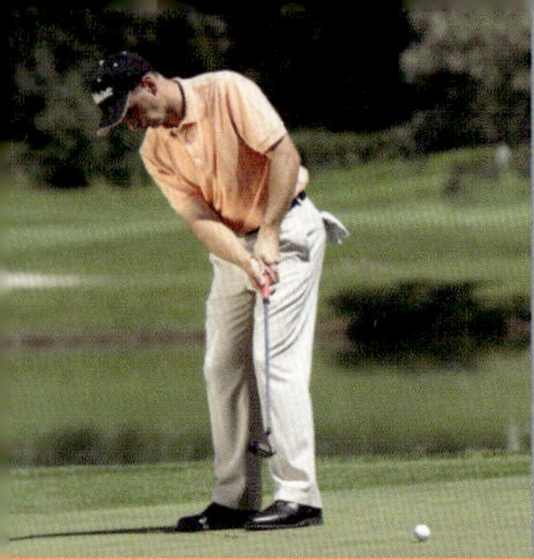

Übung Level 1

FEHLER

- Zögerlicher Putt.
- Falsche Puttrichtung.
- Mangelndes Selbstvertrauen bei kurzen Putts.

ZIEL

- Selbstbewusster Putt.
- Guter Ballkontakt.

ÜBUNG

- *Stecken Sie seitlich vom Ball zwei Tees in den Boden.*
- *Machen Sie einen Putt mit normalem Rückschwung.*
- *Der Putter wird im Treffmoment von den beiden Tees gestoppt.*
- *Distanz: maximal 2 Meter.*

PUTTEN MIT ZWEI TEES

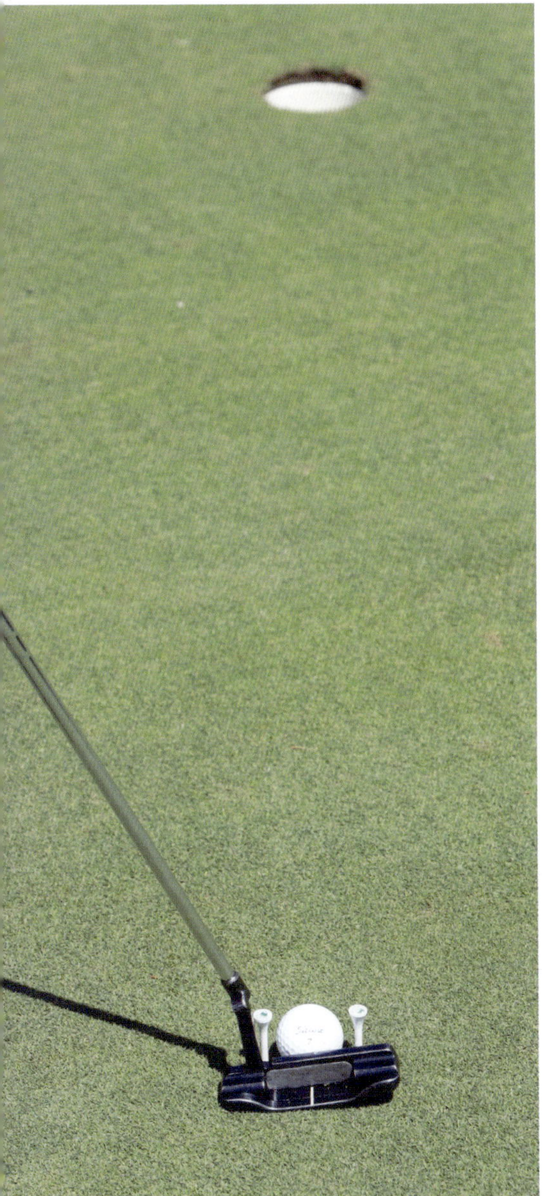

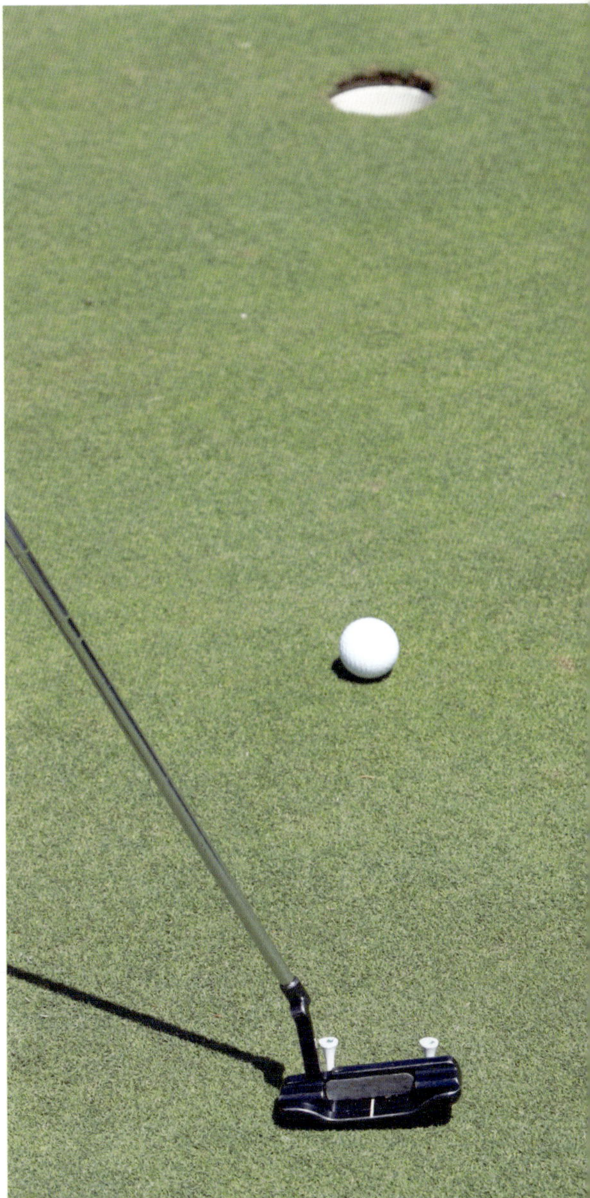

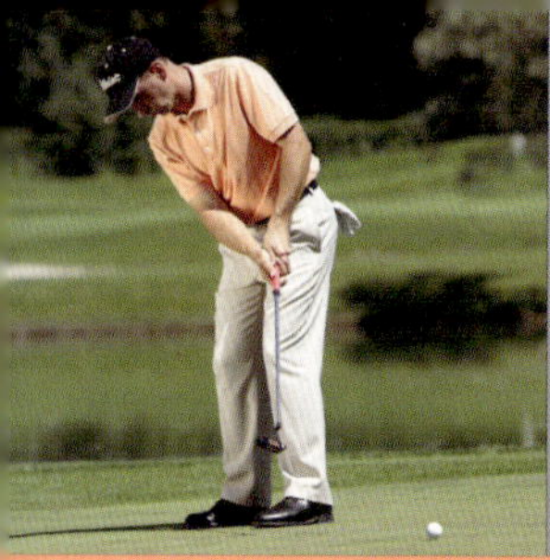

ÜBUNG LEVEL 1

FEHLER

- Schlechte Ausrichtung.
- Kein visueller Bezugspunkt.

ZIEL

- Optimale Ausrichtung.
- Bessere Putts in der Schräge.
- Mehr Konstanz.

ÜBUNG

- ***Richten Sie die Markierung auf dem Ball so aus, dass sie genau in die gewünschte Laufrichtung zeigt.***
- ***Setzen Sie den Putter so hinter den Ball, dass auch die Puttermarkierung in diese Richtung zeigt.***

BALL KORREKT AUSRICHTEN

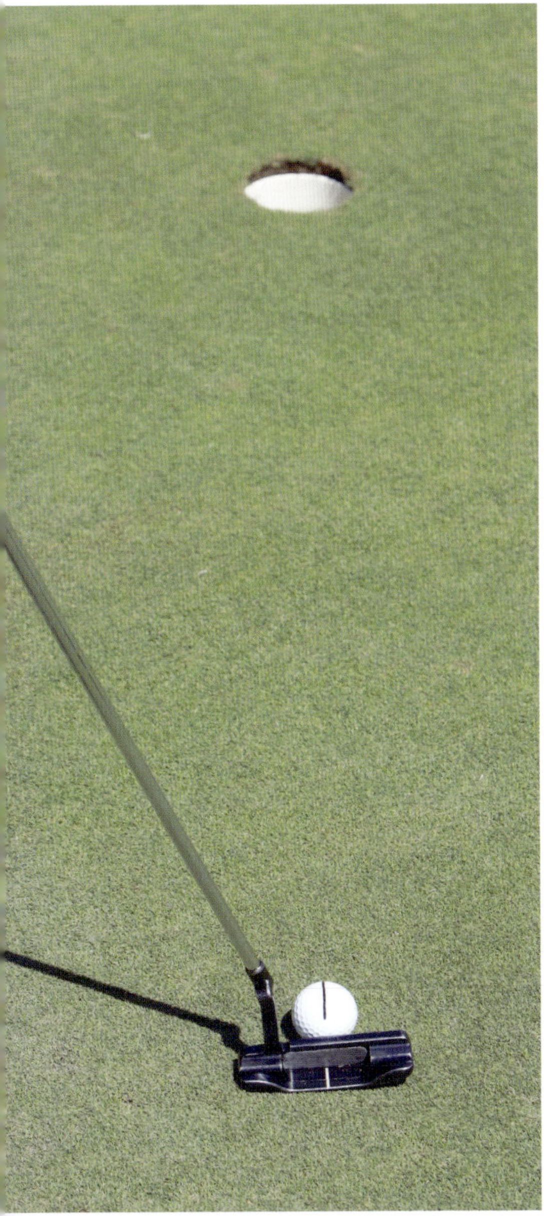

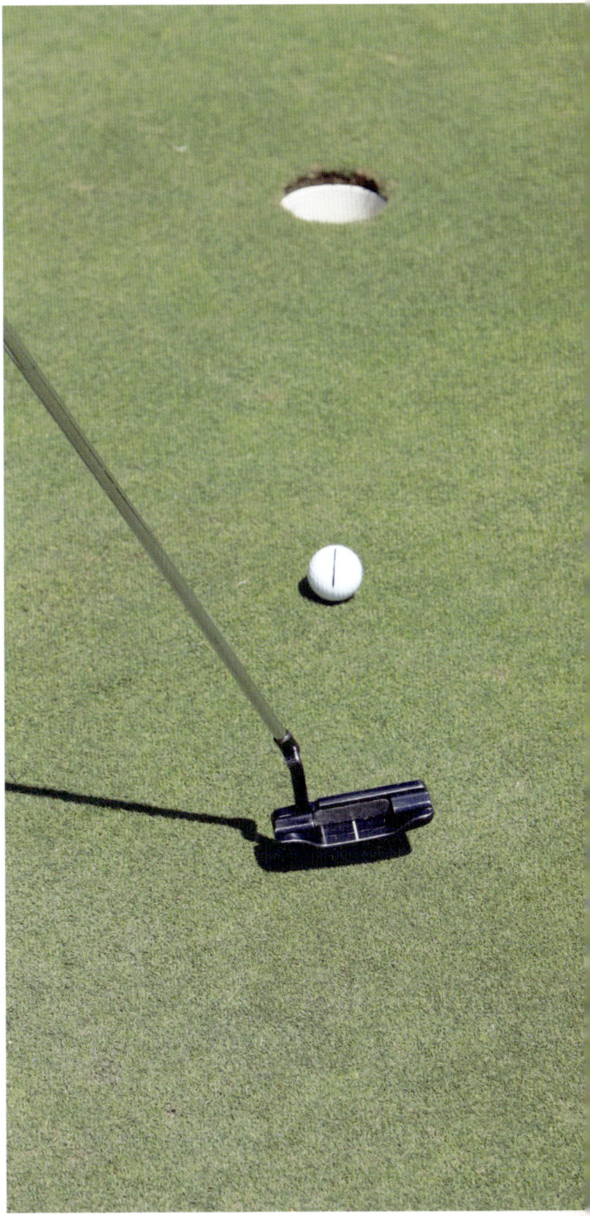

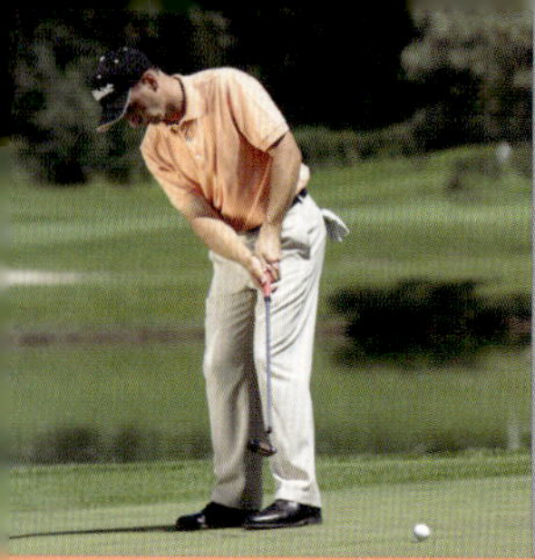

Übung Level 1

FEHLER

- Zu lascher Putt.
- Zu wenig Selbstvertrauen.

ZIEL

- Ein kleines Zwischenziel anvisieren, nicht das Loch.
- Spielerisches Training.

ÜBUNG

- *Üben Sie mit zwei Bällen. Ziel ist es, den zweiten Ball mit dem ersten zu treffen.*
- *Sie werden überrascht sein, wie präzise Sie putten können.*
- *Machen Sie sich klar, dass das Loch viel größer ist als der Ball.*

PUTTEN MIT ZWEI BÄLLEN

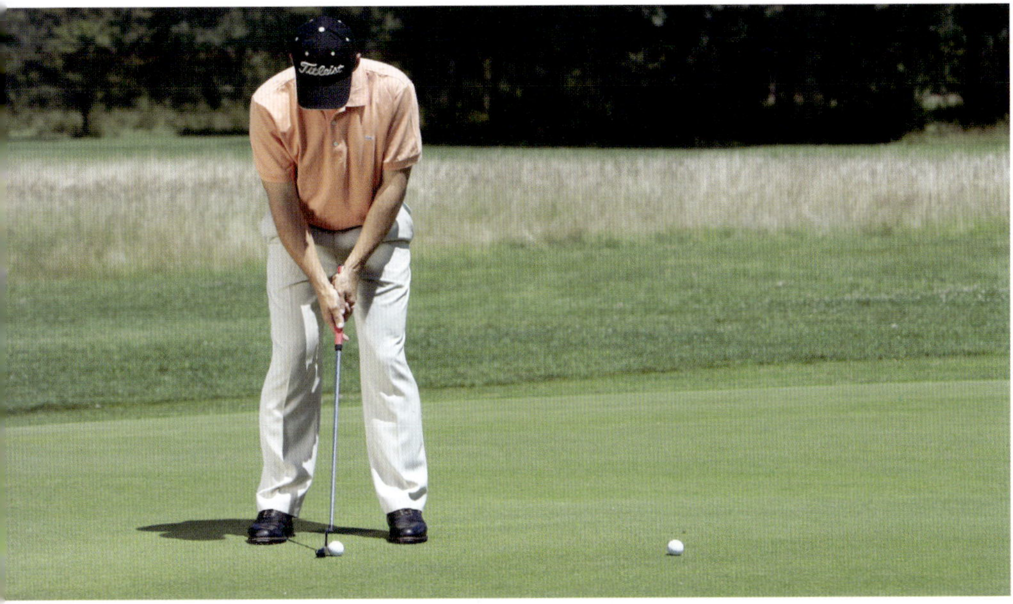

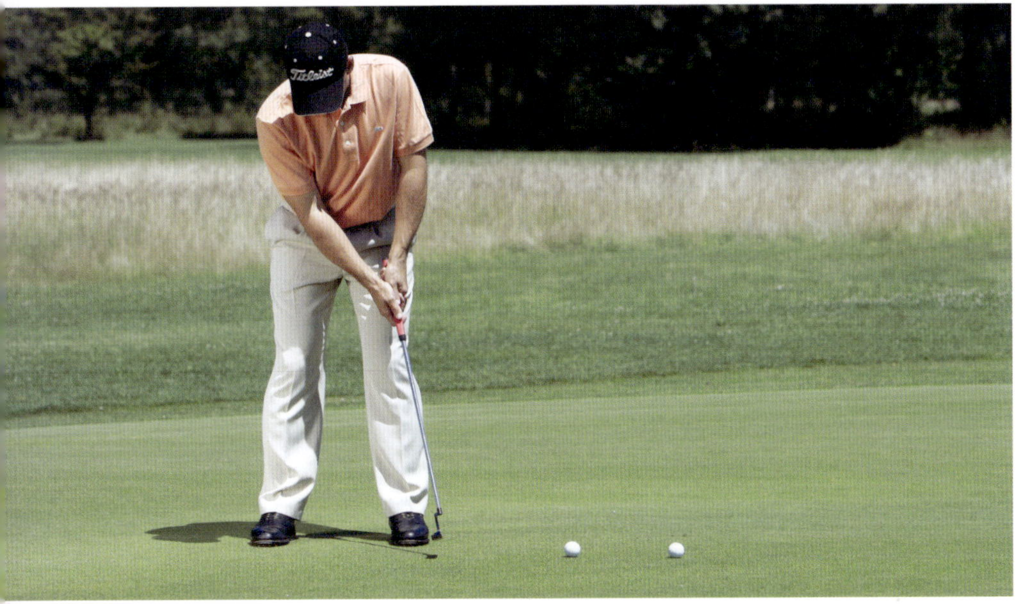

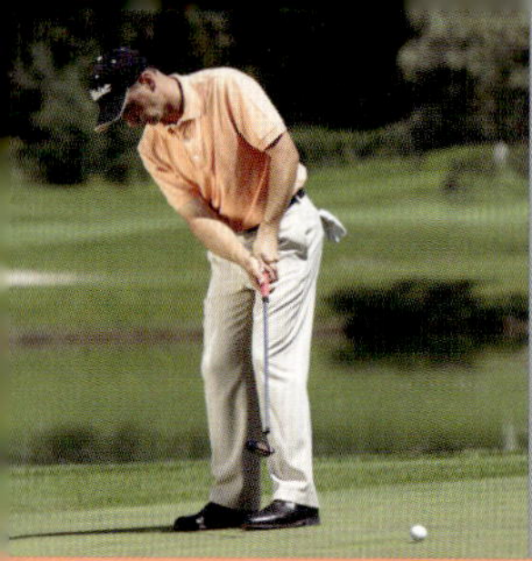

Übung Level 3

FEHLER

- Ball wird nicht mittig getroffen.
- Falsche Schwunglinie.

ZIEL

- Präzise Bewegung.
- Ball mittig treffen.

ÜBUNG

- *Stecken Sie an beiden Seiten des Schlägerkopfs ein Tee in den Boden.*
- *Während des Puttens sollen diese Tees nicht berührt werden.*
- *Je länger der Putt, desto schwieriger diese Übung.*

PUTTEN À LA TIGER

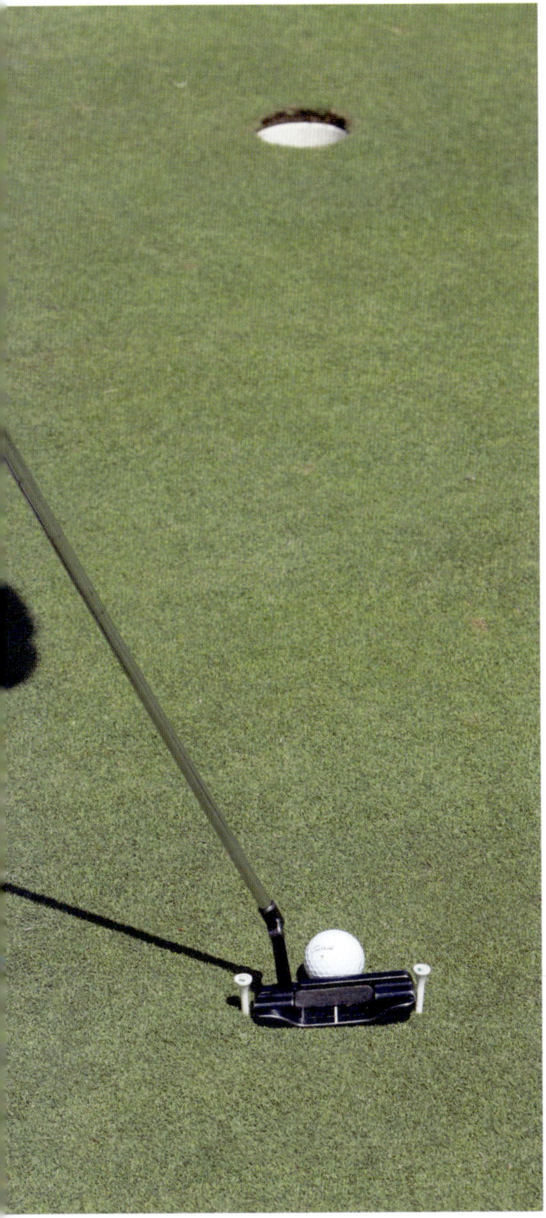

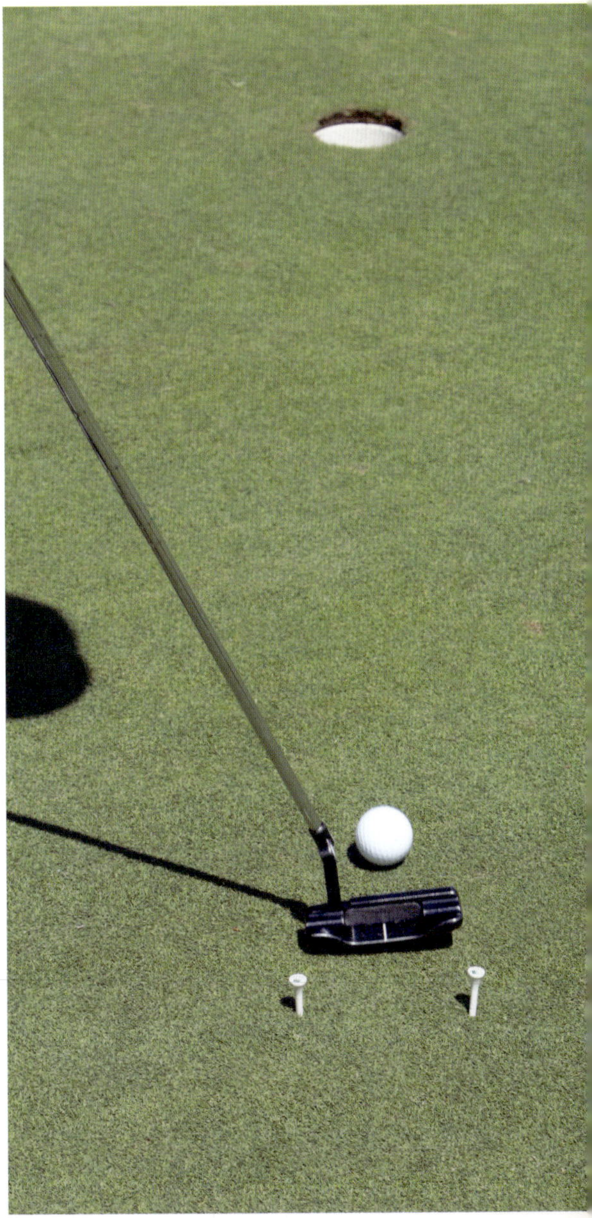

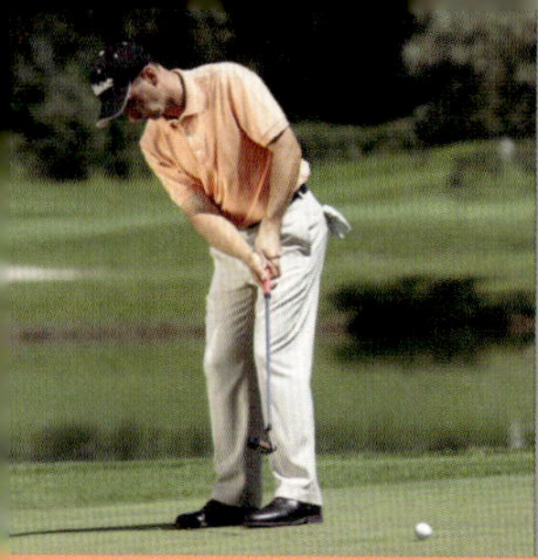

ÜBUNG LEVEL 3

FEHLER

- Unkontrollierter Schwung.
- Schlechter Ballkontakt.

ZIEL

- Präzisere Bewegung.
- Stabilität des Körpers beim Putten.

ÜBUNG

- *Nehmen Sie den Putter so in die Hand, dass die Spitze zum Ball zeigt, dann putten Sie.*
- *Fangen Sie mit kurzen Putts an und steigern Sie die Länge.*

PRÄZISIONSPUTT

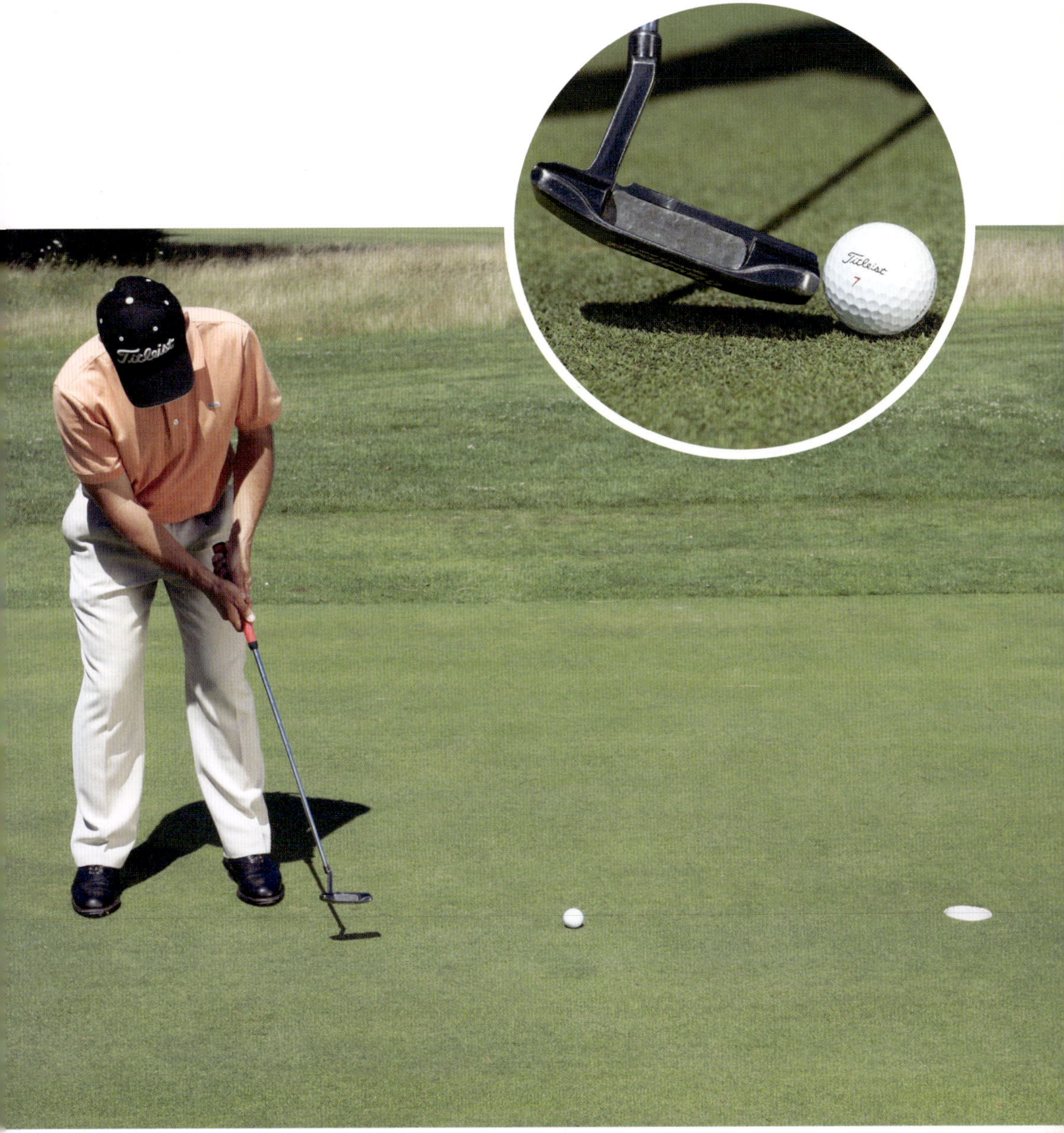

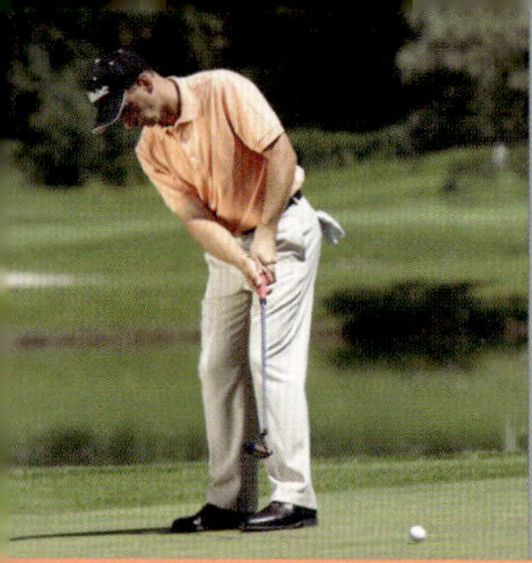

Übung Level 1

Fehler

- Schlechte Dosierung.
- Zu mechanische Bewegung.
- Kein gutes Puttgefühl.

Ziel

- Gute Dosierung.
- Besseres Puttgefühl.
- Lockerer Schwung.

Übung

- *Putten Sie, ohne an die Technik zu denken. Stellen Sie sich stattdessen vor, wie der Ball zum Loch rollt.*

PUTTEN MIT DER RECHTEN HAND

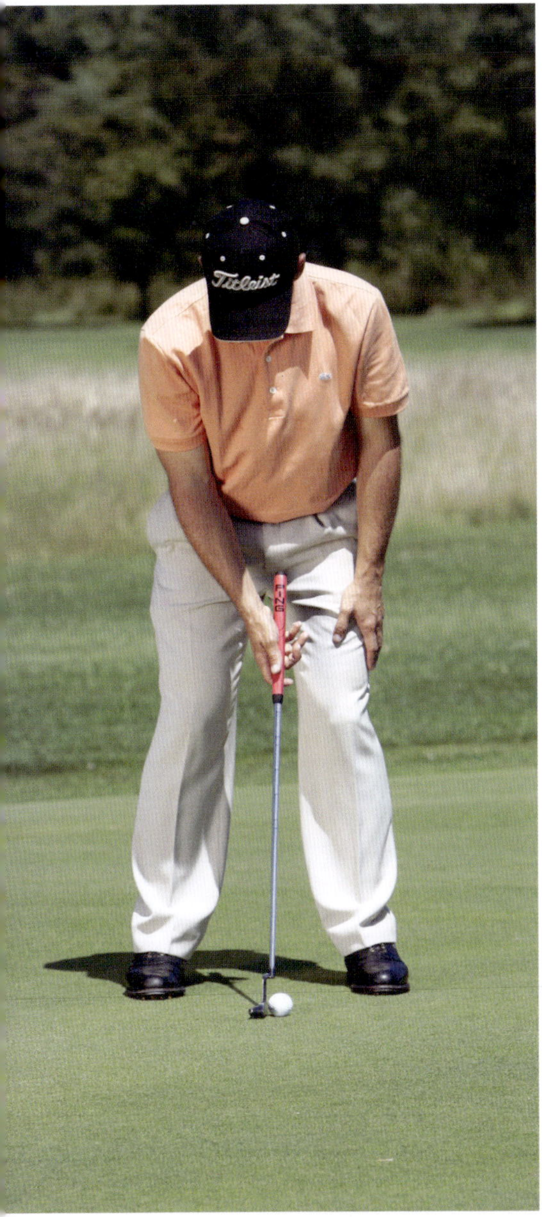

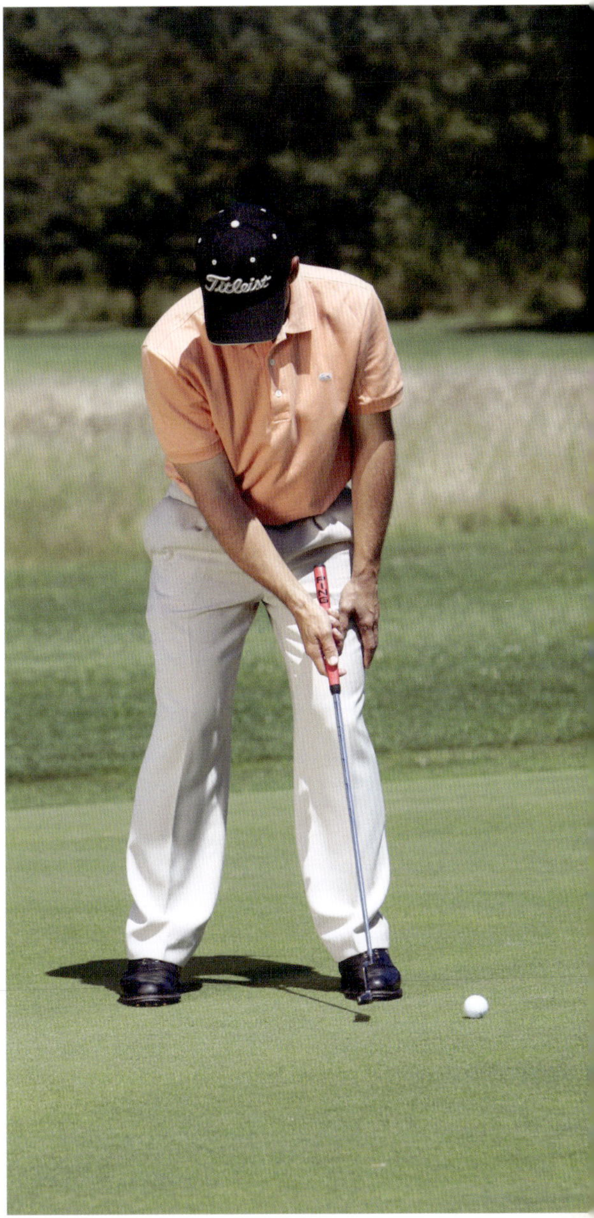

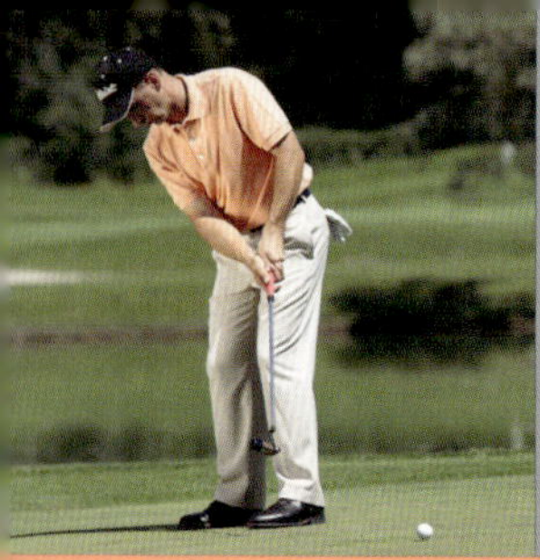

Übung Level 2

Fehler

- Schlechte Laufrichtung des Balls.
- Mangelndes Puttgefühl in der linken Hand.

Ziel

- Optimale Laufrichtung des Balls.
- Bessere Führung des Schlägers.

Übung

- ***Versuchen Sie, den Handrücken der linken Hand ständig auf das Ziel ausgerichtet zu lassen.***
- ***Der Putterkopf liegt am Ende des Schwungs knapp über dem Boden.***

PUTTEN MIT DER LINKEN HAND

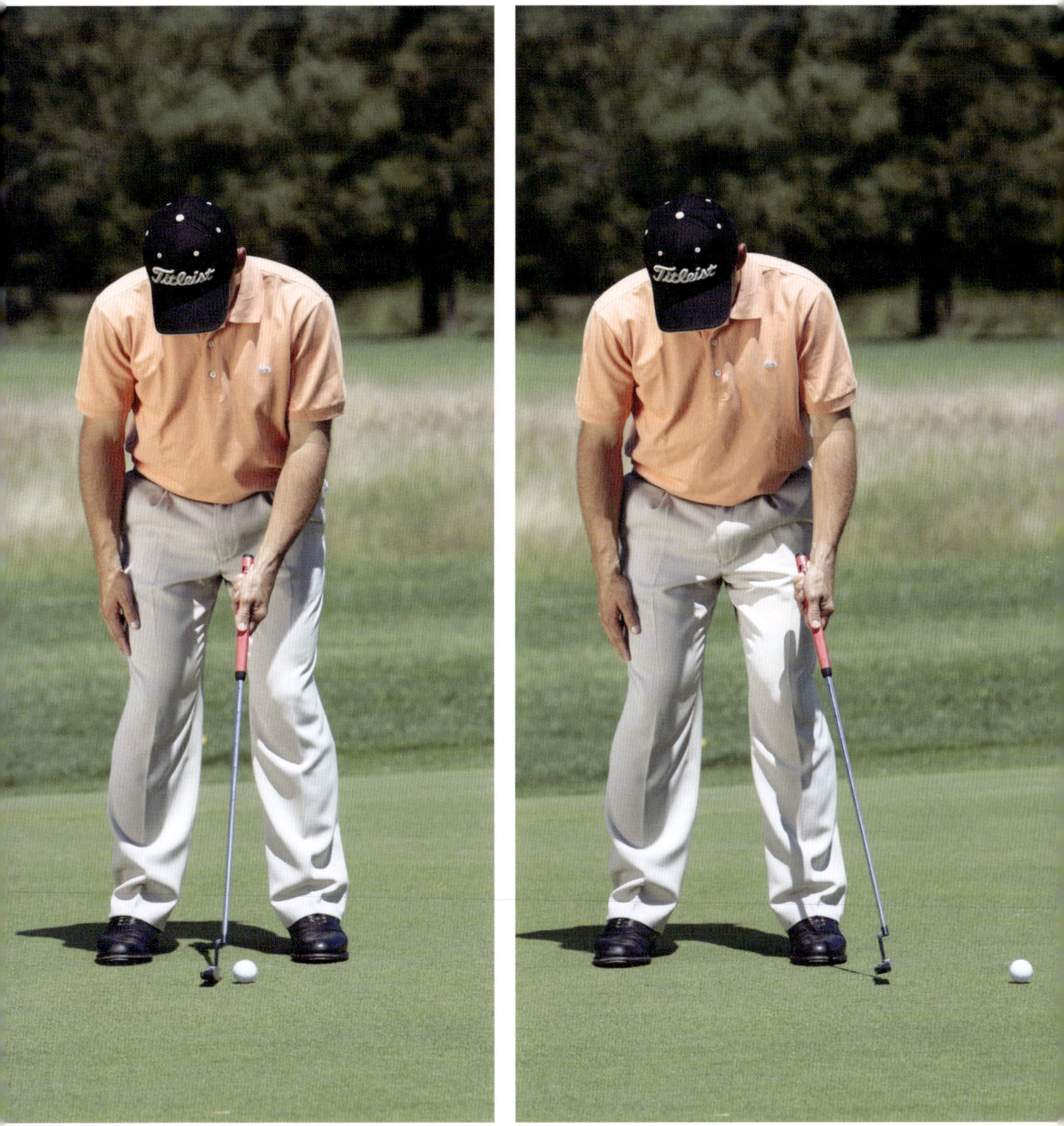

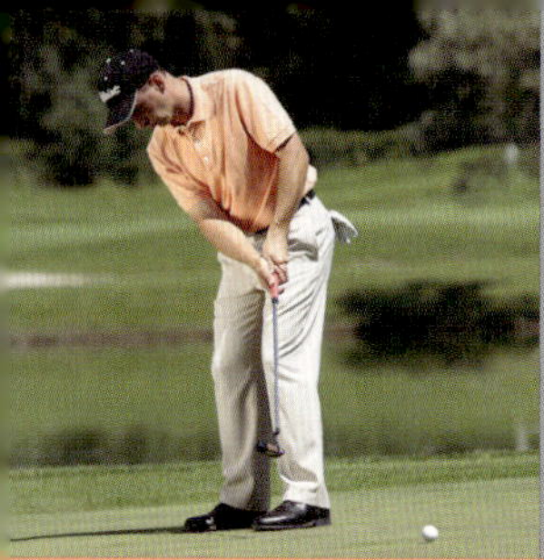

ÜBUNG LEVEL 1

FEHLER

- Ruckartige Bewegung.
- Augen schauen zu früh zum Loch.

ZIEL

- Gute Konzentration auf Balance und Rhythmus.
- Flüssige Bewegung.
- Weniger Druck beim Putten.

ÜBUNG

- ***Stecken Sie ein Tee in das Griffende des Putters.***
- ***Fixieren Sie dieses Tee mit den Augen vom Beginn der Puttbewegung bis der Ball in das Loch fällt.***

PUTTEN MIT HILFSTEE

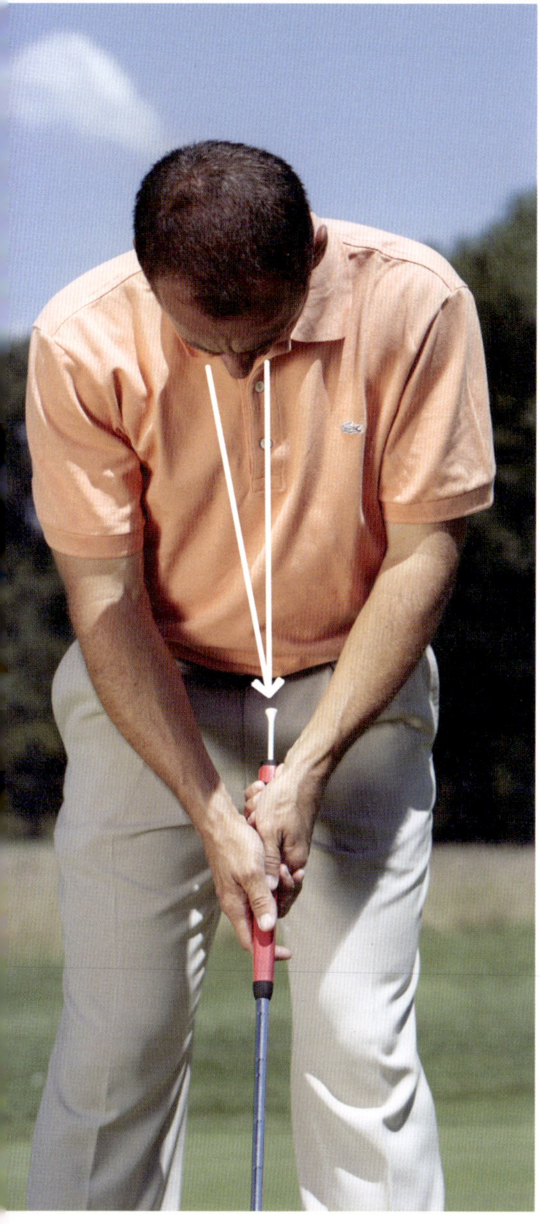

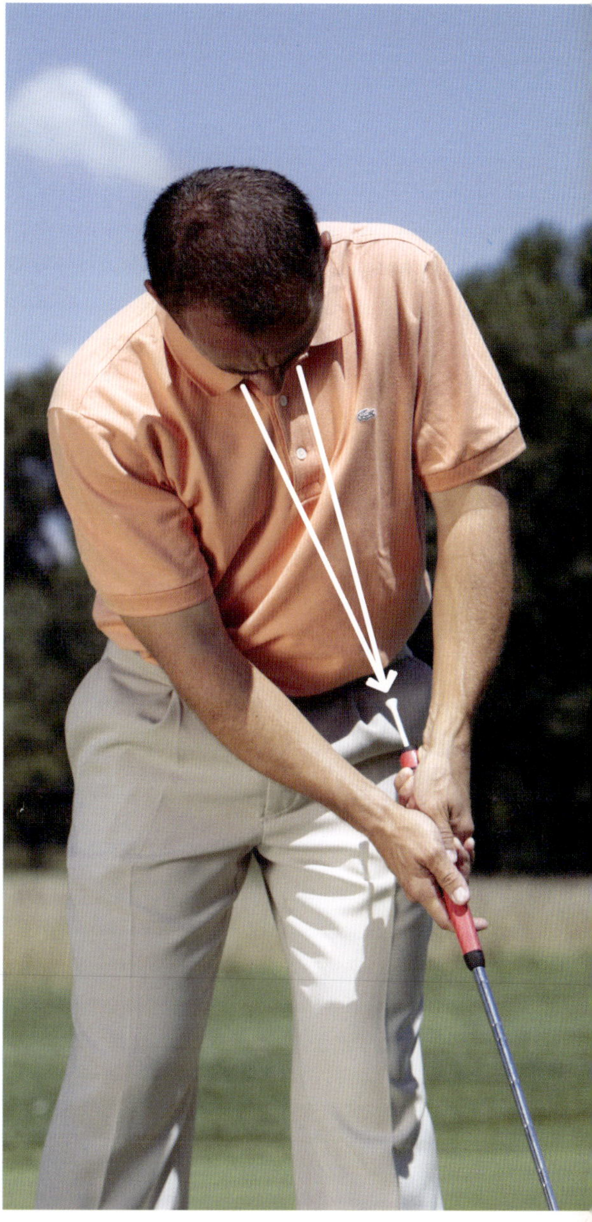

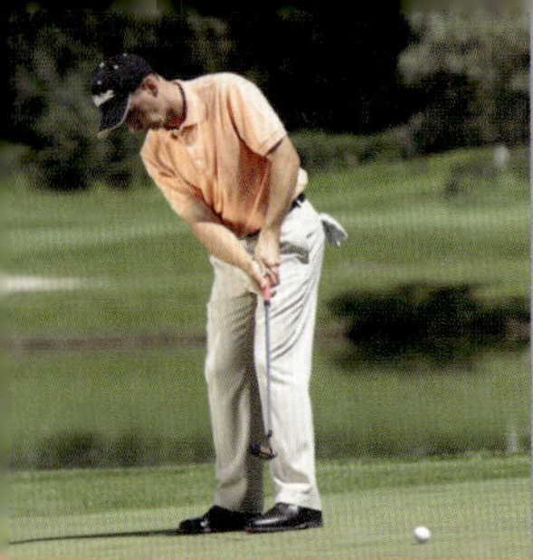

Übung Level 1

FEHLER

- Zu lascher Putt.
- Zu viele Gedanken an die Technik.

ZIEL

- Selbstbewusstes Putten.
- Ein einziges Ziel → das Loch.

ÜBUNG

- ***Sobald der Putter korrekt ausgerichtet ist, richten Sie die Augen auf das Loch und lassen sie während der gesamten Bewegung dort.***

PUTTEN MIT BLICK ZUM LOCH

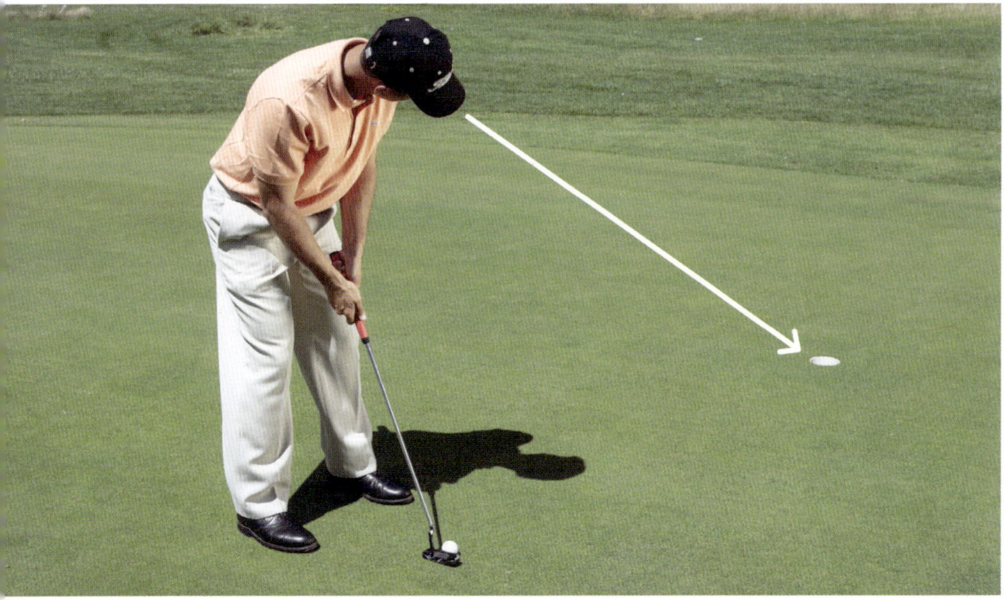

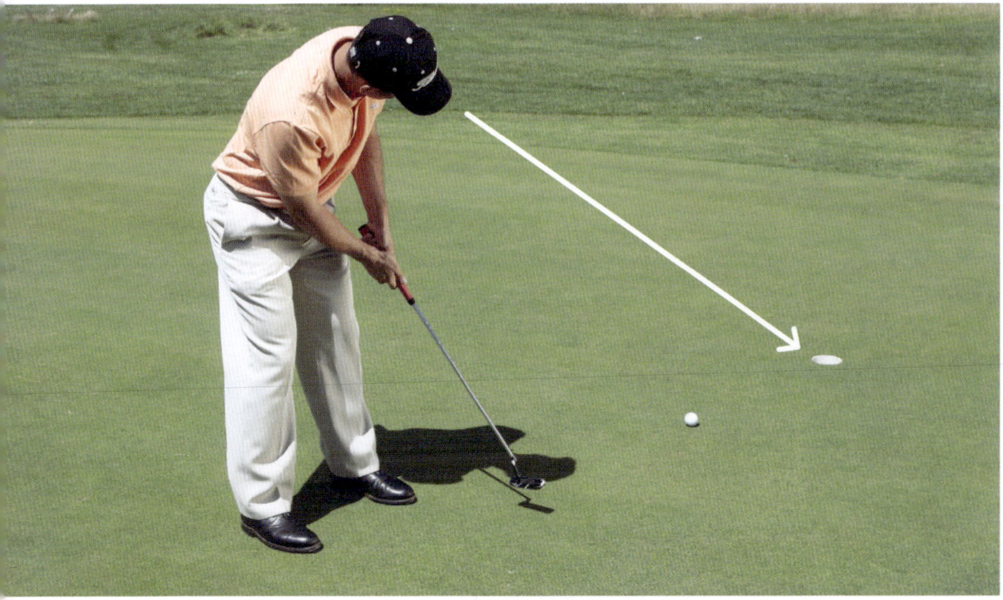

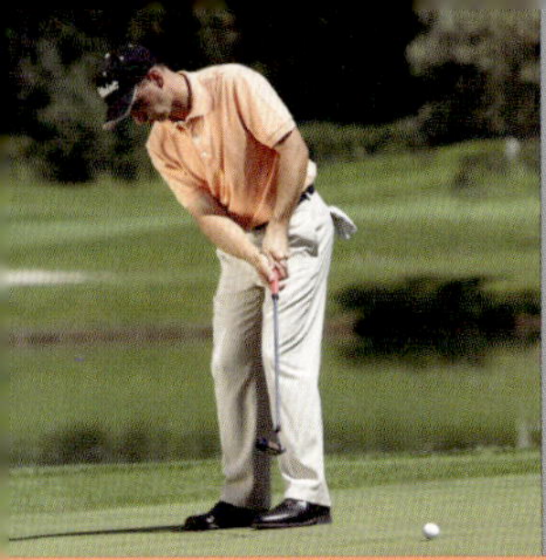

ÜBUNG LEVEL 2

FEHLER

- Bewegung aus den Handgelenken.
- Probleme bei Dosierung und Richtung.

ZIEL

- Flüssiger Schwung ohne Aktion aus den Händen.
- Mechanische Bewegung.

ÜBUNG

- ***Greifen Sie den Schläger etwas kürzer als gewohnt und klemmen Sie einen Ball ein, wie auf dem Bild zu sehen.***

PUTTEN MIT EINGEKLEMMTEM BALL

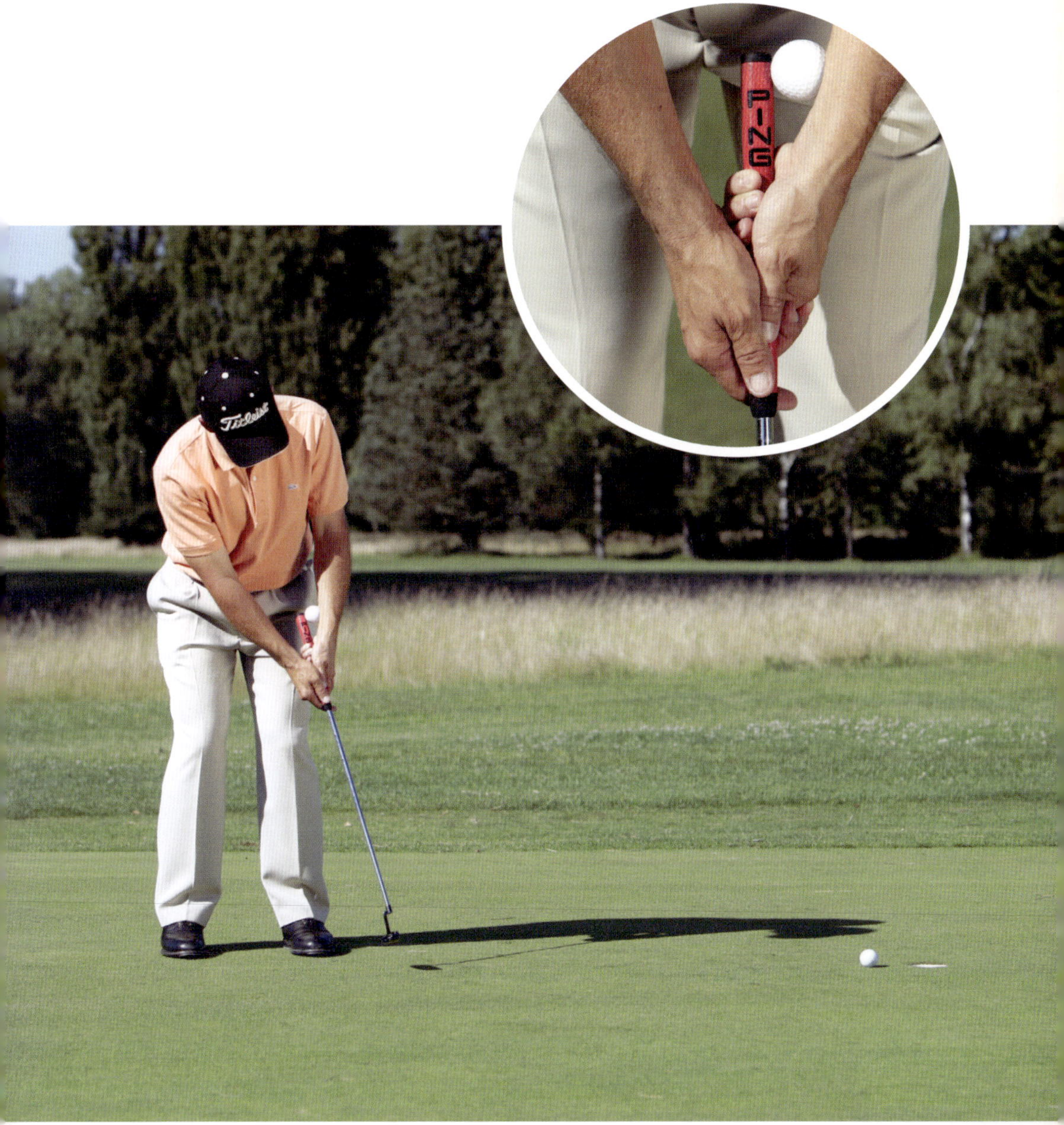

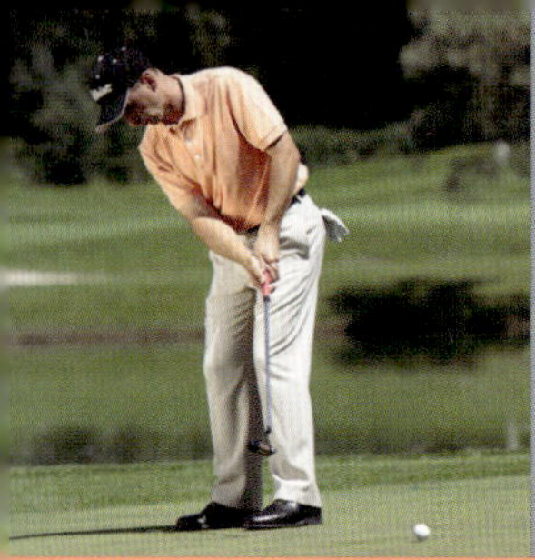

ÜBUNG LEVEL 2

FEHLER

- Schlechte Dosierung.
- Fehlender Rhythmus.

ZIEL

- Bessere Dosierung.
- Zielgerichtetes Rollen des Balls.
- Gleichmäßige Putts.

ÜBUNG

- ***Versuchen Sie, bei jedem Ball exakt die gleiche Bewegung auszuführen und alle Bälle gleich weit zu putten.***
- ***Machen Sie diese Übung für unterschiedliche Längen.***

GUTE DOSIERUNG

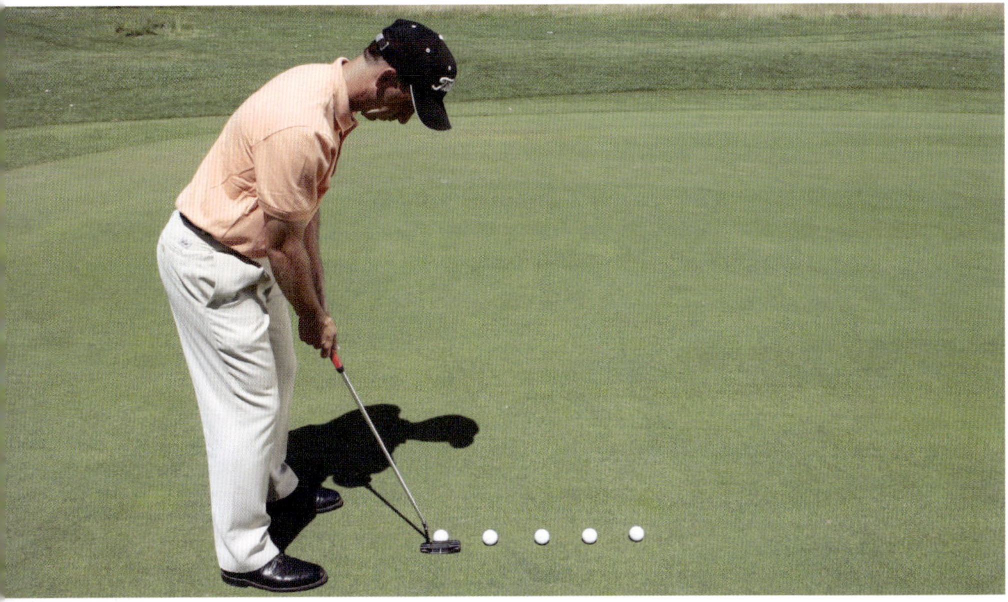

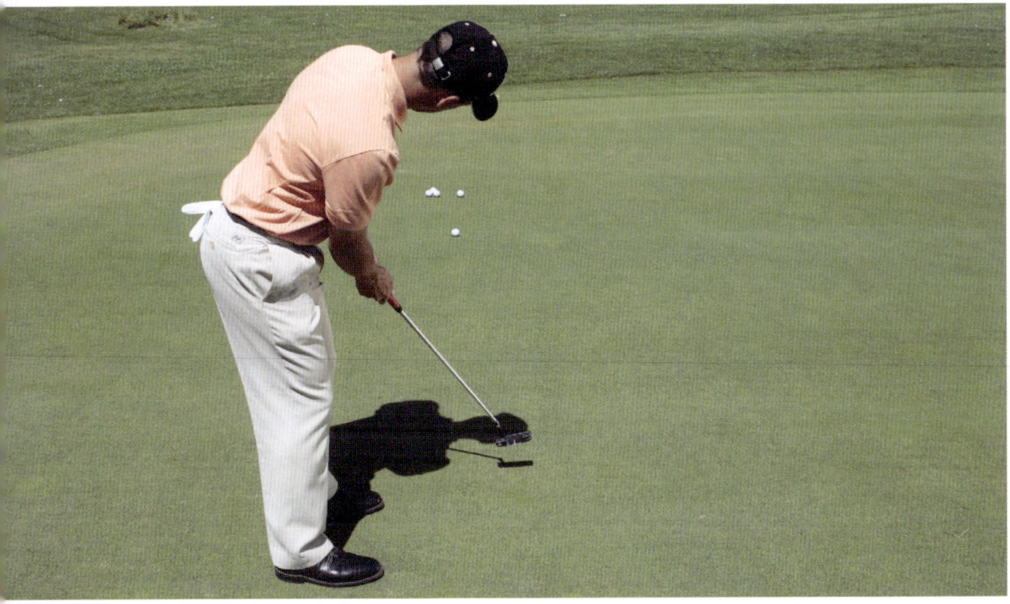

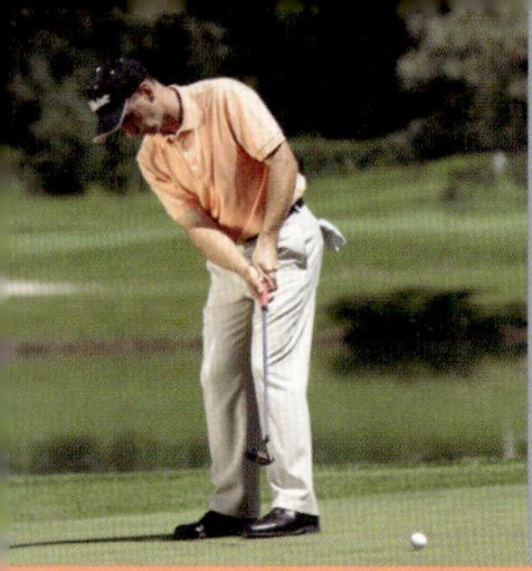

ÜBUNG LEVEL 2

FEHLER

- Schlechte Dosierung.
- Schlechte Visualisierung.
- Kein Rhythmus.

ZIEL

- Optimale Dosierung.
- Visualisierung der Puttlänge, nicht der Richtung des Balls.
- Gleichmäßigere Putts.

ÜBUNG

- *Putten Sie so nahe an den Grünrand heran wie möglich, ohne ihn zu berühren.*
- *Variieren Sie die Länge. Die kurzen Putts sind nicht die leichtesten.*

GUTE DOSIERUNG BIS ZUM GRÜNRAND

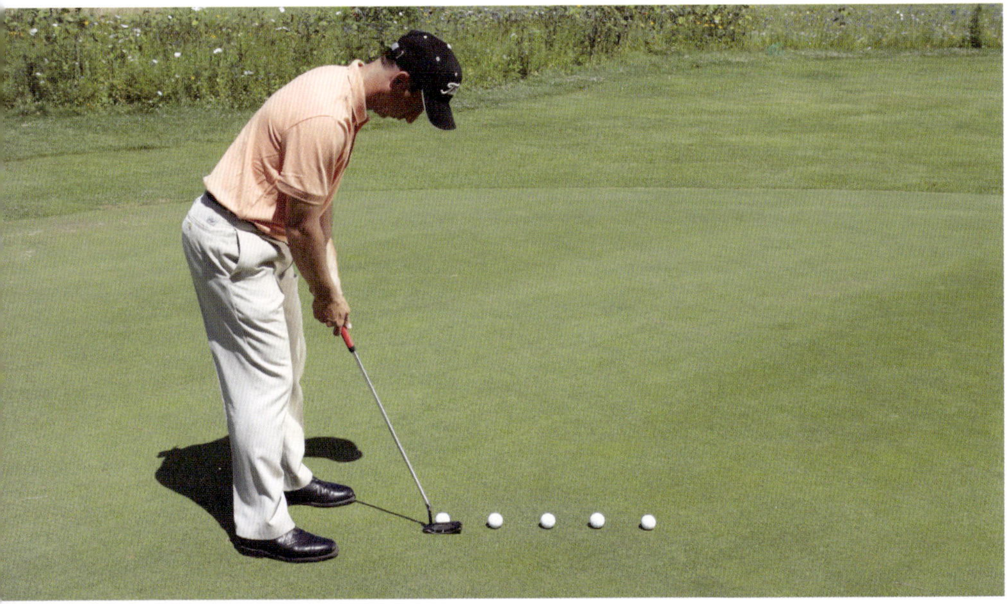

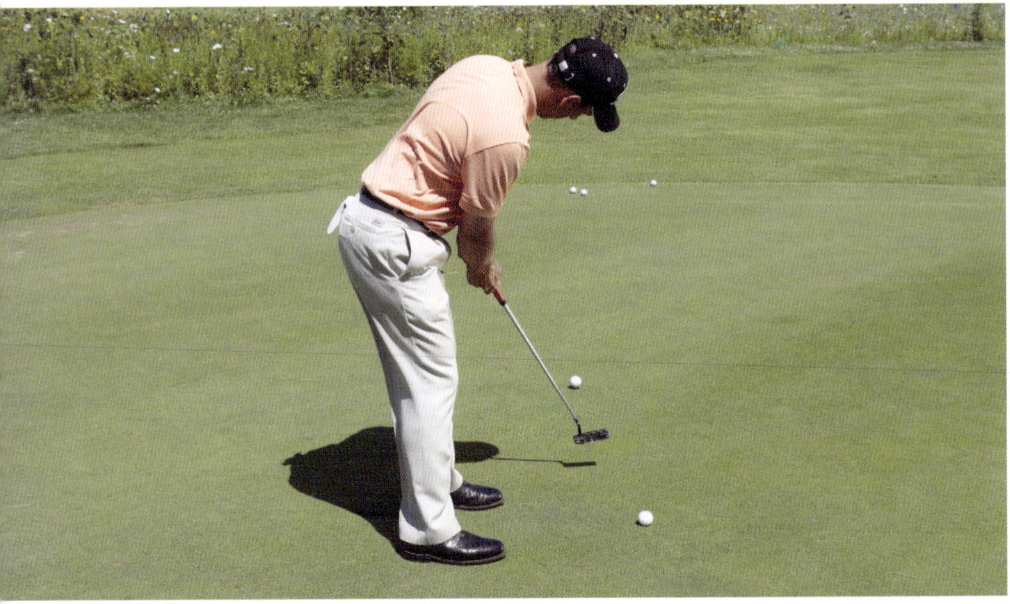

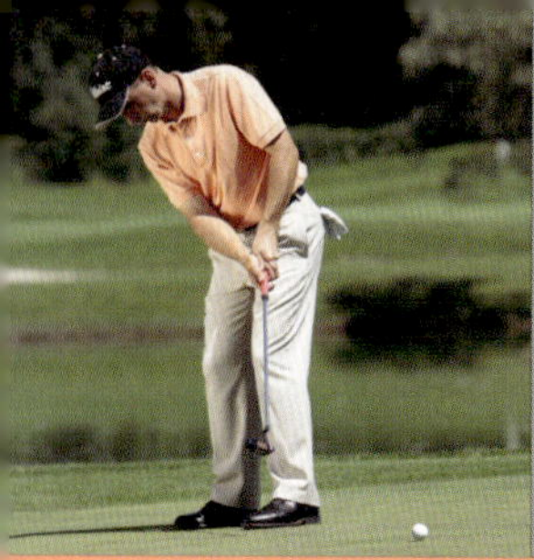

Übung Level 2

FEHLER

- Schläger stoppt im Treffmoment.
- Schlechte Richtung des Balls.

ZIEL

- Bewegung des Schlägers in Richtung Ziel.
- Bessere Kontrolle des Schlägerblatts im Treffmoment.

ÜBUNG

- *Holen Sie beim Putten nicht nach hinten aus, sondern bewegen Sie den Schläger nur nach vorn.*
- *Diese Übung funktioniert bei kurzen Putts.*

DRUCKVOLLER PUTT

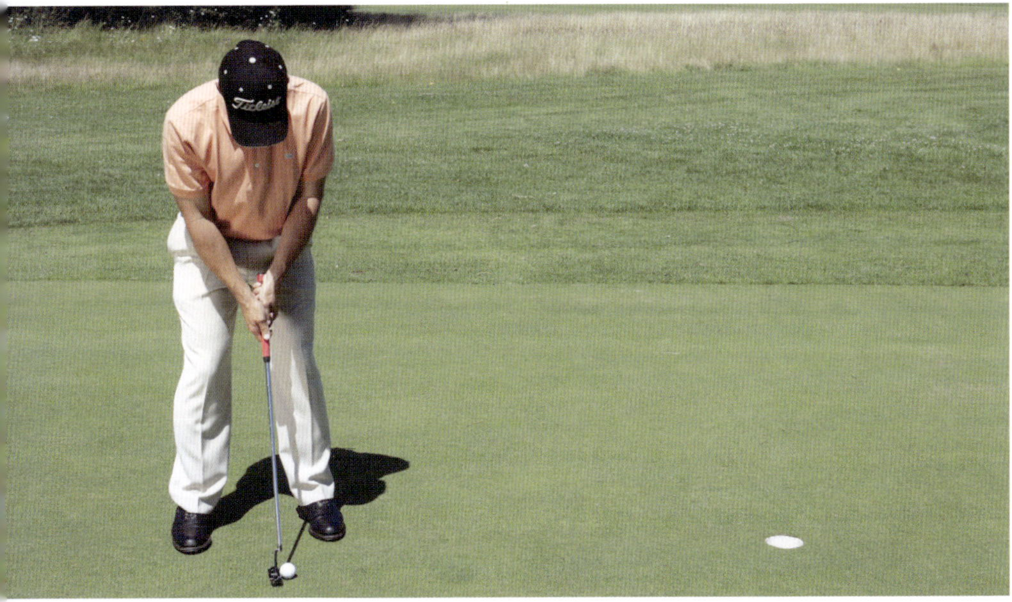

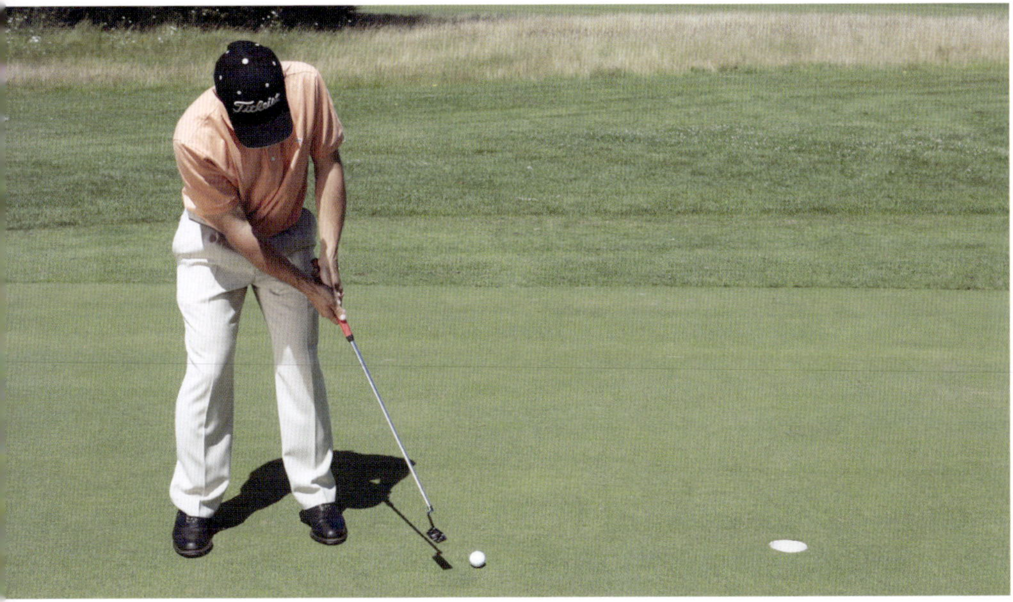

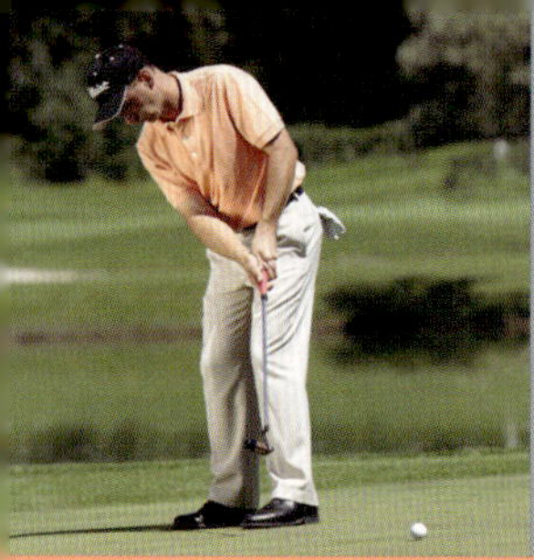

Übung Level 2

FEHLER

- Schlechtes Rollen des Balls.
- Der Ball wird von oben her getroffen.

ZIEL

- Treffer mit waagrechter Schlagfläche oder im leichten Aufschwung.
- Besseres Rollen des Balls.

ÜBUNG

- ***Nehmen Sie Ihr Sandwedge in die Hand und spielen Sie es wie den Putter.***
- ***Dieser Schlag ist dann nützlich, wenn der Ball am Grünrand genau an der Rasenkante liegt.***

PUTTEN MIT DEM SANDWEDGE

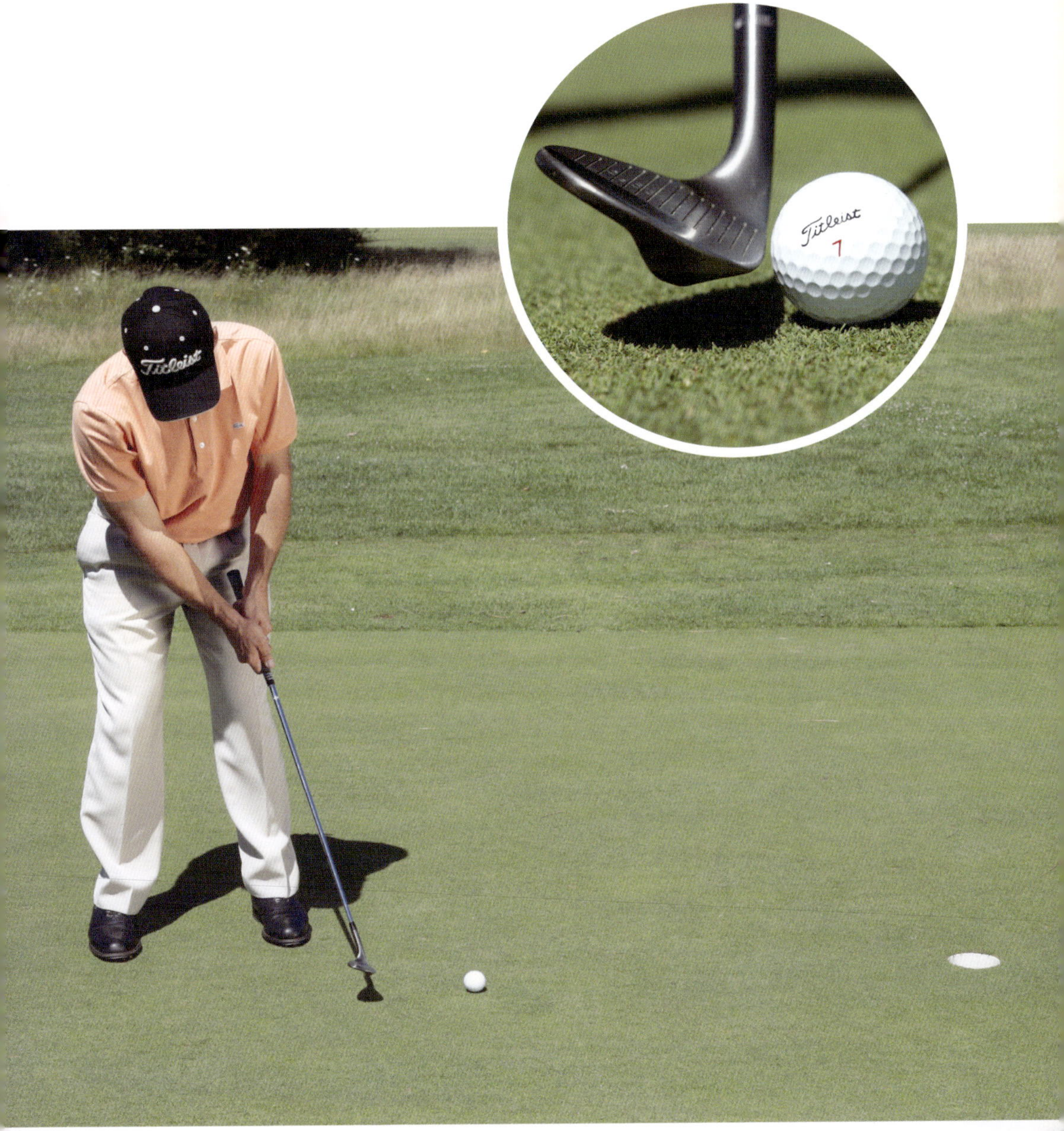

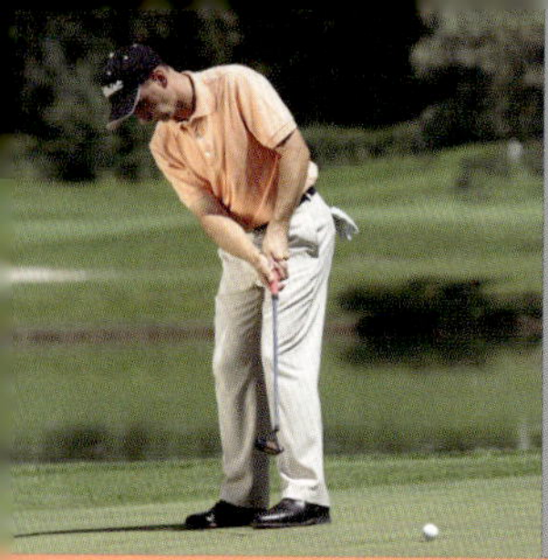

Übung Level 3

FEHLER

- Ballkontakt in der Aufwärtsbewegung.
- Falsche Laufrichtung des Balls.

ZIEL

- Solider Ballkontakt.
- Optimale Laufrichtung des Balls.
- Schläger liegt im Durchschwung knapp über dem Boden.

ÜBUNG

- *Machen Sie diese Übung bei kurzen Putts.*
- *Bei langen Putts fängt der Ball leicht zu hüpfen an.*

PUTTEN AUF EINEM BEIN

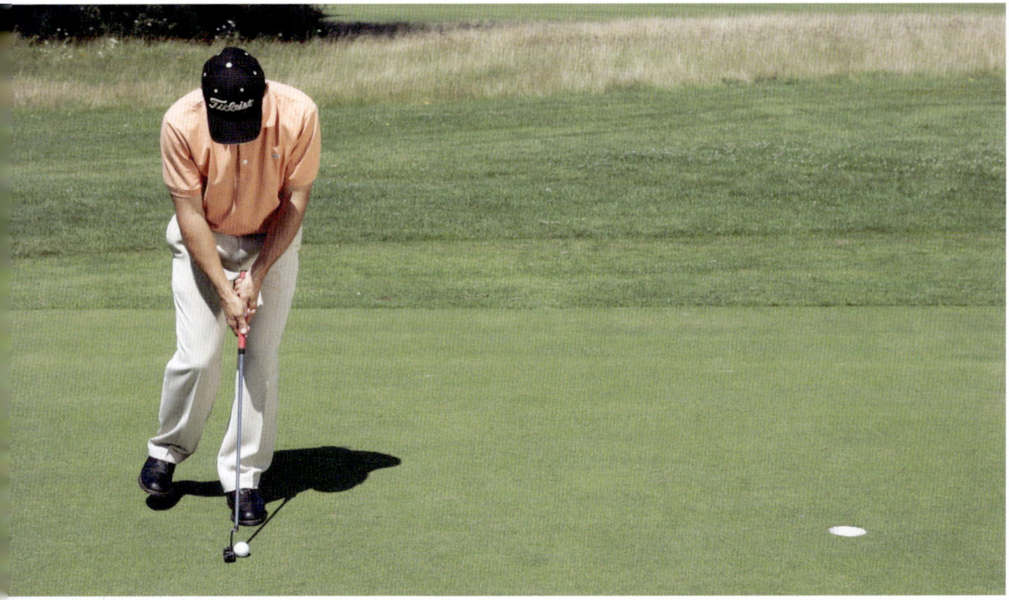

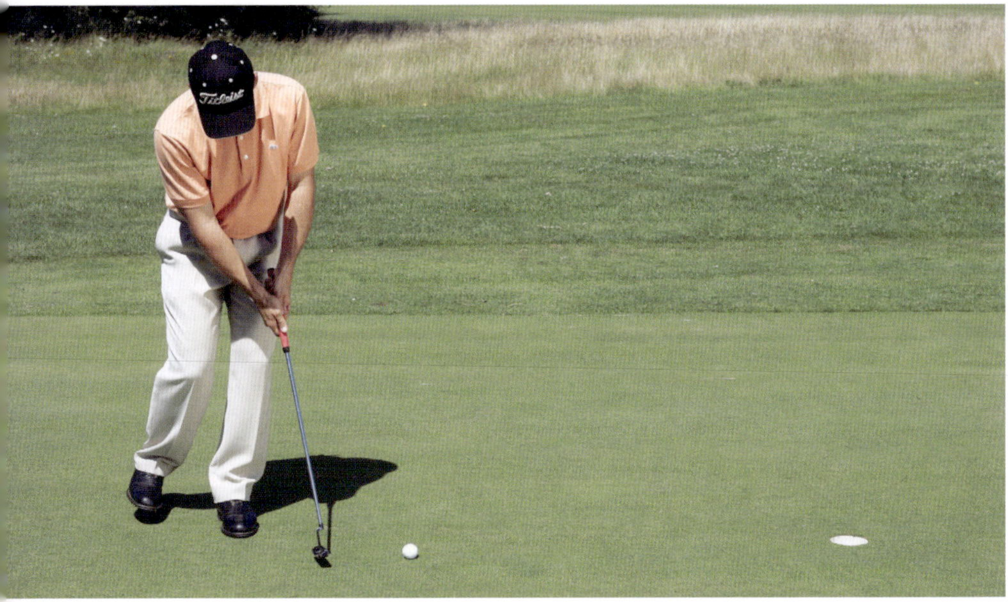

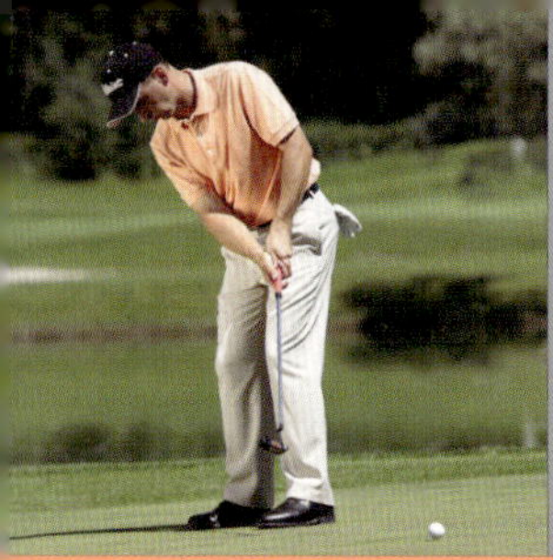

TIPP

BELLY-PUTTER

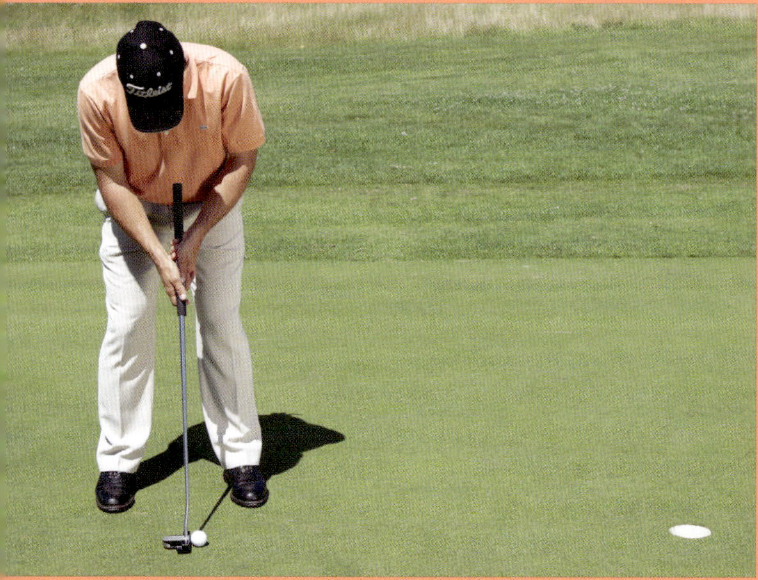

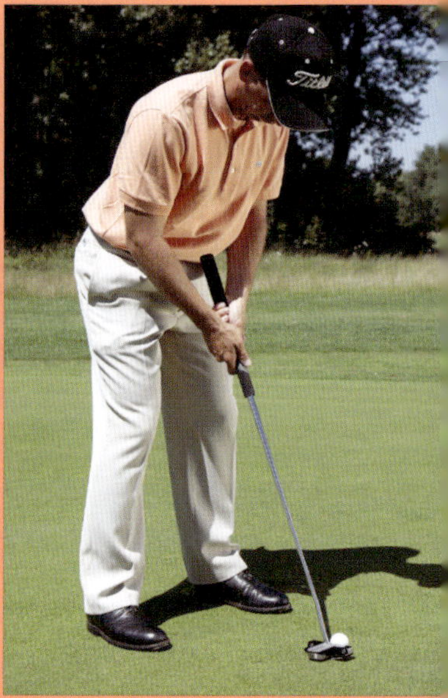

FEHLER
- *Zu viel Bewegung aus den Handgelenken.*
- *Mangelnde Konstanz.*

ZIEL
- *Die Handgelenke bleiben fest.*
- *Der Schlägergriff liegt stabil zwischen beiden Unterarmen.*

HINWEIS
- *Diese Technik ist eine gute Alternative zwischen dem normalen Putter und dem langen Putter.*

Tipp

Langer Putter

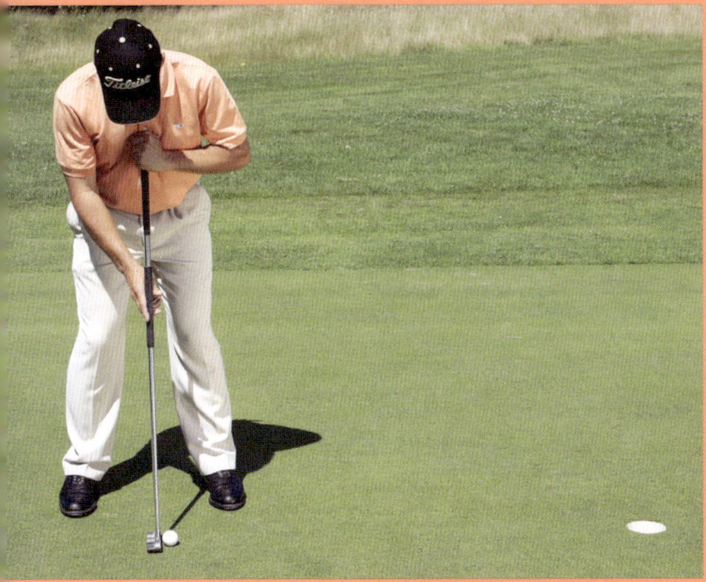

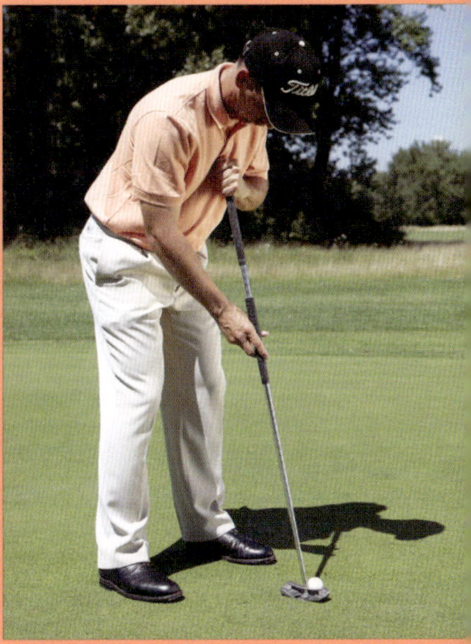

FEHLER
- *Allgemeine Probleme beim Putten.*
- *Yips (unkontrollierte Bewegungen).*

ZIEL
- *Die Handgelenke bleiben fest.*
- *Eine neue Putttechnik.*

HINWEIS
- *Mit dieser Technik können Sie viele Puttprobleme beseitigen. Achtung: Der Belly-Putter und der lange Putter sind bei Turnieren zugelassen, solange Sie beim Putten nicht am Körper angelegt und stabilisiert werden.*

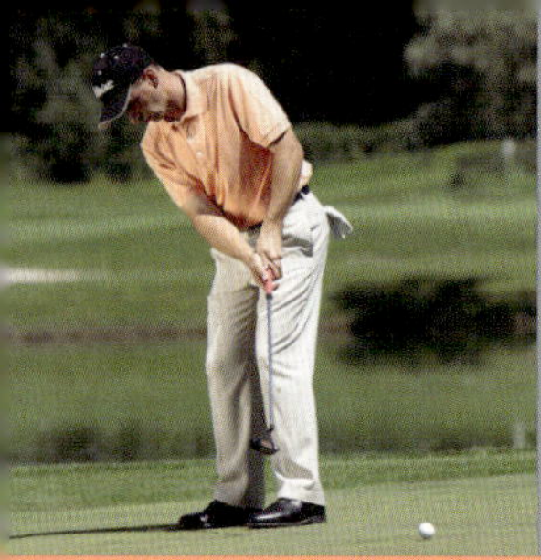

TIPP

POSITION DER AUGEN IN BEZUG ZUM BALL

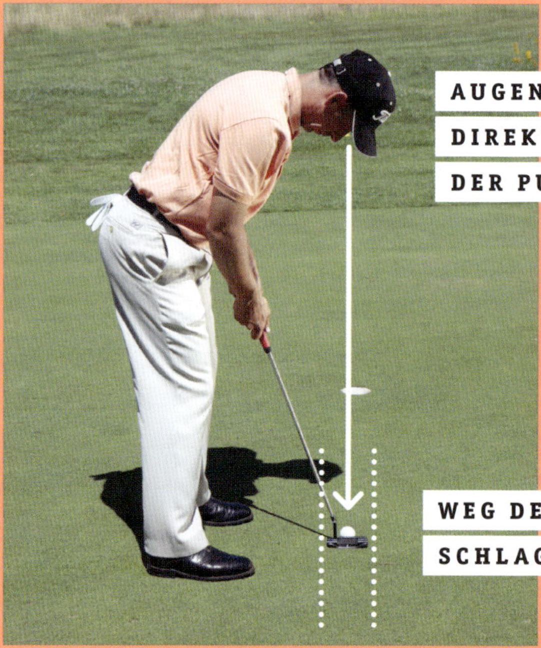

ZIEL • *Die Schlagfläche des Putters ist genau rechtwinklig zum Ziel ausgerichtet.*

HINWEIS • *Das ist die klassische Putttechnik.*

TIPP

POSITION DER AUGEN IN BEZUG ZUM BALL

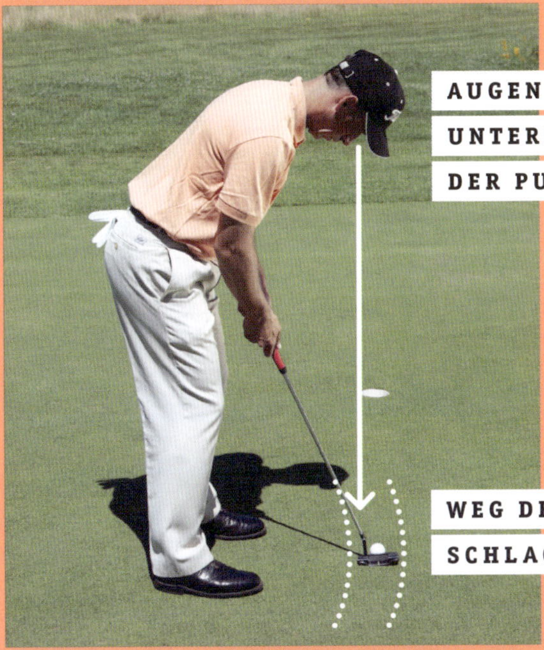

ZIEL

- *Die Schlagfläche des Putters bewegt sich in einem leichten Einwärtsbogen in Richtung Ziel.*

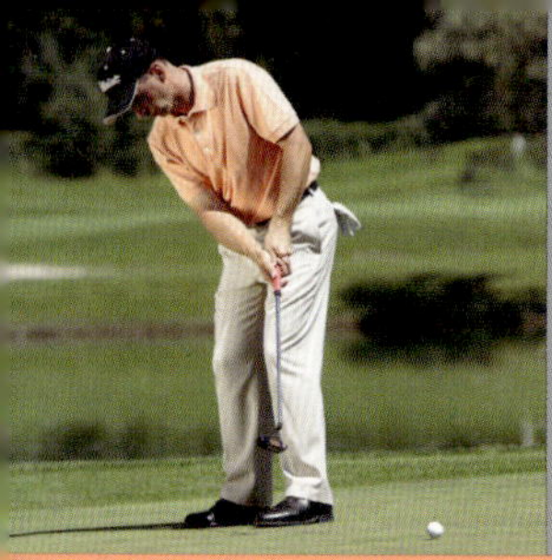

TIPP

POSITION DER AUGEN IN BEZUG ZUM BALL

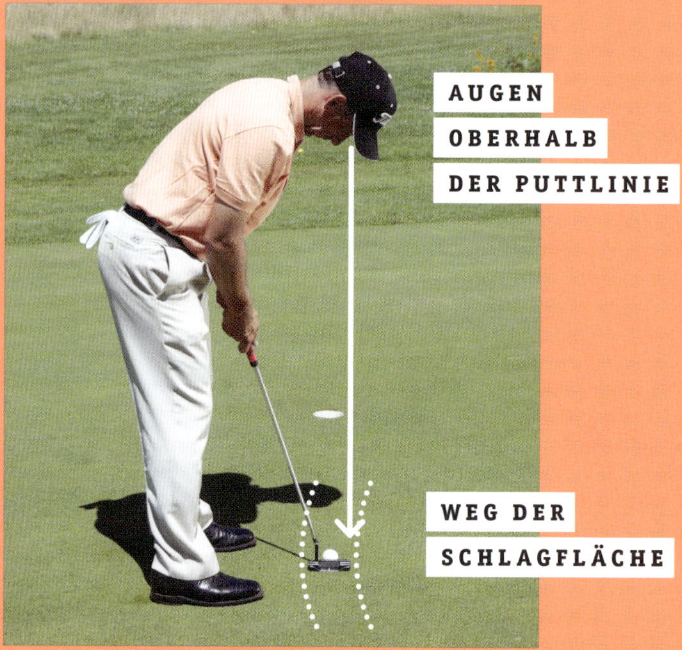

ZIEL

- *Die Schlagfläche des Putters bewegt sich in einem leichten Auswärtsbogen in Richtung Ziel.*

TIPP

POSITION DER AUGEN IN BEZUG ZUM BALL

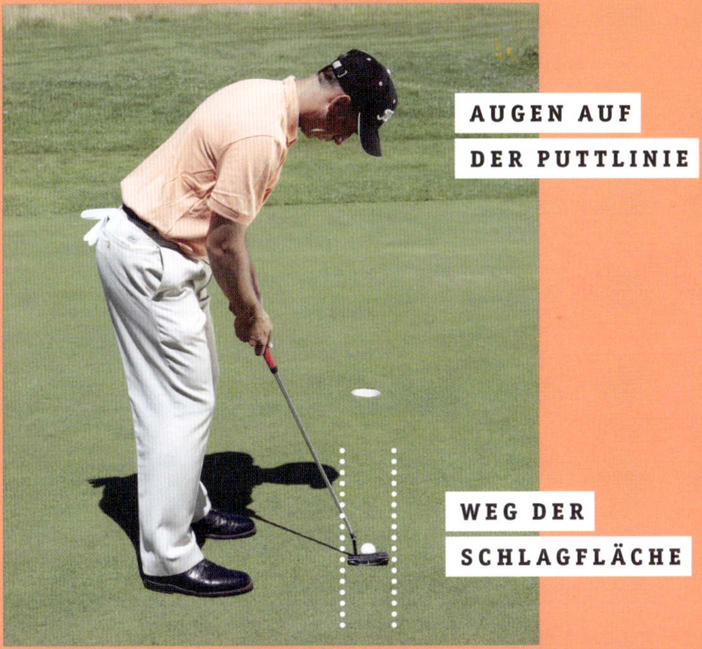

ZIEL

- *Die Schlagfläche des Putters bewegt sich auf der Ziellinie.*

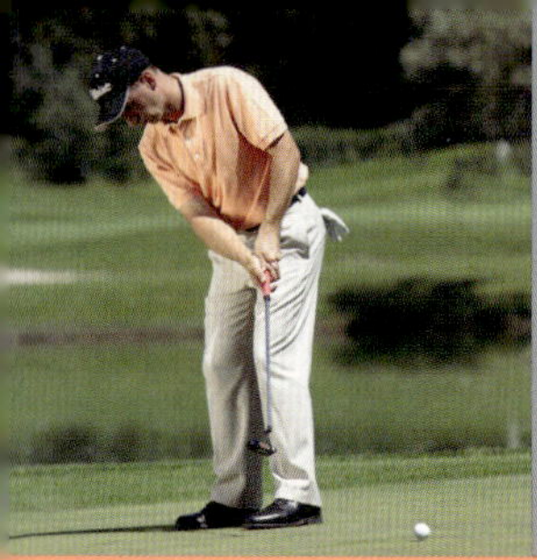

TIPP

POSITION DER AUGEN IN BEZUG ZUM BALL

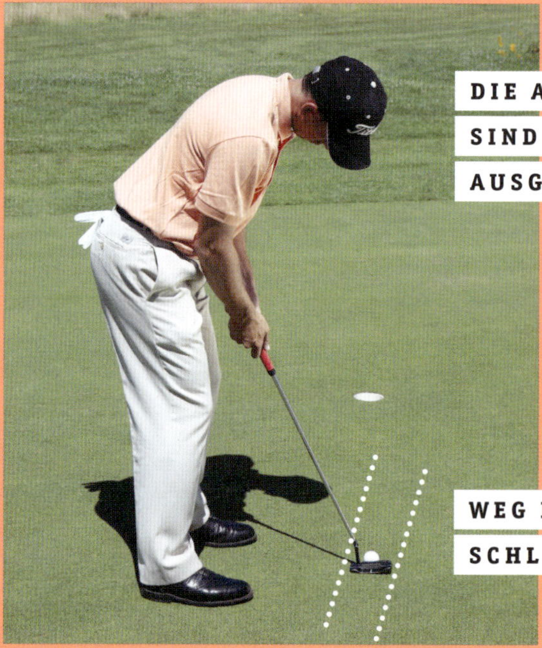

ZIEL

- *Die Schlagfläche bewegt sich von innen nach außen.*
- *Bogenball.*

Tipp

Position der Augen in Bezug zum Ball

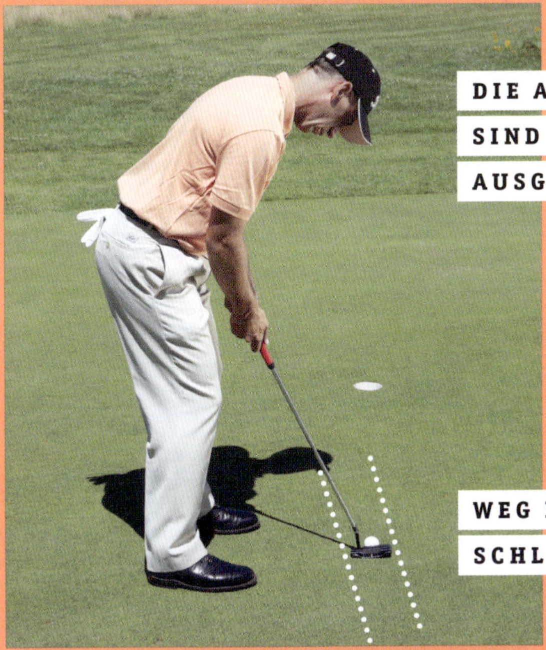

ZIEL

- *Die Schlagfläche bewegt sich von außen nach innen.*
- *Angeschnittener Ball.*

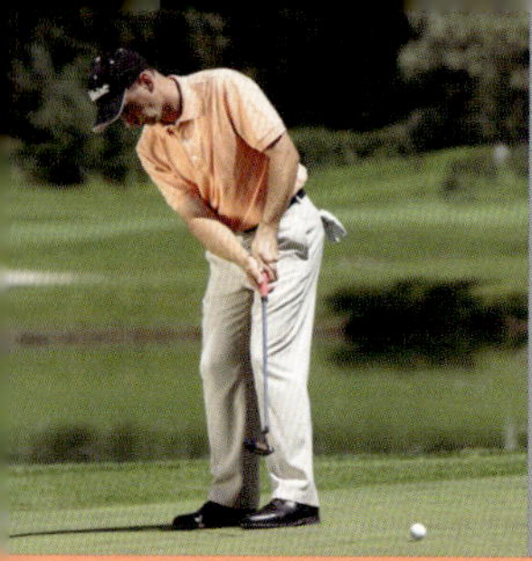

Tipp

Puttinggriffe
Klassischer Griff

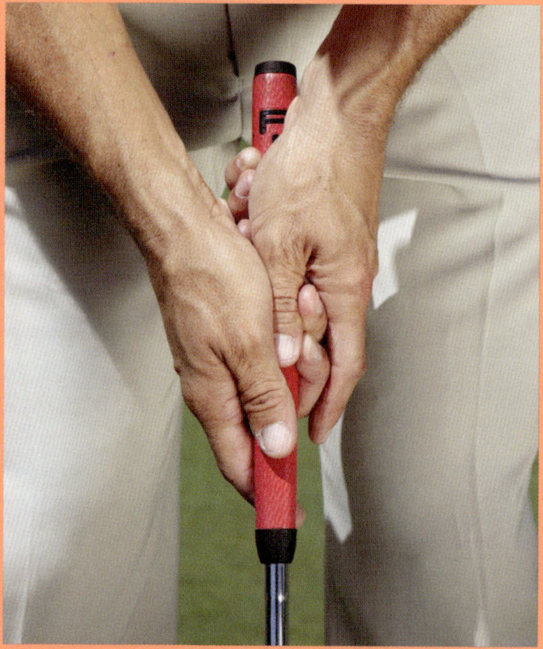

ZIEL

- *Gute Balance zwischen beiden Händen.*
- *Geringer Druck auf den Schlägergriff.*
- *Lockere Schwungbewegung.*

TIPP

INVERSER GRIFF

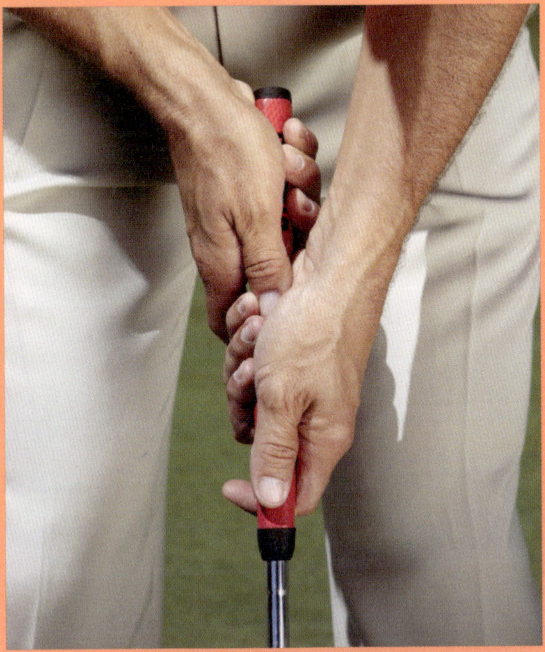

ZIEL

- *Besseres Gefühl der Richtungskontrolle mit der linken Hand.*
- *Besseres Durchschwingen hin zum Ziel.*

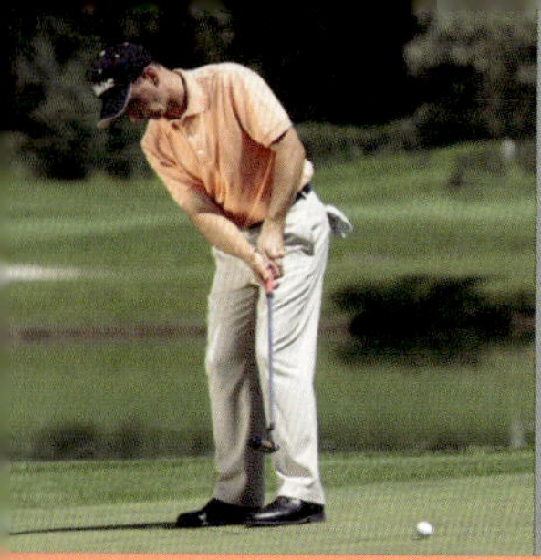

TIPP

HANDBALLENGRIFF

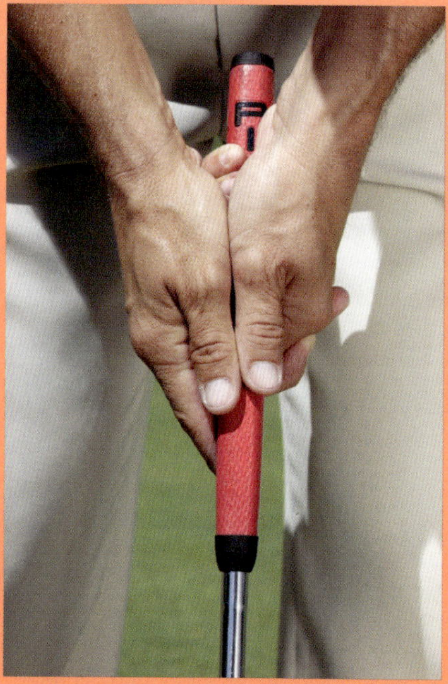

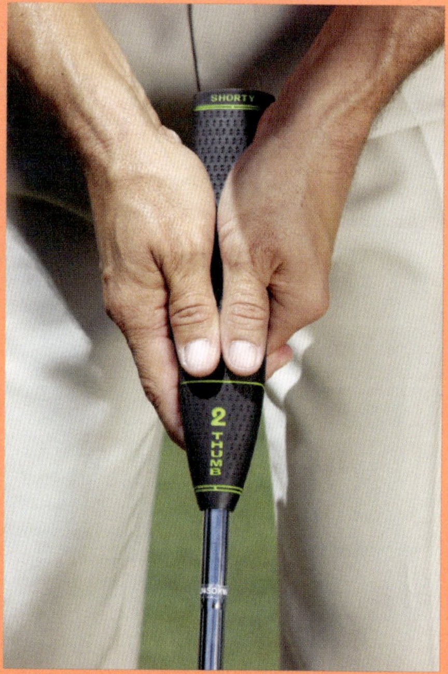

ZIEL • *Beide Schultern liegen auf einer Linie.*

TIPP

UNTERARMGRIFF

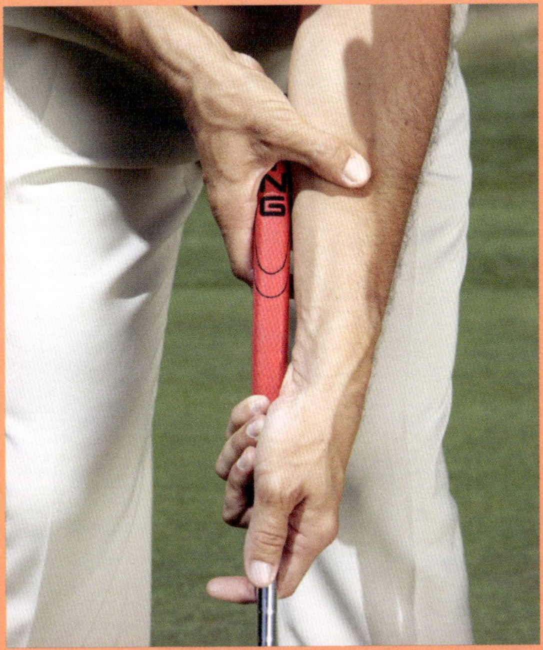

ZIEL

- *Mechanische Bewegung.*
- *Keine Bewegung aus den Händen.*

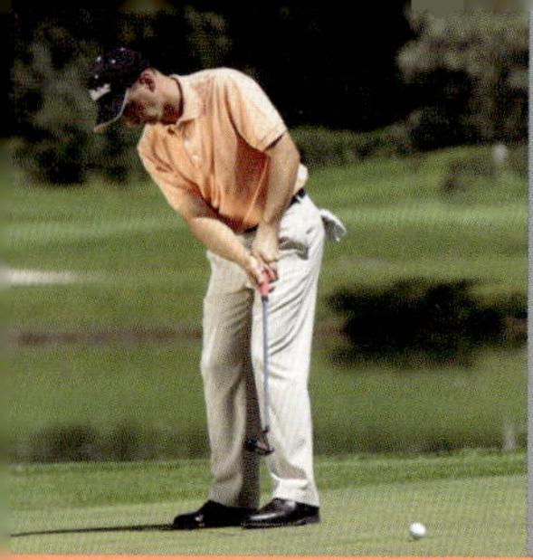

TIPP

RECHTE HAND VON HINTEN

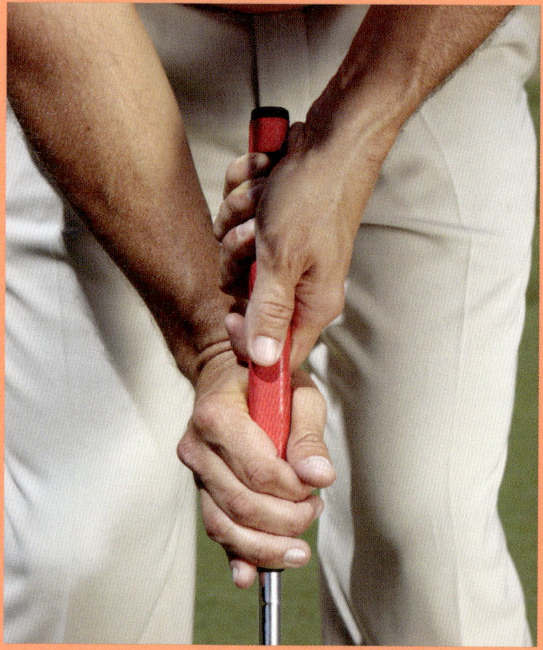

ZIEL

- *Reduzierte Bewegung der rechten Hand.*

TIPP

RECHTE HAND VORN

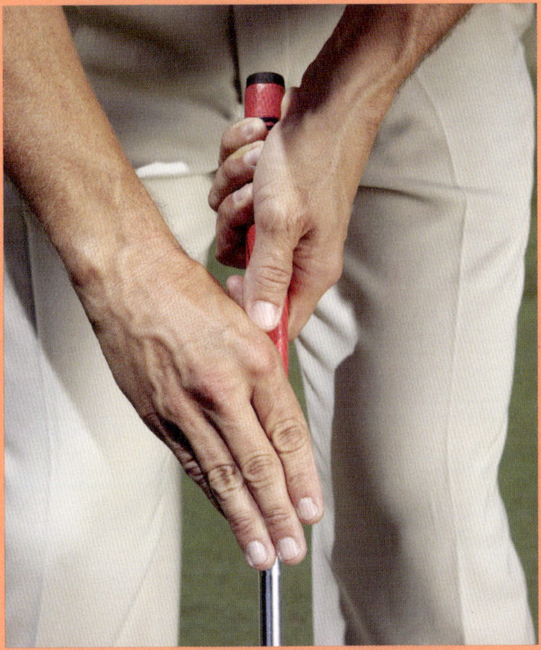

ZIEL

- *Weitere Möglichkeit für die Position der rechten Hand.*

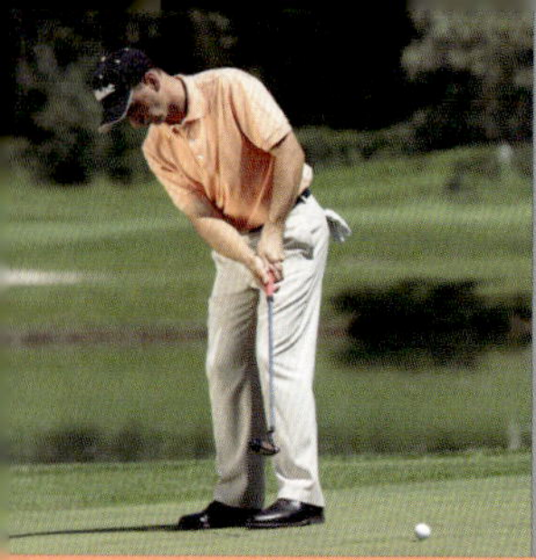

TRAININGSEINHEIT 5–7'

AUSRICHTUNG (1 VON 3)

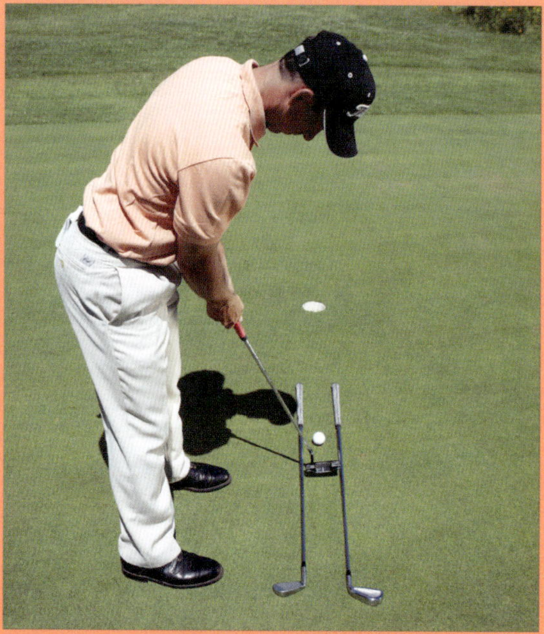

ZIEL

- *Besseres Visualisieren der Ziellinie.*
- *Starten Sie mit kurzen Putts und möglichst leicht bergauf.*
- *Legen Sie ein Handtuch unter die Füße, um das Grün zu schonen.*

TRAININGSEINHEIT 5–7'

AUSRICHTUNG (2 VON 3)

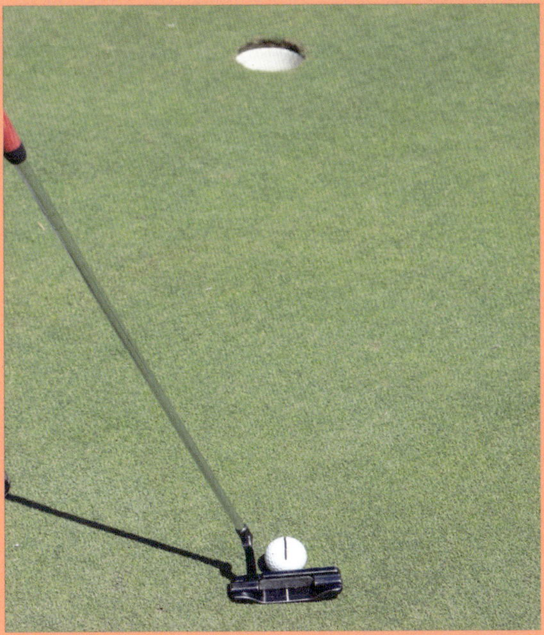

ZIEL

- *Richten Sie den Ball zum Ziel hin aus, setzen Sie den Putter mit der gleichen Ausrichtung hinter den Ball und spielen Sie dann den Ball.*
- *Das korrekte Ausrichten des Balls braucht ein wenig Übung.*
- *Am besten gelingt es, wenn Sie mit einem Markierstift eine Linie auf den Ball zeichnen.*

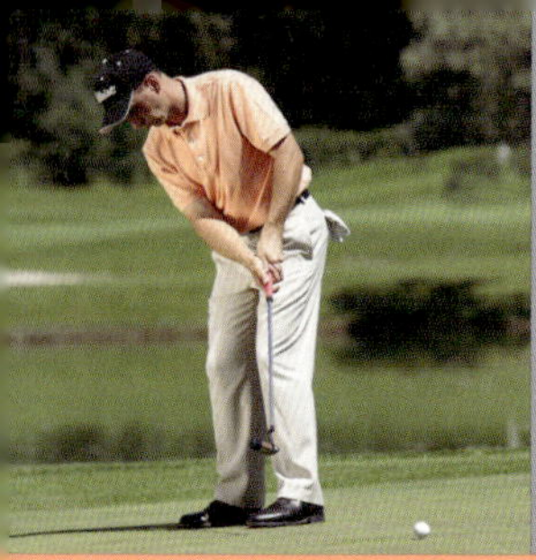

Trainingseinheit

5–7'

AUSRICHTUNG (3 VON 3)

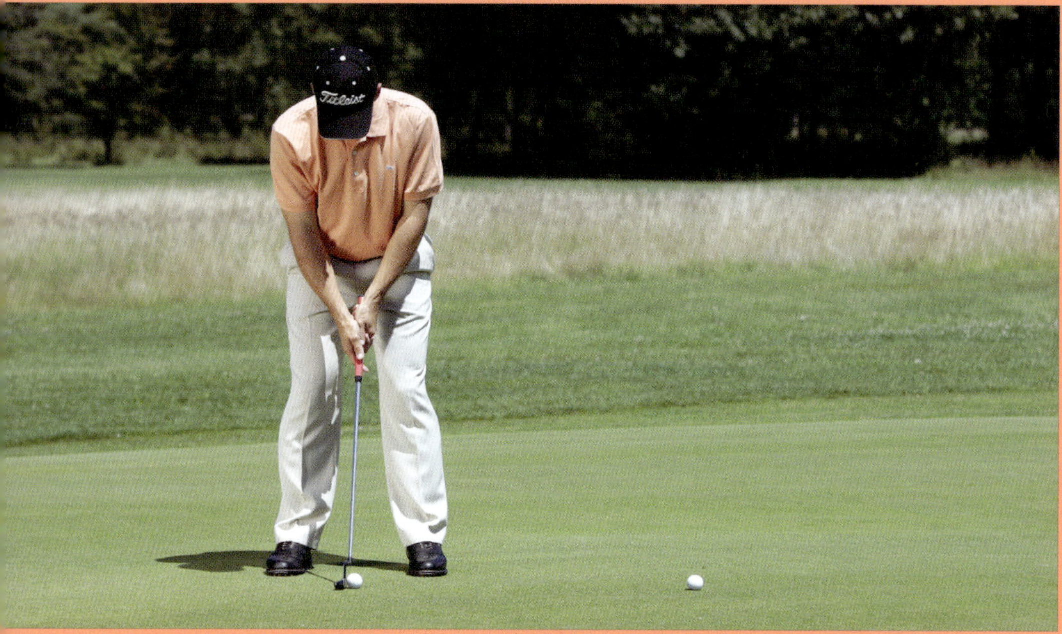

ZIEL

- *Richten Sie sich aus und spielen Sie instinktiv.*
- *Üben Sie anschließend mit mehreren Bällen kurze Putts auf das Loch. Spielen Sie die Bälle schnell hintereinander, ohne lange nachzudenken.*

TRAININGSEINHEIT 5–7'

DOSIERUNG (1 VON 3)

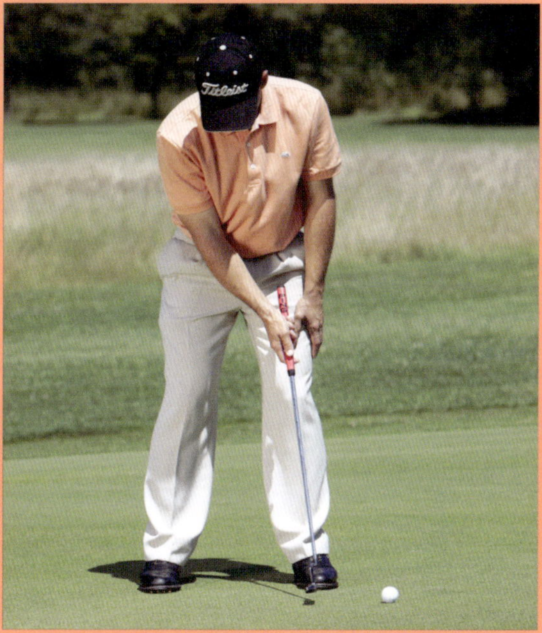

ZIEL

- *Spüren Sie, wie das Gewicht des Putters die Dosierung der Geschwindigkeit beeinflusst.*
- *Variieren Sie die Distanz und putten Sie rein aus dem Gefühl heraus.*

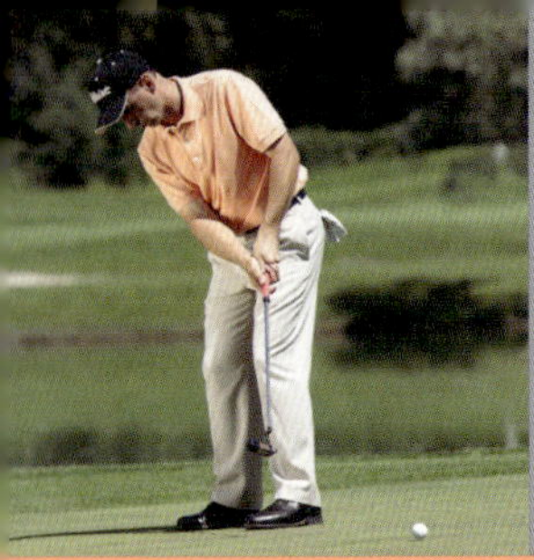

TRAININGSEINHEIT

5–7'

DOSIERUNG (2 VON 3)

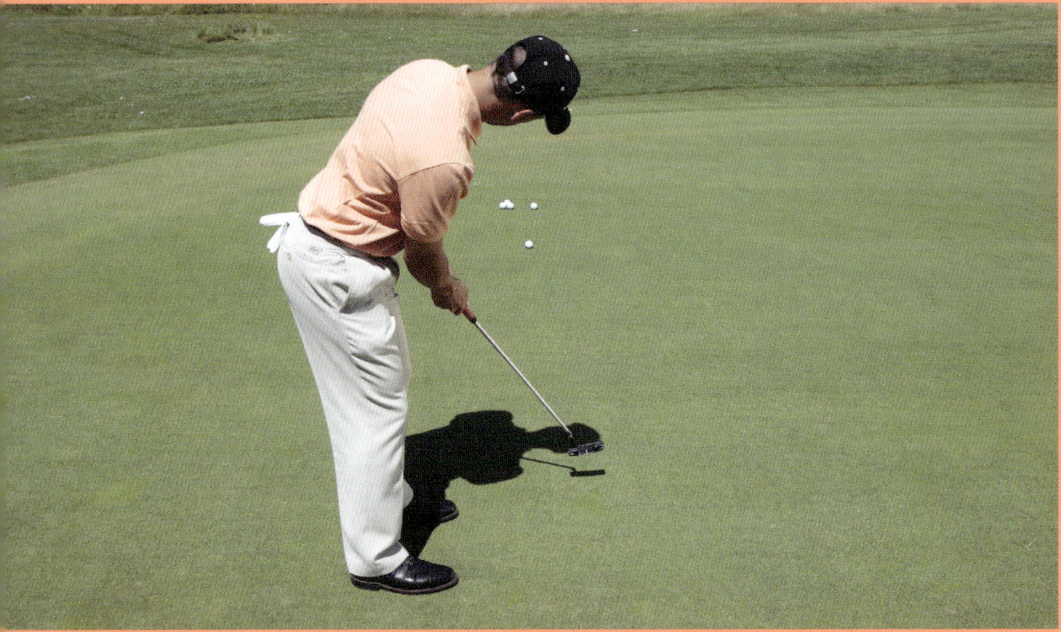

ZIEL

- *Putten Sie auf eine mittlere Distanz und achten Sie darauf, dass Sie sich bei jedem Versuch möglichst gleich und rhythmisch bewegen. Die Präzision ist zweitrangig.*
- *Je besser die Übung gelingt, desto näher liegen die Bälle am Ende zusammen.*

TRAININGSEINHEIT

5–7'

DOSIERUNG (3 VON 3)

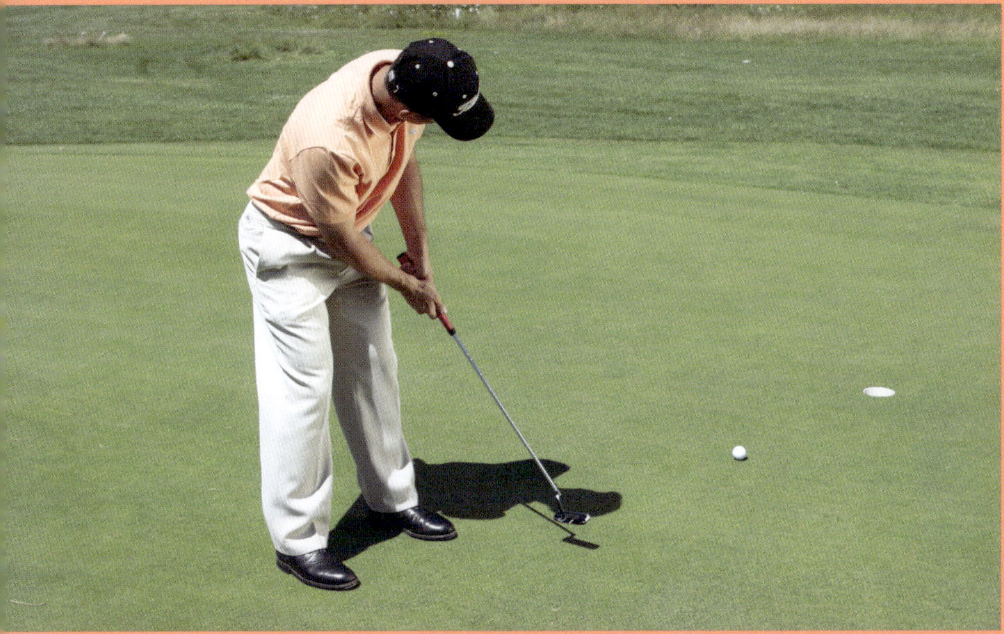

ZIEL

- *Die Augen erfassen die Distanz und der Körper dosiert die Geschwindigkeit ganz automatisch.*
- *Putten Sie rein aus dem Gefühl heraus.*

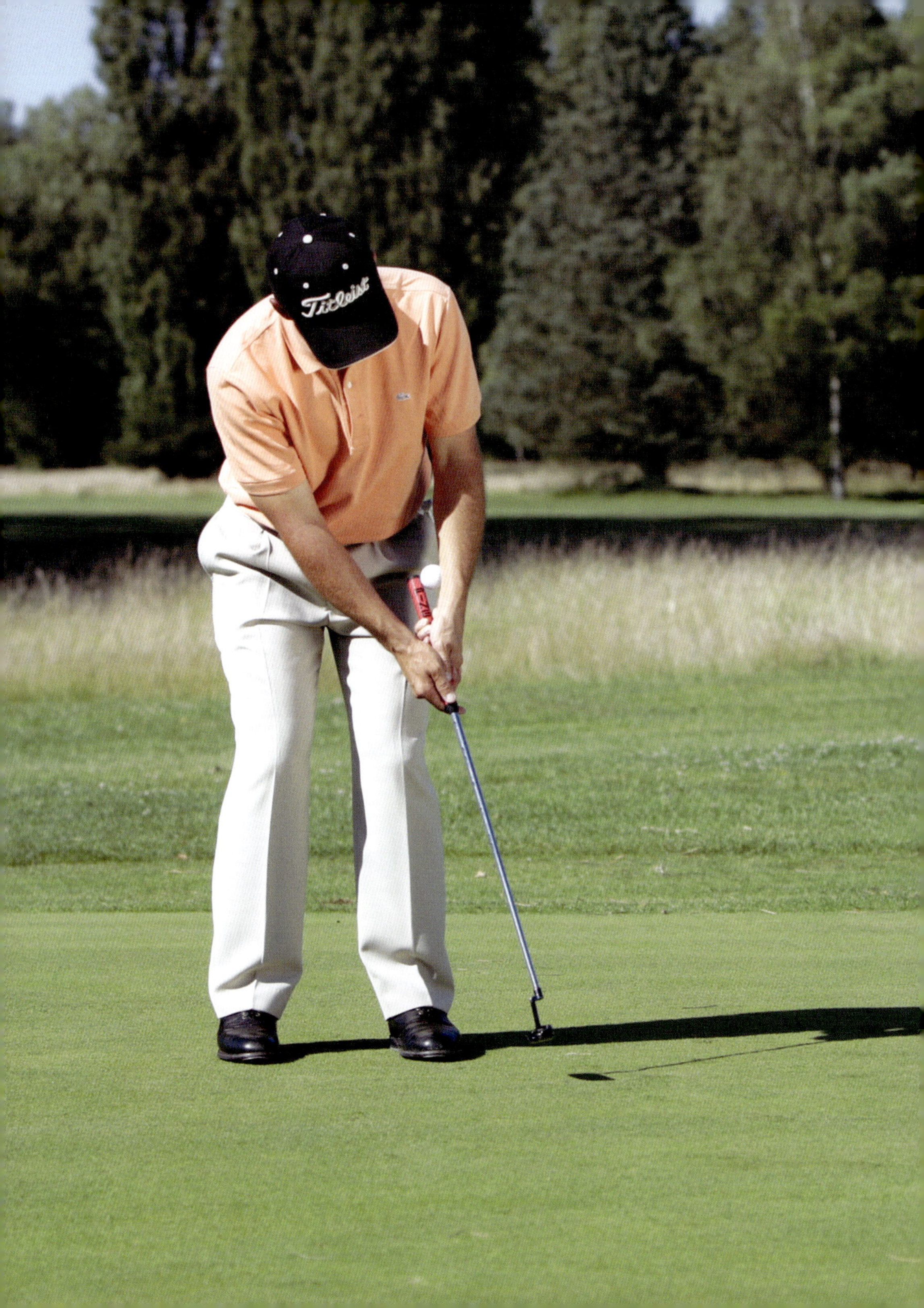
Titleist

GLOSSAR

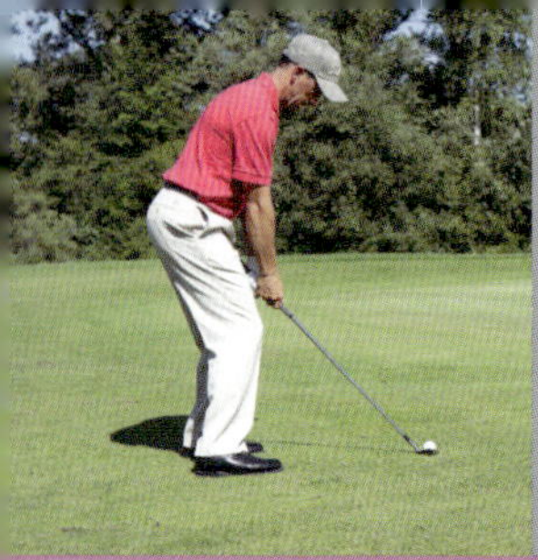

SHANK *Ein Ball, der mit der Fassung des Schlägerkopfs getroffen wurde (Verbindungsteil zwischen dem Schaft und dem Kopf).*

DRAW *Der Ball fliegt beim Rechtshänder eine leichte Kurve von rechts nach links, beim Linkshänder andersherum.*

FADE *Der Ball fliegt beim Rechtshänder eine leichte Kurve von links nach rechts, beim Linkshänder andersherum.*

HOOK *Ein sehr ausgeprägter Draw.*

SLICE *Ein sehr ausgeprägter Fade.*

TRAININGSNOTIZEN

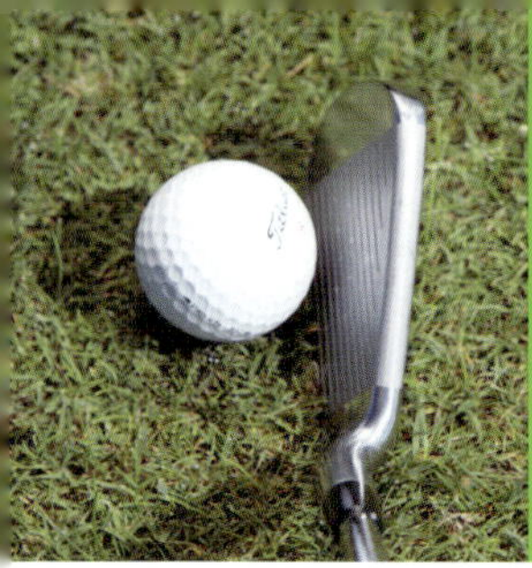

Datum

Übung

Ziel(e)

Anmerkungen

Datum

Übung

Ziel(e)

Anmerkungen

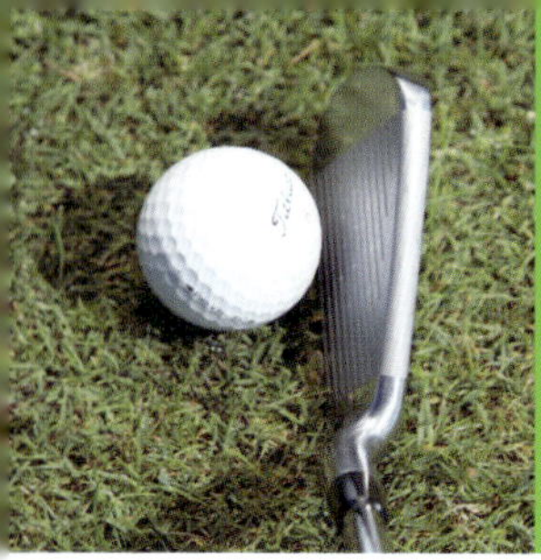

Datum

Übung

Ziel(e)

Anmerkungen

Datum

Übung

Ziel(e)

Anmerkungen

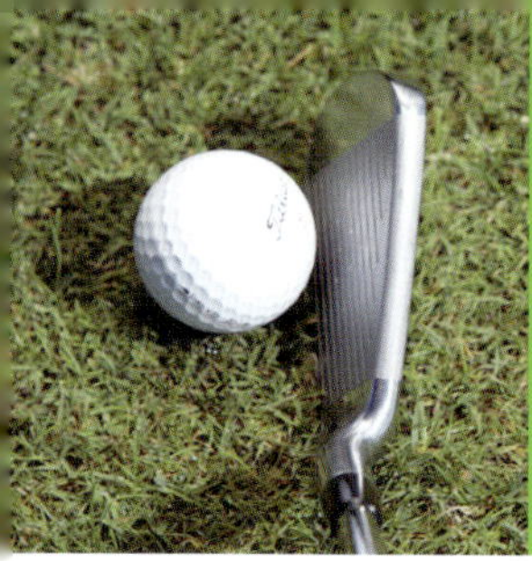

Datum

Übung

Ziel(e)

Anmerkungen

Datum

Übung

Ziel(e)

Anmerkungen

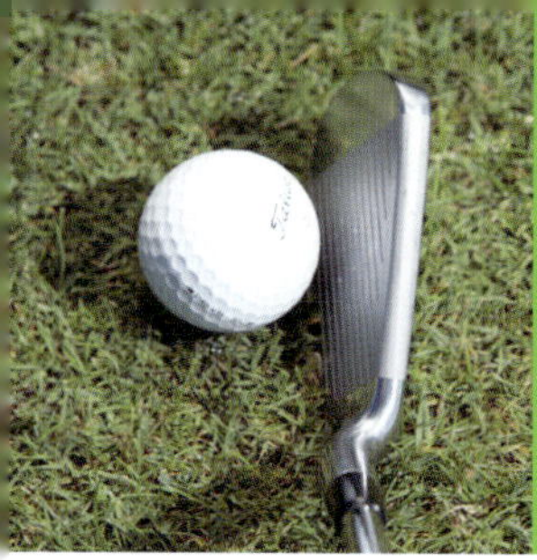

Datum

Übung

Ziel(e)

Anmerkungen

Datum

Übung

Ziel(e)

Anmerkungen

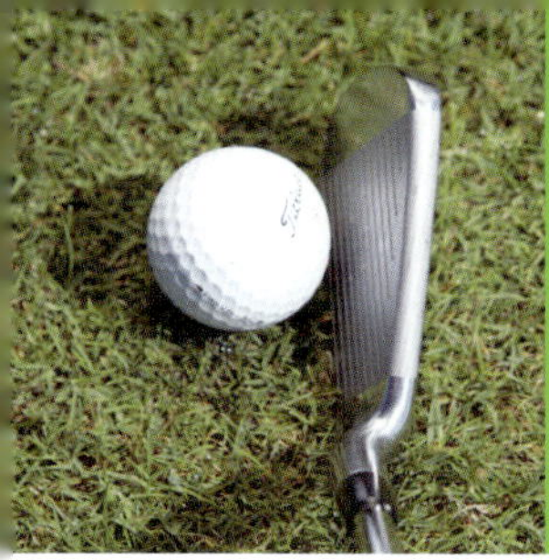

Datum

Übung

Ziel(e)

Anmerkungen

Datum

Übung

Ziel(e)

Anmerkungen

Auf allen Abbildungen in diesem Buch ist Renaud Guillard zu sehen. Was wissen Sie über ihn?

Renaud Guillard ist ein ganz besonderer Golfspieler, denn er leidet an einer Krankheit namens Adrenoleukodystrophie (ALD), eine Stoffwechselerkrankung, die das zentrale Nervensystem schädigt.

Beim Golfen sind Balance und Koordination sehr wichtig. Renaud ist davon überzeugt, dass sein Training das Voranschreiten der Krankheit verzögert.

Er ist Schirmherr der ELA, der Europäischen Vereinigung gegen Leukodystrophien.
Mehr dazu im Internet unter
elaev.de oder **ela-asso.com**